보디
랭귀지

Body Language

몸으로 표현하는 숨은 마음 찾기

김서규 저

학지사

서문

나는 상담을 하던 중, 보디랭귀지가 대단히 중요하다는 것을 알게 되었다. 내담자들이 무언가 하고 싶은 말을 주저할 때, 그것 또한 신체를 통해서 표현한다는 느낌을 끊임없이 받았기 때문이다. 그때 내담자의 신체가 표현하는 의미를 공감해 주면 비로소 언어로 표현하기 시작하는 것을 보고, 어쩌면 사람은 말보다 몸으로 더 많은 말을 하는 것이 아닐까 생각하게 되었다. 또한 내담자의 의식에 떠오르지 않는 내용이 있지만, 그조차 신체가 먼저 표현하는 일이 있다는 것도 알게 되었다. 몸이야말로 비언어의 세계를 표현하는 고감도의 악기이자 무의식으로 가는 통로가 아닌가!

그래서 보디랭귀지를 익히기 위해서 여러 문헌을 살펴보았다. 일단 이 분야에 관심을 가지고 연구하는 사람들을 볼 수 있었는데, 심리학자, 수사관, 비즈니스맨, 외교관이었고, 각자 자신의 분야에서 경험한 보디랭귀지를 제시하고 있었다. 이들이 발견한 내용을 접하면서 몇 가지 아쉬운 생각이 들었다. 첫째, 자신이 종사하는 특정한 분야에서만 통용되는 지식일 때가 많다. 둘째, 흥미 위주거나 부정확한 내용이 많이 포함되어 있다. 셋째, 보디랭귀지의 범위를 좁게 설정했다. 넷째, 그림이나 사진이 부족해서 글로만 읽으려니 선뜻 이해가 되지 않았다. 다섯째, 미국인이나 유럽인이 한 연구가 많다 보니 우리 사회의 실정에 맞지 않거나 불필요한 부분이 많았다.

그래서 나는 다년간에 걸쳐서 우리 상황에 맞는 보디랭귀지를 연구하기 시작했다. 먼저 상담을 하거나 대인관계를 맺을 때 나타나는 현상을 유심히 관찰하고 그것을 기록해 두었다. 그리고 관련 문헌을 찾아 읽으면서 효율성과 진위를 분별하려고 노력했다. 내용이 너무 세부적이거나 많으면 오히려 실제에 적용하기가 어렵다. 그런 의미에서 이 책에서는 복합표정이나 미세표정, 혹은 0.2초 간격으로 비디오 판독을 하면서 찾아야 하는 연결표정이나 동작에 대한 분석은 다루지 않았다.

반면, 목소리, 소지품, 문신, 헤어스타일이나 복장처럼 보디랭귀지 연구가들이 일반적으로 잘 다루지 않는 항목을 포함했다. 이 부분은 사람을 표현하는 중요한 단서임에도 연구한 사람이 별로 없다. 그래서 각 분야의 현장에서 종사하는 관계자를 대면하고 여러 가지 정보를 얻어 11개의 Part에서 다루었다.

이 책의 구성은 다음과 같다.

신체를 부위별로 살펴볼 수 있도록 자세, 머리, 표정, 손, 발, 목소리, 거리, 소지품 순으로 기술했다. 그리고 각 페이지 상단에는 쉽고 빠르게 필요한 내용을 찾아볼 수 있도록 색인을 붙였다. 또한 신체 동작을 사진과 함께 싣고 그에 따른 설명을 했으며, 되도록 간결하게 설명하고자 노력했다. 특히 한 가지 신체 동작에도 다양한 의미가 있기 때문에 독자에게 이 점을 충분히 알리고자 본문과 소제목으로 구분하여 기록했다. 사람의 감정이나 의도는 수만 가지이나, 신체가 표현하는 표정이나 동작은 수백 가지에 불과하므로 한 가지 신체 동작에 여러 가지 의미가 중첩되는 현상이 많기 때문이다.

Part 1은 보디랭귀지에 대한 이론이고, Part 2는 신체를 전체적으로 살펴보았을 때 온몸의 각부가 모두 연결되어서 나타나는 자세를 살펴보았다. Part 3부터 Part 6까지는 머리, 고개, 턱, 눈썹, 눈, 코, 입, 표정 등 얼굴에 나타나는 보디랭귀지를 살펴보았고, Part 7은 손의 동작을 70가지로 분류하여 살펴보았는데, 이 책에서 가장 분량이 많다. Part 8은 사람들이 그다지 주목하지 않지만 실제로는 많은 말을 하는 발을 다뤘고, Part 9는 목소리가 나타내는 성격과 감정 상태를 밝혔다. Part 10은 사람과 사람 사이의 물리적 거리가 보여 주는 심리적인 거리를 밝혔다. Part 11은 그 사람이 사용하는 방, 물건, 헤어스타일, 복장 등이 가지는 의미를 밝히려 하였다.

이 책을 유용하게 사용할 수 있는 사람들은 다음과 같다. 내담자의 보디랭귀지를 익혀서 효율성을 높이고 싶은 상담자, 대인관계를 좀 더 잘하고 싶은 일반인, 피의자의 심리를 잘 파악하고 싶은 수사관, 판매와 영업을 하는 비즈니스맨, 학생들을 대하는 교육자, 환자들을 돌보는 의료진, 강의나 설교를 하는 연사, 사람들의 마음을 이해해야 하는 정치가 등이다. 이 분들이 이 책을 통해서 보디랭귀지를 이해하고 좀 더 인간을 이해하는 길에 한 걸음 다가서기를 바라는 마음이 간절하다.

끝으로, 이 책이 나오기까지 함께 공부하고 기초자료를 모아 주신 김동록, 김세희, 김승현, 김연이, 김인선, 박영매, 안미영, 여경연, 우승자,

이미화, 이은영, 임옥빈 님, 전반적인 조언을 해 주신 백원기 님, 사진 촬영에 도움을 주신 이정주, 황민영, 민걸식 님 그리고 이 책이 나오도록 도와주신 학지사 김진환 사장님과 최임배 부사장님, 안정민 편집자님께 깊은 감사를 드린다. 이 과정을 지켜봐 주고 격려해 준 아내 장미숙 님과 나의 사랑하는 딸 김채린에게도 많은 감사를 드린다.

2019년
김서규

차례

보디랭귀지란?

상담이론 분야에서 보디랭귀지를 독립시켜서 연구하는 경우는 별로 없었다. 정서심리학과 의사소통 분야에서 비언어 의사소통을 연구하는 사람들이 관심을 가지고 연구하였다. 또한 상담사례를 연구하는 사람들이 경험적으로 지식을 축적했거나, 신경생리학자들이 신체를 연구하면서 이론을 개발하기도 했다. 이 Part에서는 이들의 연구를 소개하면서 보디랭귀지에 대한 전반적인 이론을 제시한다.

1. 보디랭귀지는 존재한다

옛날에도 이미 사람은 표정이나 태도를 통해서 감정을 표현한다는 사실을 알고 있었다. 그러나 이를 밝히기 위해서 과학적인 연구를 시작한 사람은 1882년에 진화론자인 Darwin이었다. 그는 사람과 동물들의 정서가 환경에 조건 반응하기 위해 생긴 것이며, 특히 표정으로 나타난다고 주장했다(Darwin, 1998.)

Darwin의 연구 후에 신체와 감정 간의 관계를 밝히려는 연구들이 나타났다. 하나는 1884년에 심리생리학자 James 등이 James-Lange 이론을 통해서 주장한 것으로 감정이 행동이라는 것이다(James, 1950). 이 주장에 따르면, 인간은 외부의 환경 자극을 처리하기 위하여 근신경계neuromuscular system에 불수의적이고 본능적이며 미미하고 일시적인 자세 설정postural set을 하는 경향이 있으며 이것이 표정과 태도로 나타난다는 것이다. 다른 하나는 Tomkins(1962)와 Frijda(1986) 등이 주장한 정서준비설이다. 감정은 행동을 준비시키는 기능action readiness, 즉 공포는 도피 행동을, 분노는 투쟁 행동을, 사랑은 접근 행동을 준비시키는 내적 동기의 표현이자 신호이지 행동 자체는 아니라는 것이다. 이런 식으로 보디랭귀지가 행동에 속하느냐 아니면 감정에 속하느냐를 놓고 오랜 논쟁이 있었다.

그 후 신경학자 Cannon(1929)은 내장 근육을 동원하지 않은 상태에서 교감신경의 흥분만으로도 정서체험을 할 수 있다고 주장했고, Frijda(1986)는 대뇌에서 어떤 사건을 인지적으로 평가하는 일이 선행한 후 정서가 발생하여, 마침내 정서가 신체에 반영되어 나타난다고 하였다. 이들 연구는 감정과 행동 간의 관계만 연구하던 차원에 신경과 대뇌에 대한 연구를 추가한 것이며, 현대에 와서는 대뇌의 인지·정서·신경 체계와 보디랭귀지 사이의 관계를 좀 더 명확하게 밝히는 추세에 있다.

이런 사실을 종합해 보면, 인간의 신체에는 운동기능 이외에 인지적 판단과 정서적 경험을 표현하는 보디랭귀지body language가 존재한다는 것과, 많은 학자들이 이 기능을 연구하려고 노력해 왔다는 것을 알 수 있다.

2. 보디랭귀지를 연구하는 학문들

보디랭귀지를 연구하는 학문에는 어떤 것이 있을까? 표정이나 태도 그리고 음성을 분석하는 비언어 의사소통학, 타인에게 신체접촉을 시도하는 동작을 다루는 접촉학, 대인관계의 거리와 공간의 의미를 밝히는 공간학, 어떤 동작을 사용하는 데 걸리는 시간을 분석하여 의미를 부여하는 시간언어학, 소지품·장신구·헤어스타일·실내장식 등을 탐구해서 의미를 밝히는 분야 등이 있다. 여기서는 보디랭귀지의 분야를 〈표 1-1〉로 정리하였다.

<표 1-1> 보디랭귀지 분야

구분	내용
표정 (Emotional facial expression)	표정, 시선
보디랭귀지 (Kinesics)	손발 동작(설명동작, 상징), 자세
의사언어 (Paralanguage, Vocalics)	음성분석(높이, 속도, 휴지, 조화, 강세) 진술문분석(statement analysis)
접촉학 (Haptics)	타인에게 신체접촉을 시도하는 동작
공간학 (Proxemics)	거리(distance), 공간(space), 지역성
시간언어 (Chronemics)	메시지 체계로서 시간약속(appointment), 시간엄수 (punctuality), 시간소모량(consumption)
외모(Physical appearance) 환경 조성(Artifact)	복장, 헤어스타일, 장식품, 소지품, 향수, 사무실, 집, 책상, 책꽂이 등의 의도적 환경 배치

3. 보디랭귀지의 요소들

Rothchild(2000)에 따르면, 사람의 의사소통은 다음처럼 분류할 수 있다.

· 보디랭귀지: 표정, 자세, 제스처, 거리, 접촉, 영역, 지위 상징, 복장 등

· 생체언어: 피부 전도, 심박, 호흡가슴, 복부, 뇌파, 동공 확대 등

· 음성언어: 어조, 피치, 하모니, 말 멈춤, 속도, 깊이 등

· 내용언어: 논리, 문맥, 단어 선택, 기제, 성격, 역할 등

이 중에서 내용언어를 제외한 세 가지는 보디랭귀지의 요소에 해당한다. 그는 특히 보디랭귀지와 생체언어라는 용어를 구분하여 사용하였는데, 생체언어가 각성과 긴장을 담당하는 교감신경계Sympathetic Nervous System: SNS, 진정과 이완을 담당하는 부교감신경계Para-Sympathetic Nervous System: PSNS, 감각인식과 근육운동을 담당하는 체성신경계Somatic Nervous System: SNS로 된 신경 체계를 담당하기 때문에 보디랭귀지에서 분리할 필요를 느꼈던 것 같다.

이런 식으로 비언어 의사소통의 체계를 세부적으로 밝히려는 학자들이 나타났는데, Lewis(1989)는 93%가 비언어로 되어 있다는 연구결과를 밝혔고, UCLA의 Albert Mehrabian(1971)은 내담자의 녹음테이프를 분석한 결과를 자신의 저서 『Silent Message』에서 밝힐 때 의사소통의 요소를 다음처럼 분류했다. 이를 메라비언의 법칙the law of Mehrabian 이라 한다.

$$100CP = 55BL + 38V + 7W$$

CP: Communication Power(의사소통력)   BL: Body Language(보디랭귀지)
V: Vocal(음성)   W: Word(단어)

[그림 1-1] 메라비언의 법칙

앞에서 언급한 내용을 감안하면서, 저자는 Hill(1991)이 상담효과 측정을 위하여 내담자의 행동을 일곱 가지로 구분한 연구와 Hepper 등(1999)

이 내담자의 행동언어를 측정하기 위한 여덟 가지 요소를 기반으로 〈표 1-2〉에서 보는 것처럼 Mehrabian의 세 가지 분류에 대한 하위 요소를 추가하여 작성하였다.

〈표 1-2〉 메라비언의 법칙의 하위 요소들

구분	비율	하위요소
보디랭귀지 (body language)	55%	감정적 표정(emotional facial expression)
		보디랭귀지(body language)
		기타 : 옷차림, 소유물 등
음성 (vocal)	38%	어조(tone)
		부수적 언어(ancillary language)
		휴지(pause)
단어 (word)	7%	문장(sentence)
		단어(word)

4. 관찰대상이 되는 보디랭귀지들

이제까지 보디랭귀지가 중요하다는 것을 살펴보았는데, 그렇다면 상담자는 구체적으로 신체의 어느 부분을 관찰대상으로 삼을 것인가? 40여 년간 사람의 표정을 연구한 Akman(2000)과 같은 학자는 다음의 다섯 가지 항목을 살펴보라고 조언한다.

· 표정facial expression

· 신체 동작body movement

· 손 동작hand movement

· 어조tone of voice

· 언어 내용contents of language

자세히 살펴보면 Mehrabian이 말한 내용과 거의 일치하는 것을 알 수 있다. 앞으로 상담자 훈련을 할 때 이 분야에 대한 내용이 논의되어야 한다.

5. 어떤 틀로 관찰할 것인가

상담자가 내담자의 신체를 관찰한 후 어떻게 해석할 것인가? 여러 가지 이론적 배경을 사용할 수 있겠지만, 정서심리학자인 Plutchik 등(1997)은 사람의 행동을 친애affiliation라는 차원으로 해석하였고, Horowitz 등(1997)은 서열hierarchy이라는 차원으로 이해하였다. 이 두 가지 방식을 동시에 수용한다면 사람의 행동은 큰 틀에서 친애와 서열이라는 관점에서 바라볼 수 있다. 구체적으로 살펴보면 다음과 같다.

먼저 친애라는 관점에서 다음의 〈표 1-3〉을 보면, 사람들은 자신과 아주 가까운 사람에게는 수용 · 애정을, 그저 그런 사이의 사람에게는 두려움 · 신중 · 슬픔 · 절망 · 당황 · 충동 · 놀람을, 싫어하는 사람에게는 분노 · 반항의 감정을 느끼고, 그와 관련된 행동을 한다.

<표 1-3> 친애와 관련된 행동들(Plutchik et al., 1997)

친애 감정	관련 행동
수용	· 자신에 대해서 평온하고 정서가 안정됨, 타인에 대해서 수용적이고 쾌활함 · 서로 곤란한 문제가 발생해도 인내하고 남을 잘 돌봄 · 환영, 참여, 접촉(친애, 우정, 애정, 포옹, 성관계) 행동을 보임
애정	· 착하고 부드럽지만 겁이 많고 순종적임 · 환영, 참여, 접촉 행동을 보임
두려움	· 겁이 많고 순종적이며 부끄러움과 당황스러움이 많고, 우수에 자주 젖으며 약함 · 어떤 동작을 하다가 그만두고 물러나는 행동을 보임
신중	· 자신에 대해서 무력하고 불안하고, 타인에 대해서 수치스럽고 버림받을 것 같아서 안달하느라 냉담해 보이기도 하고 애처롭고 쓸쓸해 보이기도 함 · 애정 대상을 찾기도 하고, 불안 대상에서 벗어나려는 행동을 보임
슬픔	· 슬퍼하고 후회하고 공허한 상태임 · 울고 슬퍼하고 물러나거나 벗어나려는 행동을 보임
절망	· 자신에 대해서 우울해 하고 좌절함 · 외부에 대해서 경계하고 주저하고 혼돈됨 · 타인에게 재미없고 동요하는 사람으로 보임 · 울고 슬퍼하고 활동을 멈추는 행동을 보임
당황	· 이러지도 저러지도 못함 · 무언가를 찾으려 하면서 동시에 중도에 멈추는 행동을 보임
충동	· 자신에 대해서 자부심이 강하고 무모하고 대담하고 자랑을 잘함 · 타인에 대해서 탐구적이고 호기심이 많고 미래를 예상하고 목표지향적임 · 탐색과 추구, 환영과 동행의 행동을 보임
놀람	· 놀라거나 존경하거나 시기심에 잡힘 · 멈추고 찾는 행동을 보임
분노	· 변화 폭이 매우 넓음 · 경도는 비협조적이고 완고하며 편협하고 의심하며 애정이 없음

분노	• 중등도는 반감이 있고 불만이 생기며 비판적이고 싫어짐 • 심한 정도는 분노와 가혹, 공격적이고 적대적이며 격분함 • 공격, 해침, 거부, 제거하려는 행동을 보임
반항	• 소유욕이 강하고, 탐욕이 많고, 요구가 많고, 남이 가진 것을 궁금해하고 타인에게 복종하지 않고 화를 냄 • 공격, 해침, 거부, 제거하려는 행동을 보임

친애와 비친애의 감정을 보디랭귀지로 어떻게 표현하는지 좀 더 구체적으로 살펴보면 〈표 1-4〉와 같다.

〈표 1-4〉 친애와 비친애의 보디랭귀지

신체부위	친애	비친애
눈	눈을 마주쳐도 피하지 않음	눈을 되도록 마주치지 않음
동체	가슴, 배꼽, 발끝이 상대를 향함	팔짱을 끼거나 발끝이 문 쪽을 향함
자세	팔을 내리고 상대 쪽으로 기울임	물건이나 핸드백을 가운데 놓음
척추	척추를 바로 세우고 정중함	자세를 흐트리고 느슨함
언어표현	발화수가 많고 감정표현이 증가함	발화수가 적고 사실표현이 증가함
음성	음성에 리듬이 있고 명료함	음성이 낮고 단조로움

한편, 서열과 관련된 태도와 관련 행동을 정리하여 나타내면 〈표 1-5〉와 같다. 자신의 서열이 높다고 생각하는 사람은 지배적이고 자기중심적인 태도를, 자신의 서열을 결정하고 싶지 않고 독립적으로 살고 싶은 사람은 거리를 두거나 내향적이거나 우유부단한 행동을, 자신의 서열이 낮다고 생각하는 사람은 과수용적, 희생적, 침입적인 행동을 보인다.

<표 1-5> 서열과 관련된 행동들(Horowitz et al., 1997)

서열 태도	관련 행동
지배적	타인을 지나치게 지배하고 조작하려는 욕구가 강함
자기중심적	자기확장적이고, 타인에 대해서 초조와 분노를 느끼고 투쟁, 복수, 적대적 지배를 함
거리두기	최소한의 애정을 표현하고, 타인과 인간적 관계를 거의 하지 않음
내향적	당황, 소심, 분노 때문에 타인과 함께 있을 때 자신을 잘 드러내지 않음
우유부단	자신감이 없어서 타인에게 자신을 주장하는 일을 심각하게 꺼림
과수용적	타인의 영향력에 지나치게 친절한 방식으로 지나치게 수용함
희생적	자신의 욕구를 희생하여 타인의 욕구를 채워 주려고 시도함 특히 곤궁한 사람들에게 지나치게 동조하고 양육하려는 경향이 강함
침입적	지나치게 친절하고 지나치게 통제적이며, 극단적으로 사교적임

보디랭귀지로 서열을 표현하는 행동들을 정리하여 좀 더 구체적으로 나타내면 〈표 1-6〉과 같다. 서열행동은 높고 낮음의 차원을 표현하는 행동이기 때문에 가족·친구처럼 친애가 강조되는 관계에서는 비교적 희미하게 나타나고, 직장·선후배·군대처럼 직급이 분명한 관계에서는 선명하게 나타난다.

<표 1-6> 상위서열과 하위서열의 보디랭귀지

신체 부위	상위 서열	하위 서열
표정	상향시선에 감정표현이 자유로움	하향시선에 감정표현이 제한됨
자세	중후장대하고 확장적임	경박단소하고 축소적임
목소리	권위적으로 낮거나, 주도적으로 큼	순종적으로 낮거나, 복종적으로 큼

동체	자신은 폐쇄하고 상대는 개방함	자신은 개방하고 상대는 폐쇄함
상대 차단	차단, 관리, 통제, 조망의 몸짓	개방, 순종, 제한, 고정된 몸짓
접촉 주도	높은 위치에서 접촉을 주도함	낮은 위치에서 접촉에 수동적임
서열 행동	상위서열을 표현하는 행동을 함	하위서열을 표현하는 행동을 함
언어	관용구나 공용어를 창조함	상위권자의 언어를 모방함
의무·처벌	예외 조항을 이용하여 면제받음	예외 조항조차 적용받지 못함

보디랭귀지를 해석하는 친애와 서열의 두 축을 동시에 고려하면 어떻게 될까? [그림 1-2]와 같은 사분면을 고려해 볼 수 있다. 사람들은 서열과 친애가 둘 다 높은 상대방에게 존경을 느끼고, 서열은 낮지만 친애한 사람에게는 자애慈愛의 감정을 느낀다. 또한 서열은 높지만 친애하지 않는 사람에게는 혐오를, 서열도 낮고 친애하지도 않는 사람에게는 경멸의 감정을 느낀다.

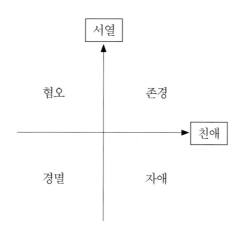

[그림 1-2] 서열과 친애에 따른 감정

6. 보디랭귀지 해석 시 주의사항

보디랭귀지를 해석하는 과정에서 실수가 없을 수는 없다. 이를 좀 더 정확히 해석하려면 다음과 같은 사항을 참고하면 좋을 것이다.

1) 한 가지 신체 반응은 여러 가지로 해석될 수 있다.

이화여자대학교 심리학과에서 조사한 바에 따르면, 한국어에 나타난 감정 단어는 3,000여 개다. 그러나 감정을 나타내는 표정이나 자세의 수는 그만큼 많지 않다. 그러므로 한 가지 자세가 한 가지 감정을 나타내는 것이 아니다. 예를 들어, '팔짱을 끼면 방어적이다.' 하고 한 가지로 해석하는 것은 잘못이다. 팔짱을 끼는 행동은 방관할 때, 피곤할 때, 심사숙고할 때, 어색할 때, 서열이 높은 체할 때 등 여러 가지 용도로 사용되기 때문이다. 따라서 하나의 행동은 다수의 감정에 상응한다고 보는 것이 타당하다. 그러므로 신체동작을 해석할 때, 한 가지에 매달리지 말고 그 동작의 전체 맥락과 지형을 고려해서 다각적으로 고려하는 것이 바람직하다. 자칫하면 '부로코의 위험Brokaw hazard, 보디랭귀지를 잘 아는 것처럼 해석하다가 실수를 연발하는 행동'을 할 수 있기 때문이다.

2) 신체 반응은 개인 간 차이가 크다.

한 사람의 신체 반응은 성격이나 문화에 따라 차이가 커서 일괄적으로 해석을 하면 오류가 생기기 쉽다. 예를 들어, 내향적인 사람은 커피를 마실 때 찻잔을 가만히 응시하며 천천히 얘기할 때 편안하고, 외향적인 사람은 주변 환경까지 두루 살피면서 얘기할 때 편안하다. 그런데 평소 커피를 마실 때 주변을 두루 살피던 사람이 오늘따라 찻잔을 응시하면 기저행동을 이탈했기 때문에 심경에 변화를 보인 것이다. 따라서 평소 그 사람이 취하던 행동을 반복해서 살펴보고 기저선baseline을 설정하고 그것에 따라 맞춤식의 해석을 하는 것이 일괄적인 해석을 하는 것보다 오차를 줄일 수 있다.

또한 외향적인 사람은 단위 시간당 발화수와 몸짓이 많고, 내향적인 사람은 그렇지 않다. 외향적인 사람이 침울할 때는 내향적인 사람처럼 보이고, 내향적인 사람이 흥분했을 때는 외향적인 사람처럼 보여서 처음 보는 관찰자의 눈에는 별로 이상한 것이 없을 수 있다. 그러나 그 사람의 습관을 아는 사람들은 이상하다는 것을 알아차릴 수 있다. 이런 식으로 개인별 기저선을 고려하면서 변화량을 파악하는 것이 더 정확하다.

3) 보디랭귀지는 의사소통의 보조수단으로 사용해야 한다.

최근에도 사주팔자, 지문, 관상, 손금, 혈액형으로 성격을 파악하려는 사람들이 있다. 그러나 그보다는 과학적으로 신뢰도와 타당도가 입증된 심리검사를 사용하는 것이 더 효율적이다. 마찬가지로 어떤 사람을 파악할 때, 증거수집, 이력조사, 심층면접, 수행평가 등 좀 더 과학적이고 검증된 방식들이 있다. 이런 방식을 함께 사용하지 않고 보디랭귀지만으로 사람을 파악하려는 시도는 지나치다. 마치 천문대의 망원경을 버려 두고 육안으로 천체를 탐구하려는 것처럼 비효율적이다. 따라서 보디랭귀지는 사람을 파악할 때 보조수단으로 사용하는 것이 바람직하다.

4) 보디랭귀지를 이해했다고 해서 즉시 언급하지 않는 것이 좋다.

내담자의 보디랭귀지는 무의식적으로 일어나는 경우가 많고, 언어와 일치하지 않기도 하고, 자신의 불안을 감추기 위한 것일 때도 많다. 그러므로 내담자가 자신의 보디랭귀지에 대해서 해석을 수용할 준비가 안 됐거나, 원하지 않는데도 불구하고 해석하는 것은 사생활 침해에 가깝다. 상담자는 자각을 돕는다고 생각할지 모르나, 내담자는 자신의 비밀이 자신의 의지에 반해서 노출된다고 느끼고 화를 내거나 불안해 할 수 있다.

그러면 어떤 경우에 보디랭귀지에 대한 해석을 시도하는 것이 적절한 가? 내담자가 자신의 상태를 알고 싶어 하거나, 자신의 상태를 노출해도 좋다는 허락을 했을 때다. 따라서 명시적으로 허락하지 않으면 해석하지 않는 것이 좋다. 허락을 얻었다 하더라도 해석을 남발하지 않고 필요한 경우에만 하는 것이 바람직하다. 보디랭귀지와 다른 증거들이 일치하고 본인도 수용할 준비가 된 상태라야 효과가 있다. 그렇지 않으면 그냥 간직bracketing하는 것이 좋다.

7. 보디랭귀지를 이용한 상담

보디랭귀지는 게슈탈트, 신경언어 프로그래밍Neuro-linguistic Programming, NLP 트라우마 치료, 정신역동, 인지행동, 애착이론 등 거의 모든 학파들이 임상장면에서 활용한다. 보디랭귀지를 대하는 관점이 조금씩 다르지만 다음과 같은 공통점이 있다.

1) 신체 반응, 감정, 사고, 행동의 순서로 정보를 수집한다.

인간이 수용하는 외부자극은 신체에 분포된 감각기관을 통해서 척추로 모여서 소뇌로 전달된다. 이곳에서 대사활동, 반사작용, 호흡작용, 소화작용 등 기본적인 활동을 담당한다. 좀 더 정확한 판단이 필요한 정보는 변연계邊緣系, limbic system로 전달되어서 정서로 바뀐다. 정서는 평균적이며 신속한 판단을 할 수 있지만 좀 더 복잡하고 상세한 정보처리에는 실패하는 경향이 있기 때문에 대뇌에서 사고를 통해서 약점을 보완하며 —최근에 와서 정서를 주축으로 하는 대뇌회로와 사고를 주축으로 하는 대뇌 회로는 각기 독립적으로 필요에 따라 번갈아 사용된다는 주장이 나왔다 —그 결과 행동한다.

예를 들어, 어떤 사람이 머리에 찬물을 뒤집어 썼다고 하자. 그는 두피에 차가운 감각을 느낄 것이다. 그다음 순간 지나가던 자동차가 구정물을 끼얹은 것인지 성직자가 세례를 주는 장면인지 구별하고, 전자라면 불쾌한 감정을 후자라면 감사하는 감정을 일으킬 것이다. 전자라면 '내가 입은 피해에 대응하자.' 하는 생각을 할 것이고, 후자라면 '신앙심을 더욱 깊게 하는 기회로 삼자.' 하고 생각할 것이다. 그리고 행동에 있어서 전자는 가해 운전자에게 손해배상을 요구할 것이고, 후자는 성직자에게 '감사합니다.'라고 할 것이다. 이것을 표현하면 [그림 1-3]과 같다.

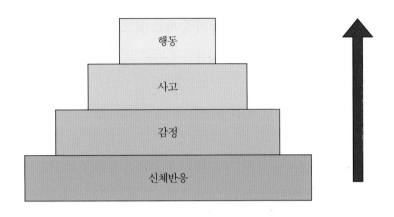

[그림 1-3] 정보수집의 순서

2) 보디랭귀지의 내부 영역

태도, 표정, 자세처럼 외부환경에 대응하기도 하고 타인에게 보여 줄 수도 있는 신체동작은 대뇌의 전두엽에서 통제한다. 그러나 감정이 오르내리는 느낌이나 맥박, 손의 온도나 평형감각은 신체내부의 감각이어서 본인만 파악할 수 있고, 두뇌의 내측 전전두엽에서 조절할 수 있다. 내담자의 신체 내부감각은 다음과 같이 세 가지 영역으로 나누어 볼 수 있다.

신체 점검body testing
- 신체내부감각: 머리, 수족, 온도, 근육감각, 표정, 내장감각, 평형감각, 호흡, 심장 등
- 신체외부감각: 오감, 특히 시각의 거리, 범주, 맹점

현실 점검reality testing
- 현실감, 시공간감, 현존감, 현실 경험감, 현실 맥락감

안정감 점검safety testing

• 자기 안정감, 자기 지지감, 조력자에 대한 믿음

그러므로 상담자는 내담자의 신체내부에서 일어나는 변화와 조절 수준을 점검하기 위해서 수시로 '지금 신체내부는 어떠세요?' '심장이 전보다 뛰나요?' '어깨에 긴장이 느껴지세요?'와 같은 질문을 통해서 신체내부 감각의 변화를 확인할 수 있다.

3) 언어와 보디랭귀지 사이의 불일치를 주목하고, 이유를 파악한다.

[그림 1-4]를 보면 내담자가 '나는 어제 경주에 가서 친구 2명을 만났어.' 하는 문장을 말했을 때, 진술한 문장과 보디랭귀지가 대체로 일치한다. 그러나 '만났어.'라고 할 때는 목소리가 올라가고 눈동자가 우측_{상담자가 보면 좌측}에 있고 안색이 변하는 이상 징후를 보인다. '만났어.'라는 진술은 과거시제이기 때문에 눈동자는 회상할 때인 좌측에 위치하는 것이 타당한데, 오히려 상상할 때인 우측에 있는데다가 안색이 변하는 것은 감정변화가 있기 때문이니 거짓말을 했거나 어떤 일이 있었을 수 있다. 이처럼 보디랭귀지가 일치하지 않을 때를 알아차리고 어떤 이유인지 탐색하는 작업이 필요하다.

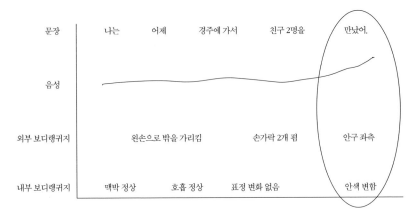

[그림 1-4] 보디랭귀지의 불일치

4) 신체와 다른 기능 간의 관계

[그림 1-5]는 Levine(1992)이 제안한 SIBAM 모델Somatic-Images-Behavior-Affect-Meaning making model을 그림으로 정리한 것이다. 신체의 각 기관을 통해서 들어온 자극이 불안을 과다하게 활성화시키면 정신병리가 나타난다. 불안이 시각에 과다한 자극을 주면 침투적 장면회상flashback이 나타나고, 신체감각에 영향을 주면 공황발작이 일어나고, 인지에 영향을 주면 망상이나 환청을 동반하는 정신분열이 일어난다. 행동에 영향을 주면 특정한 사람, 장소, 사건을 회피하는 행동양식이 생긴다. 이런 식으로 외부 자극이 신체에 특정한 병리나 흔적을 남기기 때문에 신체는 개인의 역사를 기록하는 장소이자 병리적 행동의 원인을 설명해 주는 보고서다. 이것이 심리치료에서 보디랭귀지를 관찰하고 신체를 통해서 치료방법을 모색하는 이유다.

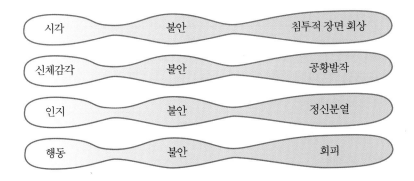

[그림 1-5] 감정의 과다각성과 병리

5) 주요 감정의 신체 반응과 심리치료

감정은 종류에 따라 신체적으로 다른 반응을 나타낸다. 내담자가 자신의 감정을 이해하고 접촉하고 완결되게 하려면 상담자가 감정에 따른 신체 반응을 이해하고 안내하여야 한다. 여기서는 중요한 네 가지의 감정 다루는 방법을 설명하였다.

(1) 분노

분노는 기본적으로 자기보호의 감정이다. 자신의 신체나 이익 혹은 주장을 지키려고 '하지 마!' '그만!' 이라는 요구를 하였으나 받아들여지지 않으면 분노하고, 분노했음에도 불구하고 심각한 위협이 지속되면 격분으로 변한다. 따라서 그다지 분노할 장면이 아닌데도 발끈하는 습관은 심각한 위협을 받고 분노했지만 미해결되었던 과거의 트라우마를 반영한다. 이런 식으로 적절하지 않은 분노를 자주 표현하면 대인관계에 문제가 생긴다. 또한 분노는 지식에 기반을 둔 감정이기 때문에 누구 때문에 혹은 무엇 때문에 화를 내는지 대상이 분명하다. 따라서 분노를 상담할 때 '누구에게 화를 내는가?' 하고 질문하여 대상을 파악하고, 주먹을 쥐고 몸을 떨고 고함을 지르면서 과거에 미처 표현하지 못했던 분노를 접촉하게 하면 분노가 완결된다.

(2) 두려움

두려움은 환경에서 오는 위협을 느끼는 감정이다. 두려움은 실제적 위협에 예기 불안이 추가되어 실제보다 더 부풀려지고, 극단적으로 커지면 공포가 된다.

따라서 두려움을 상담할 때는 '어떤 상황이 두려운가?' 혹은 '어떤 상황이 닥쳐오리라고 예상하는가?' 하고 질문하고, 실제보다 부풀려서 추측하는 부분을 파악해야 한다. 내담자는 떨고 비명을 지르면서 미처 표현하지 못했던 두려움을 배출한 후 두려움을 떨쳐낸다.

(3) 슬픔

슬픔이란 친애한 이가 죽거나, 중요한 것을 잃거나, 소외될 때 느끼는 감정이다. 내담자가 슬픔을 표현하는 것은 상실사건을 과거로 돌리고 지나가게 한다는 좋은 표시다. 대체로 상실 사건은 Ross(1969)가 연구한 것처럼 충격, 부정, 분노를 거쳐서 현실과 타협할 무렵 나타나고 현실수용으로 이어지기 때문이다.

따라서 슬픔을 상담할 때는 '어떤 것을 잃었는가?'하고 질문하고, 그것을 잃었을 때 억지로 눌렀던 슬픔을 접촉하면서 울어야 해소된다. 그렇지 않으면 우울증에 빠지기 쉽다.

(4) 수치

수치shame는 '내가 왜 그때 더 잘하거나 더 잘 대항하지 못했지?' 하면서 자신이 이상적이라고 생각하는 기준에 미달했다는 자각에서 나온다. 이것은 '내가 왜 그분의 기대를 저버렸을까?' 하는 죄책감guilt과 다르다. 내담자는 수치심을 은폐하는 경향이 있어서 상담자가 알아차리는 데 많은 어려움이 있다. 그러므로 수치를 상담할 때 내담자의 저항과 방어로부터 단서를 잡고 '숨기는 것이 있는가?' 혹은 '말하고 싶지 않은 것이 있는가?'를 확인하고, 만약 고백하면 어떤 일이 일어날지 예상하도록 한다. 사실 수치를 숨기려고 애를 쓰다가 지속해서 고통당하느니 고백하고 웃으면서 잊어버리는 것이 훨씬 편안한 측면이 있다. 내담자는 얼굴을 붉히면서 수치와 접촉한 후에야 수치를 버릴 수 있다.

이러한 네 가지 감정들이 생길 때 피부색이 변하고, 호흡이 불안정하고, 들숨을 위주로 감정이 실린 음성을 낸다. 반면에, 감정이 해소되거나 안정되면 피부색이 정상이고, 호흡이 깊고, 날숨을 위주로 맑은 음성을 낸다.

6) 신체를 기반으로 한 상담방식

신체는 공격 같은 긴급한 위험에 대응하기 위해서 아드레날린 반응을 보이고, 승진 경쟁 같은 장기적인 긴장에 대응하기 위해서 코르티솔 반응을 보인다. 이때 신체는 지나친 흥분상태가 되어서 통제를 벗어나기도 한다. 예를 들어, 분노 폭발할 때 인지능력은 '대롱눈 현상tunnel eye symptom'이며, 감성은 홍수상태이며, 신체도 아드레날린 반응을 하기 때문에 정상적인 의사결정이나 대인관계를 할 수 없다. 게다가 위험한 상황에서 벗어났다 하더라도 대뇌에 있는 해마의 스톱 스위치가 고장 나면 투쟁, 도피, 놀람의 반응이 멈추지 않아서 외상후 스트레스장애PTSD 같은 공포증에 시달린다.

이때 상담자는 어떻게 해야 할까? 내담자의 과다 혹은 과소하게 활성화된 감정을 삭감, 중단·증가·안내하기 위해서 신체를 이용한 상담방식을 사용한다. 예를 들어, 지나치게 불안을 느끼는 내담자에게 신체감각적으로 안전한 환경에 대한 장면을 상상하고 느끼게 하는 안정화anchoring를, 지나치게 각성된 감정을 중단시키기 위한 중지하기braking를, 좀 더 감정을 느끼도록 하기 위한 가속화accelerating를, 근육이 지나치게 긴장되었을 때 풀어 주는 이완relaxation을, 과거에 대한 슬픔과 미래에 대한 불안으로부터 현재를 분리시켜서 스트레스를 덜기 위한 현재 감각에 머물기를, 이인감離人感이 들 때 현실감각을 유지하기 위해 시청각을 점검하는 방식을 사용한다.

이와 반대로 지나치게 감정이 가라앉았거나 무감정apathy 상태이면 상담을 시작할 수 없다. 이때 상담자는 내담자에게 치료작업에 필요한 만큼의 감정적 활성화를 시도해야 한다. 이 작업 역시 신체를 기초로 시작할 수 있다.

또한 최근에 개발된 감정자유기법Emotional Freedom Techniques, 안구운동민감소실 및 재처리요법Eye Movement Desensitization and Reprocessing, 근육이완법, 호흡법, 명상을 이용할 수도 있고, 전통적인 정신역동기법인 안아주기holding, 담아주기containing, 일으키기arousing, 중지하기 같은 방식을 사용할 수 있다. 이런 사실을 감안하면 현대 상담이 기존의 대화중심의 상담

talking counseling에서 신체를 조절하는 방법을 추가하는 것을 알 수 있다.

이런 방식을 효율적으로 사용하려면 다음과 같은 순서가 필요하다.

첫째, 안전한 환경을 만든다. 내담자가 신체적으로 이완되고 감정적으로도 편안해야 상담을 시작할 수 있다. 이것은 상담자가 친밀감을 형성하고, 위험에, 비밀누설이나 음모가 없음을 보장할 때 발생한다.

둘째, 신체감각을 도입한다. 내담자에게 신체감각-감정-사고-행동 간연결 짓는 질문을 한다. 그래서 내담자가 부지불식간에 자신의 신체감각을 동원하게 만든다. 예를 들어, '슬프다고 했는데, 정말 눈시울이 붉어지네요.' 혹은 '화가 난다고 했는데, 신체가 어떻게 느껴지세요?'와 같은 질문을 하는 것이다.

셋째, 내담자의 준비상태를 점검한다. 내담자가 상담목표를 문장으로 진술했을 때, 신체기억을 추가하여 확인한다. 예를 들어, '어머니께서 형과 당신을 차별하는 것이 문제라고 했는데, 그 말을 할 때 신체감각은 어떠세요?' 하는 것이다. 또한 작업을 시작하기 전에 내담자가 상담할 수 있을 만큼 정상적인 신체 상태에 있는지 기준선을 점검하여야 한다. 예를 들어, '지금 기분은 어떠세요?' 혹은 '이 사건을 다루려는데, 지금 호흡은 어떠세요?' 등 신체 상황을 점검하는 것이다. 이를 기초로 일회기 안에 처리할 수 있는 감정량과 작업량을 결정한다.

넷째, 신체감각을 통한 상담 작업을 한다. 내담자가 미해결 과제를 통합할 때 그에 상응하는 자아 이질적인 감각이 나타난다. 이때 내담자에게 낯선 감각이 활성화될 수 있는데, 감당할 수 있는 분량만 활성화시켜야 한다. 만약 너무 많은 양이 활성화되면 심호흡을 시키거나 잠시 작업을 중단하고, 반면에 너무 적은 양이 활성화되면 가속화 기법을 사용한다. 그리고 나서 신체감각과 정서를 연결하여 충분히 통합되게 하고 마지막으로 인지와 통합되게 한다. 이때 내담자에게 편안하고 알맞은 속도로 이질적 감각을 다뤄야 한다.

다섯째, 신체감각을 훈습한다. 새롭게 통합한 행동 단위, 즉 새로운 패턴의 신체감각-감정-인지-행동의 단위는 아직 익숙하지 않다. 충분히 소화하고 통제할 수 있도록 연습해야 한다.

여섯째, 새로운 도식이 출현한다. 신체감각과 미해결 과제를 동시에 다루면 새로운 감정도식과 인지도식이 출현한다. 그리고 나서 새로운 행동과 생활양식을 연습하고, 마침내 자기 통제감과 대인유능감이 증가한다.

눈을 감고 어떤 사람을 생각해 보면 그/그녀의 고유한 모습이 떠오른다. 음식점에서 일하시던 어머니는 앞치마를 두르고 팔과 손에 밀가루를 묻힌 모습이 떠오르고, 옆집 구둣방 아저씨는 꾸벅꾸벅 졸다가 하품하면서 가죽으로 된 작업치마를 탁탁 터는 모습이 떠오른다. 이처럼 사람마다 고유한 자세가 있고, 이것은 그 사람의 감정이나 성격을 대표한다.

Feldenkrais(1949)는 개인의 정서적 반응이 반복되면 습관화된 자세를 갖게 되고, 결국 신체의 호흡, 근육, 뼈들이 총체적으로 재구성된다고 주장했다. 예를 들어, 불안하면 호흡이 가빠지고, 얼굴 근육이 수축하고, 눈동자를 불안정하게 굴리고, 말을 더 들고, 손발을 허둥거리는 등 '불안'이라는 교향곡을 연주한다. 일단 불안이 신체를 통해서 특정한 표현양식을 확립하면, 불안할 때마다 그런 패턴으로 표현한다. 그 후 패턴화된 불안 자세가 몸에 배면 불안할 때뿐만 아니라 평소에도 이런 자세를 유지한다. 대뇌의 신경회로가 근육의 조정상태로부터 표정에 이르기까지 자세설정posture setting을 했고, 신체는 그런 쪽으로 반응을 유지하려는 경향이 생겼기 때문이다.

결국 한 사람의 고유한 자세는 그 사람의 역사를 반영한다. 이때 자세라고 하는 용어는 한 부분의 단일한 동작을 의미하는 것이 아니다. 주먹을 쥐고 이를 악물고 눈에 힘이 들어가고 얼굴색이 붉게 물든 것이 전체적으로 분노를 표현하듯, 신체의 여러 동작이 하나로 연결된 총상總相을 의미한다. 따라서 자세는 대단히 많은 의미를 일정한 방향으로 전달하는 태세態勢라고 할 수 있다. 이 Part에서는 열아홉 가지를 선택해서 그 의미를 살펴본다.

고개 젖히며 머리카락 쓸어 넘기기

"여기 예쁜 여자 좀 봐요."

#1 머리칼 쓸어 넘기기

한 손으로 머리칼을 쓸어 넘기며 고개를 반대쪽으로 젖히는 것은 '여기 여자 있어요.' 하는 표현이다. 이 동작을 하면 사람들은 100m 밖에서도 '아, 여자구나.' 하는 것을 알 수 있다. 그 정도로 이 동작의 성별 표현은 강력하다. 머리가 흐트러지지 않았는데도 긴 머리칼을 쓸어 올리는 것은 주변에 있는 남성들에게 자신이 여성이며 여성으로 대접해 달라는 표현이다.

#2 머리칼 쓸어 넘기며 피부 드러내기

머리칼을 쓰다듬을 때 고개를 젖혀서 특정한 남성이 볼 수 있도록 귀밑, 목, 턱, 뺨을 드러내거나 팔을 치켜들어서 피부를 노출하면 그 남성을 성적 매력으로 저격하려는 것이다. 즉, '나는 아름다운 여자예요. 당신의 시선을 끌고 싶어요.' 하는 메시지를 전달한다. 물론 마음에 없는 남자가 곁에 있을 때는 대부분 이런 동작을 하지 않는다.

"우리는 친한 사이예요."

#1 손으로 머리를 받치고 몸을 기울여서 상대를 올려다 보는 것은 아이들이 부모를 올려보던 동작에서 비롯되었다. 손으로 턱을 받치는 것도 식탁이나 침대에서 키가 큰 부모를 쳐다보던 습관이며, 성인들이 이렇게 하는 것은 상대방을 친근한 사람으로 여기기 때문이다. 이때 몸을 기울이는 것은 상대방의 이야기에 관심이 많아서다. 다만 피곤해서 턱을 받치거나 미모를 자랑하기 위해서 뺨에 손을 대는 동작과 구별해야 한다.

양손으로 허리 짚기

"어쭈, 감히!"

허리에 양손을 얹는 자세는 다음처럼 몇 가지로 나눌 수 있다.

#1 허리에 양손 얹고 몸 부풀리기

양손을 허리에 얹으면 갈기털을 세운 사자처럼 신체가 커진다. 손을 반쯤 들었기 때문에 만일의 경우 손을 사용하는 데 걸리는 시간이 짧다. 그러므로 우월감 때문에 혹은 상대를 힘으로 제압하려는 목적으로 이런 자세를 취한다. 나이가 많은 사람이나 상급자가 나타났을 때 허리에 얹은 손을 내리고 공손한 자세로 바꾸는 것을 보면 이 자세의 의미를 재삼 확인할 수 있다.

#2 허리에 양손 얹고 노려보기

양손을 허리에 얹고 노려보는 것은 논쟁이나 기 싸움에서 상대를 위협해서 유리한 입장에 서려는 것이다. 하급자가 상급자에게 이런 태도를 하면 명백히 하극상이며, 잔소리나 속박 때문에 화가 났을 가능성이 크다.

#3 허리에 양손 얹고 구경하기

양손을 허리에 얹고 눈앞의 상황을 구경하면 '나는 이 상황이 전혀 두렵지 않고 충분히 헤쳐 나갈 수 있다.'는 확신과 '나는 이 일에 손을 대지 않고 구경만 하겠다.' 하는 두 가지 마음을 표현한다. 이때 남성이 양손의 엄지손가락을 허리띠 안쪽에 꽂아 넣고 양 손가락을 펴서 사타구니에 대면 자신감이 넘치다 못해서 징글맞다. 소위 '샅잡기'라는 성적 행동으로, 여성에게는 수작을 걸고 남성에게는 '내가 더 남자답고 너는 여성적이다.'라고 모욕하는 것이다.

#4 허리에 양손 얹고 웃기

여성이 허리에 손을 얹고 매력적으로 웃으면 미모를 과시하는 것이며, 패션모델이 단골로 취하는 자세다. 이때 손가락을 엉덩이나 하체 쪽으로 펼쳐서 매만지듯 감싸거나, 허리를 살짝 뒤틀어서 엉덩이의 볼륨을 강조하면 성적 매력까지 발산한다.

짝 손으로 허리 짚기

"나는 만만한 사람이 아니에요."

한 팔로 허리를 짚고 다른 팔을 내린 것은 양가감정 때문이다. 손으로 허리를 짚는 것은 몸집을 부풀리는 것이기 때문에 상대방을 겁내지 않는다는 뜻이다. 그럼에도 불구하고 다른 손을 내린 것은 유순한 태도다. 즉, '당신에게 좋은 감정이 있어요. 하지만 나를 만만하게 보면 안 돼요.' 하는 의미다.

#1 얼굴을 굳히며 한 팔로 허리 짚기

타인이 지나치게 간섭할 때 계속 받아주기 싫어서 어느 정도 선을 그으려는 것이다. 대화 중에 이런 자세를 취하면 참다못해서 반격을 결심하는 시점이다. 더 이상 경계를 침범하면 화를 낼 확률이 높다.

#2 습관적으로 한 팔로 허리 짚기

으레 이런 자세를 취하는 사람은 '나를 만만하게 보지 마. 그러다가 큰 코 다치는 수가 있어.' 하는 경고를 발산하려는 의도다. 따라서 주변에 오래된 경쟁자나 비난자가 있을 가능성이 있다. 이 자세를 취할 때 주의할 점이 있다. 본인은 남에게 만만한 사람이 아니라는 것을 보여 주려고 했지만, '거칠고 사나운 사람이군.' 이라는 오해를 받을 수 있다.

"어쩌면 좋아, 절망적이야."

사람들은 자신감이 없을 때 몸을 축소시켜서 공간을 적게 사용한다. 이 자세는 두 가지로 나눌 수 있다.

#1 머리를 잡고 수그림

왼쪽 사진은 손으로 머리를 지탱했는데, '아무리 생각해도 이 상황을 해결할 수 없어서 피곤하다.'는 머리 중심의 자세다. 인지적으로 힘이 든 상태며, 정서적으로는 아직 손상당하지 않았다. 이런 사람을 상담할 때는 '어떤 문제가 풀리지 않느냐?'고 묻는 게 좋다.

#2 허리를 꺾고 수그림

오른쪽 사진은 마치 복부를 강타당한 사람처럼 주저앉은 가슴 중심의 자세다. 일명 '패잔병 자세'라고 하며, 정서적으로 깊은 손상을 입었기 때문에 머리를 잡고 수그리는 자세보다 내적 충격이 더 크다. 이런 내담자를 만나면 '힘들고 절망스러우신 것 같다.'고 위로하는 게 좋다. 그런데 이 자세가 나쁘기만 한 것이 아니다. 피해자가 무얼 해도 불리할 때는 차라리 웅크리고 가만히 있는 것이 추가 손실을 피할 수 있고, 이에 공격자가 가여운 기분이 들어서 추가 공격을 하지 않을 수도 있기 때문이다.

가슴 펴고 두 팔 벌리기

"와!"

  얼핏 보면 양팔을 중심으로 하는 자세 같지만 최종적으로 가슴을 펴기 때문에 가슴 중심의 자세다. 가슴을 내미는 것은 심장이 빨리 뛰는 벅찬 느낌 때문이고, 두 손을 드는 것은 훨훨 나는 듯 몸이 가벼워지기 때문이고, 고개를 젖히는 것은 코로 즐거운 기분을 흠뻑 들이마신다는 의미다. 자세는 같아 보여도 세 가지 의미가 있다.

#1 즐거운 엔도르핀 반응

  왼쪽 사진은 여행을 가서 즐거운 경치를 보았을 때, 혹은 원하던 것을 누릴 때 안락한 기쁨이 차오르는 것을 표현하는 몸짓이다. 표정도 느긋하고 온 몸도 이완되어 있다. 한 마디로 행복한 상태다.

#2 승자의 도파민 반응

  오른쪽 사진은 경쟁자들을 물리쳤거나 원하던 것을 얻었을 때 승리의 기쁨과 자신감을 표현하는 자세다. 합격, 승진, 당선, 우승을 했을 때 마치 고액의 복권에 당첨된 것처럼 도파민이 분출하면서 강렬한 쾌감이 샘솟기 때문에 환하게 웃으며 춤추듯 팔을 위로 뻗는다.

#3 상위 서열을 확인하는 아드레날린 반응

왼쪽 사진은 '누가 나를 당하랴? 자신이 있거든 내 앞에 나와 보라.'고 포효하는 자세다. 자신이 상황을 주도하는 권력자이며 만일 도전하면 응징하겠다는 서열 확인 행동이다. 이때 힘으로 시위하기 위해서 상대방에게 가슴과 팔을 드러낸다.

"나는 자신있어!"

#1 양팔 내리고 자연스럽게 서기 내향적 자신감

사람이 긴장하지 않을 때는 어깨, 팔꿈치, 손처럼 공격에 쓰이는 기관을 아래로 내린다. 또한 어깨를 펴고 허리를 세우고 안정감 있게 서는 것은 '나는 두렵지 않아.'라는 메시지를 전달한다. 이 자세는 편안하고 부드러워 보이나 실제로는 자신감을 강하게 표현하며, 내향적인 사람들이 위엄을 보이기 위해서 잘 사용한다. 이럴 때 무시하면 미움을 받고, 모욕하면 보복을 당하기 쉽다.

#2 양팔을 올리고 서기 외향적 자신감

팔꿈치를 약간 구부려서 마름모꼴이 되게 하거나, 어깨를 부풀리고 팔 근육에 힘을 넣는 것은 '무게를 잡는' 자세다. 외향적이거나 공격적인 사람의 행동 직전의 자세며, 자신감을 강하게 표현하는 것이다. 이럴 때 무언가를 지적하면 시비가 일어나고, 모욕하면 당장 몸싸움이 일어난다.

"긴장되네요."

팔짱을 끼는 이유는 그냥 편해서, 팔로 상체를 가릴 때, 생각에 빠질 때, 팔로 성벽을 쌓고 타인을 거부할 때 등 여러 가지다. 다리를 꼬는 것도 팔짱을 끼는 것과 다를 바 없지만, 여성이 매력을 표현하려는 목적이 하나 더 추가된다. 그렇다면 팔짱을 끼고 다리를 꼬는 동작을 동시에 하면 이 복합적인 자세는 무슨 의미일까? 다음과 같은 세 가지 의미가 있다.

#1 손과 발을 감추려고

이 자세는 타인이 건네는 물건을 받으려면 팔짱을 풀어야 하고, 이동하려면 다리를 풀어야 하기 때문에 여간 불편하지 않다. 상대방 쪽에서 보면 적극적인 반응을 기대하기 어려운 폐쇄적 자세다. 그러므로 상대의 의견을 쉽게 받아들이지 않겠다는 거부 혹은 농성籠城의 자세다. 농성이라고 말한 것은 자신의 힘이 모자라서 상대방을 제압하진 못하지만, 상대방이 우세하다고 해서 도망가지도 않고 도사리고 앉은 자세를 하기 때문이다. 그래서 도도하고 차갑게 보이기도 한다. 이런 자세를 취하는 사람은 설득하기 어렵다.

#2 손과 발에 힘을 넣으면

　　팔에 힘을 주면서 상체를 감싸고, 허벅지가 서로 눌릴 정도로 하체에도 힘을 준다. 이런 동작은 날씨가 추워서 웅크리거나 배변을 참을 때 혹은 심리적으로 긴장해서 근육에 힘을 줄 때 한다. 친밀한 사람이 나타나면 얼굴이 환해지며 이 동작을 푸는 것을 보면 그동안 긴장했다는 것을 알 수 있다.

#3 손과 발을 감추면서 힘을 넣으면

　　상체로는 도도함과 긴장을, 하체로는 여유를. 여성일 경우에는 여성스러움과 성적 매력을 표현한다. 낯선 환경에서 비록 긴장되지만 의젓함을 유지하고 그와 동시에 매력을 펼쳐서 자신에게 호의를 표현할 상대를 찾으려는 전략이다.

"보아라, 나는 기사다!"

#1 등받이 뒤에 숨기

의자를 장난감 말처럼 거꾸로 타고 앉아서 등받이에 몸을 기대는 것은 마치 기사 騎士가 보행자를 대하듯, 혹은 성주城主가 성벽 위에서 적군을 내려다보듯 하는 태도다. 왜 의자의 등받이에 뒤에 몸을 숨길까? '나는 안전하고 견고해. 그리고 여긴 내 영역이야.' 하는 마음, 즉 공격보다 방어를 선택할 정도로 불안한 마음을 익살스러운 말 타기 태도로 바꾸어서 표현하기 때문이다. 그러므로 이런 사람의 허세와 불안을 이해해 주면 의사소통이 가능하다.

#2 남성과 여성의 차이

남성의 팔짱은 거만과 불안을 동시에 표현하고, 사타구니와 성기를 포함한 하체를 벌린 것은 남성성을 과시하고 자신을 확장한다. 즉, '나는 너보다 우월해. 하지만 강하게 주장하자니 자신이 없군.' 하는 양가감정이다.

여성의 팔짱은 남성과 같지만, 하체를 통해서 상대방의 관심을 끌려는 것이 남성과 다르다. 즉, '내가 여자지만 남자인 너보다 우월해. 하지만 네게 호감이 있어.' 하는 뜻이다. 이때 등받이에 매달리거나 껴안는 동작을 하면 유혹의 의미가 더 강하고, 팔짱을 끼고 등받이를 누르면 우월성의 의미가 더 강하다.

"관심 있어요." "관심 없어요."

이 사진에서 한 사람은 몸을 앞으로 기울였고, 상대방은 뒤로 젖혔는데 다음과 같은 의미가 있다.

#1 상체를 앞으로 기울임

사진의 오른쪽 남자처럼 상대가 마음에 들면 잘 보고 듣기 위해서 몸을 앞으로 기울인다. 그래도 모자라면 사진에서 보듯 발이라도 좀 더 앞으로 내민다. 이때 눈 맞춤, 발언의 양, 리액션 reaction, 웃음, 동작도 함께 증가한다. 그러면 상대방도 편안한 마음이 들어서 이야기를 잘 들어주게 된다. 이 때문에 상담이나 대화에서 '상체를 약간 기울이고 대화하라.' 하는 격언이 생겼다. 자신의 말을 듣고 싶어서 몸을 기울이며 경청하는 사람을 싫어할 사람이 누가 있을깨 물론 상대를 위협하기 위해서 코앞에 얼굴을 바싹 들이대는 경우는 예외다.

#2 상체를 뒤로 젖힘

왼쪽의 남자처럼 상대가 마음에 들지 않으면 상체를 뒤로 젖힌다. 심적으로 불편하여 상대방과 거리를 더 많이 두고 싶기 때문이다. 게다가 척추를 똑바로 세우지 않고 턱을 괴면 이 만남을 중요하게 여기지 않는다는 뜻이다. 이때 '제가 지난밤에 잠을 못자서 좀 피곤해서 그렇습니다.' 하는 정도로 양해를 구하지 않으면 상대방은 모욕감을 느끼고 떠날 것이다. 다만 내향적인 사람이 쑥스러워서 이렇게 하는 것은 예외다.

"자신 있어."

의자에 앉는 방법은 다양한데, 크게 보아 세 가지로 나누면 다음과 같다.

#1 몸집을 확장하여 앉기

의자의 팔걸이를 잡고 어깨를 펴고 다리를 딱 벌리고 앉는 사람은 자신의 서열을 높은 쪽으로 표현한다. 엉덩이를 의자 깊숙이 밀어 넣고 어깨를 충분히 파묻고 위엄 있게 앉는 사람은 자존심이 높다. 이때 척추의 굴신屈伸도 눈여겨볼 필요가 있다. 의자에 기대거나 몸을 옆으로 기울이면 느슨한 상태다. 만약 의자에 뒤로 기대서 깍지 손을 머리에 받치거나, 두 다리를 쭉 펴면 전혀 긴장할 것이 없다는 태도다.

"자신 없어."

#2 몸집을 축소하여 앉기

의자에 앉을 때 어깨를 좁히고 다리를 붙이고 손을 모으는 사람은 자신의 서열을 낮은 쪽으로 표현한다. 엉덩이를 의자 끝에 걸치고 마치 어딘가 떠나려는 사람처럼 불안하게 앉은 사람은 자존심이 낮다. 허리를 굽히거나 상체를 앞으로 숙이거나 상대를 향해서 정면으로 앉기보다 어깨를 한쪽으로 기울이고 앉으면 불안하거나 원래 내향적인 성격이어서 사람을 대하는 것이 쑥스러워서다.

"내 거야."

#3 의자를 발로 감거나 걸터앉기

의자에 걸터앉아서 발로 의자를 휘감고 있는 자세는 '이 의자는 내 것이다.'라는 소유 표시다. 이런 사람은 자신의 소유나 영역을 강하게 주장하는 사람이며, 자신의 주장을 양보하거나 금전적으로 결코 손해보려는 사람이 아니다. 어린이거나 허물없는 사이 혹은 혼자 휴식을 취할 때라면 이런 자세도 나무랄 것이 없지만, 그렇지 않은 데도 이런 태도라면 '당신의 말은 똑바로 앉아서 들을 가치가 없다.' 하는 의미를 담은 무례한 행동이기도 하다. 또한 의자에 발을 올리거나 가로로 앉거나 하는 식으로 의자를 막 다루면 대인관계에서도 타인을 배려하지 않는 사람일 수 있다.

"좋아."

#1 한 팔로 누르고 다른 손으로 짚기

상대방의 말을 잘 들으려고 몸을 숙이는 바람에 한쪽 팔꿈치로 허벅지를 누르고, 상대방의 말이 끝나면 즉시 일어나서 실천하려고 다른 손으로 허벅지를 짚었다. 한 마디로 순종의 자세다.

"글쎄."

#2 한 팔로 짚고 다른 손으로 턱 만지기

한 손으로 허벅지를 짚은 것은 일어나려는 동작이지만 다른 손으로 턱을 만지는 것은 상대방의 말을 의심하는 태도다. 믿어도 된다고 여기면 일어서서 행동하고, 그렇지 않으면 일어서서 떠나 버릴 생각이다.

"일어나야지."

#3 **양손으로 짚기**

두 손으로 허벅지를 짚고 일어날 듯 힘을
주면 다음과 같은 의미가 있다.

"말씀하신 대로 즉시 행동하겠습니다." 순종

"대화가 끝났으니 이만 가 보겠습니다." 작별

"무엇이!" 하면서 벌떡 일어난다. 공격

자세 13 개방자세로 마주보기

"호감이 가는군요."

개방자세는 편안한 마음으로 대화를 나눌 때 나타나며, 다음과 같은
특징이 있다.

#1 **개방자세의 특징**

- 눈 접촉이 자연스럽고 빈번함대화 시간의 2/3 이상
- 몸통을 서로 마주함비스듬히 하지 않음
- 가슴을 엶팔짱을 끼지 않음
- 발끝이 상대방을 가리킴접근하는 자세
- 발은 조금 넓게 벌림계속 머물겠다는 표현
- 손바닥을 많이 내보이는 몸짓을 함솔직히 말한다는 뜻
- 쌍방 간 거리는 손을 뻗으면 닿을 수 있는 거리물건을 주고받거나, 신체접촉을 하거나 속삭일 수 있음

여성은 상대를 존중할수록 좀 더 바르고 정중한 자세를 하고, 남성은
친할수록 상대방을 향해 몸을 기울이는 경향이 있다. 이때 동체, 특히 어
깨선과 발끝이 상대를 똑바로 향할수록 존중이나 호감도가 크다.

#2 개방자세의 단계

낯선 사람을 만나서 대화하다가 점차 마음의 문을 열면 몸도 점차 개방자세로 변한다. 그 순서는 다음과 같다.

❋ 1단계: 폐쇄자세

낯선 사람을 대할 때 적절한 거리를 유지하거나 눈길을 피하거나 팔짱을 끼거나 다리를 꼬면서 '우리는 아직 서로 모르는 사이입니다. 서로 간섭하지 맙시다.' 하는 태도를 취한다.

❋ 2단계: 초기의 개방자세

서로 친밀감이 생기면 양발을 어깨 넓이보다 조금 더 크게 벌려서 '여기 머물러서 당신과 대화하겠습니다.' 하는 표현을 하거나, 팔을 내려서 복부를 개방하고, 가끔 손바닥을 내보인다.

❋ 3단계: 중기의 개방자세

이전의 상황과 비교해 보면 단위시간당 손짓, 발화 수, 눈 맞춤, 웃음, 감정을 표현하는 단어나 신체접촉이 증가한다. 친밀감이 늘어나면서 대화가 무르익어 간다는 신호다. 언어로만 '반갑다.' 하거나 특정한 주제를 말할 때만 말수가 늘어나면 개방자세라고 할 수 없다.

❋ 4단계: 완전 개방자세

친밀감이 고조되면 몰입 상태가 찾아온다. 자손감自損感. 긴장되거나 억제되는 느낌이 사라지고 동시성同時性. 서로 태도나 대화의 호흡이 잘 맞아서 불편이 없음을 느낀다. 이때 상대방 쪽으로 상체나 발을 내밀며 더욱 접근한다.

그러므로 친밀감이 생기면 신체접촉의 빈도가 증가하며 거리를 좁힌다. 우울증이나 정신분열증 환자와 상담할 때도 치료가 잘될수록 환자는 상담자에게 가까이 와서 눈 맞춤을 더 많이 한다.

발끝의 방향

"몸으로 좋아하는 사람을 가리켜요."

사람들의 몸통과 무릎, 발끝이 가리키는 방향을 살펴보면 대인관계에서 중요한 단서를 발견할 수 있다.

#1 몸통의 방향

이 사진을 보면 몸통과 무릎과 발이 서로 상대방을 향했다. 이것은 진심으로 서로 호감을 가졌다는 뜻이다. 어째서 그럴까? 사람들은 중요하거나 호감이 가는 사람에게 시선을 자주 준다. 그래서 '눈길을 많이 준다.'거나 '눈길조차 주지 않는다.' 혹은 '눈도장을 찍는다.'는 말이 생겼다. 그런데 시선보다 더 확실한 호감의 지표는 몸통의 방향이다. 서로 호감을 느낄수록 몸통을 마주 대하는데, 접촉면이 늘어날수록 좀 더 많은 정보를 받아볼 수 있고 미러링 mirroring을 하거나 상호 조율하기가 편리하기 때문이다. 반면에, 불편한 사람과 장시간 동체를 마주 대하는 것은 견딜 수 없는 고역이기 때문에 서로 몸통을 45도로 비껴서 바라보거나 몸통은 그냥 두고 고개만 돌려서 대화함으로써 마주 대하는 자세를 피한다.

만약 집단에서 어떤 사람이 특정한 사람에게 시선과 몸통을 자주 향한다면 그 사람에게 특별히 친밀감을 느끼기 때문이다.

#2 발의 방향

친밀감을 확인할 때는 시선보다 몸통이, 몸통보다 발이 가리키는 방향이 더 믿을 만하다. 사람들은 예의상 싫어하는 사람에게도 시선을 보내지만 발은 향하지 않기 때문이다. 게다가 사람들은 걸어서 목표에 접근하던 습관 때문에 무의식적으로 자신이 원하는 사람에게 발을 향한다. 그러니까 어떤 사람이 발끝에서 가상의 연장선을 그어 보면 그 사람이 원하는 사람에게 도달한다. 그런데 상대방의 발끝이 테이블 밑에 있어서 볼 수 없거나 어느 쪽을 가리키는지 애매할 때는 어떻게 할까? 무릎이 가리키는 방향을 참고하면 분명하게 알 수 있다.

이 사진을 보면 서로 한쪽 발은 상대방을 향하지만 다른 발은 서로를 향하지 않았다. 겉으로는 환영하지만 속으로는 떠나고 싶다는 의미다. 또한 여러 남자의 구애를 받으면서도 아직 특정한 남자에게 애정을 느끼지 못한 여성처럼 중립적이라면 발로 특정한 남성을 가리키지 않는다.

#3 두 사람이 발끝을 닿음

두 사람이 대화할 때 보통 제3자가 끼어들 공간을 남겨 둔다. 여러 사람이 대화할 때도 폐쇄적인 O형의 형태를 취하기보다 다른 사람이 끼어들 수 있도록 개방적인 C형을 취한다.

그러나 이 사진처럼 두 사람이 발끝을 모아서 닿으면 '우리 둘만 있고 싶어요.' 하는 뜻이다. 제3자가 끼어들 수 없을 뿐만 아니라, 억지로 끼어든다 하더라도 시선을 주지 않거나 화제를 바꾸기 쉽다.

자세 15 걸음걸이

"걸음걸이에 성격이 나타나요."

걸음걸이는 보행자세, 보행속도, 협력기관팔, 가슴, 어깨, 시선 등의 3요소가 결정한다. 요소는 단순해도 걸음걸이는 사람마다 다르다. 그래서 옛날부터 걸음걸이와 성격을 연관시키려는 시도가 많았고, 그중에는 장애인들에게 걷기를 가르치는 보행학peripatology, CCTV에 찍힌 인물의 걸음걸이를 40여 가지로 분석하는 수사기법 등 여러 가지 연구가 나타났다.

11자 형 걸음

머리와 발을 잇는 수직선과 양쪽 어깨를 잇는 수평선이 직각을 이루었고, 보폭이나 속도가 알맞게 안정되었고, 시선은 좌우 230도를 유지하면서 비틀거리지 않고 직선으로 걷는 형태다. 이런 걸음걸이는 심리적으로도 안정되었고, 건강도 좋은 편이다.

가슴을 내민 걸음

외향적인 사람은 가슴을 내밀고, 팔을 활발하게 흔들고, 경쾌하게 걷는다. 건강미와 자신감이 넘쳐서 씩씩한 느낌을 주기 때문에 일명 호보虎步라고 한다. 내향적인 사람도 가슴을 내밀고 걷지만 손발은 크게 흔들지 않고 물이 흐르는 듯 부드러운 느낌을 주기 때문에 용행龍行이라고 한다. 몸집이 큰 사람이 가슴을 내밀고 천천히 걸으면 주변 사람들이 권위를 느끼는데, 상행象行이라고도 한다.

빠른 걸음

종종걸음을 치는 여성이나 성큼성큼 걷는 남성은 성격이 급하다. 빨리 걷느라 앞만 보는 상태가 되기 쉬우며, 대인관계에서 일처리가 민첩하고 빠른 반면, 다른 사람의 의견을 듣지 않고 일방적으로 결정하는 경향이 있다. 반면에, 빨리 걷긴 하지만 주변을 관찰하고 인사도 하면서 여유 있게 걷는 사람은 주변 사람을 고려하며 결정하는 경향이 있다.

팔자걸음외족지 보행과 안짱걸음내족지 보행

팔자걸음은 신체 바깥쪽으로 발을 차내듯 하며 걷는 것인데, 어릴 적 부모가 많이 업어 주어서 고관절과 다리가 밖으로 벌어졌거나 뒤로 기대어 앉아서 장시간 생활하던 습관 때문에 몸의 중심이 엉덩이 쪽으로 쏠린 결과다. 일명 양반걸음이라고도 하는데, O자형 다리로 휘적거리며 천천히 걷기 때문이다. 이렇게 걷는 사람은 점잖고 여유 있기도 하지만, 자존심이 강해서 화를 자주 내기도 하고 의존성이 강해서 게으름을 피우기도 한다.

안짱걸음은 발가락을 안으로 모으며 걷는데, 무릎을 W자 모양으로 벌려 꿇고 무릎 사이에 장난감을 갖고 놀던 어린이나 가슴을 오므리고 다리를 붙이며 몸가짐을 조심하던 사람특히 여성에게서 많이 나타난다. 이런 사람은 소심한 면도 있지만, 신중하고 합리적이다.

오리걸음과 까치걸음

오리걸음은 엉덩이를 뒤로 빼고 머리, 어깨와 팔은 앞으로 내밀고 걷는 것인데, 습관적으로 척추를 구부리고 다녔기 때문이다. 까치걸음은 발끝으로 걷는 듯한 인상을 주는 것인데, 이 또한 척추가 굽어서 균형을 잃은 결과다. 둘 다 골반-고관절-발목을 잇는 골격과 대퇴근-종아리 근을 잇는 근육에 문제가 생긴 것이며, 대개 후천적인 습관이나 부상 때문이다. 왜 척추를 구부리는 습관이 생겼을까? 자신감이 부족하여 무언가 감추려다 보니 척추를 굽히고 가슴을 감춘다. 이런 사람은 리더십이 부족하고, 자신감이 낮다.

이상한 걸음

몸이 아프거나 노인이 되면 걷는 속도가 느려지고 보폭이 작고 절룩거리는 등 이상한 걸음걸이로 변한다. 다리를 꼬고 앉거나 컴퓨터 작업을 많이 하는 사무직 종사자들도 다리에 문제가 생겨서 절룩거리거나 어깨나 등이 휘어서 꾸부정하게 걷는다. 자존심이 없는 사람들은 주눅이 들어서 머리를 숙이고 걷거나 어깨를 좌우로 흔들며 걷기 쉬운데, 이들에게는 똑바로 서서 어깨를 반듯하게 하고 정면을 부드럽게 바라보며 걷는 것이 힘들기 때문이다.

이성 앞에서 취하는 자세

"난 매력 있는 이성이에요."

마주칠 때   지나친 후

#1 이성 간 마주칠 때

남녀가 마주치면 비록 서로 모르는 사이라 하더라도 젊고 매력적으로 비치려는 노력이 나타난다. 남녀 공통으로 이성 앞에서 가슴을 내밀고 뱃살을 넣는다. 남성은 자신이 씩씩하고 주도적이며 배우자감으로 훌륭하다는 것을 표현하기 위해 자세를 바로 세우고 턱을 치켜들어서 키가 커 보이게 하고 활기차게 걷는다. 여성은 자신이 젊고 매력적이라는 것을 강조하기 위해서 허리를 내밀어서 가슴과 엉덩이를 강조하고, 고개를 살짝 기울이거나 머리를 쓸어 넘기거나 손목을 내보이면서 유순한 성격임을 전달한다. 그러나 일단 서로 지나친 후에는 원래의 자세로 돌아간다. 남성은 호주머니에 손을 넣고 어깨를 숙이고 고개와 턱을 낮춘다. 여성도 좀 더 이완되고 편안한 자세로 돌아간다.

#2 이성 간 만날 때

남녀가 서로 머물면서 함께 시간을 보낼 때, 남성은 자신의 학식, 재산, 무용담을 늘어놓으면서 자신이 여성을 충분히 책임질 만한 재력과 건강한 체력, 포용력 있는 성격이 있다는 것을 증명하려 애쓴다. 그러다 자칫하면 소위 '군대에서 축구하던 이야기'가 되어서 역효과를 낳기도 한다. 여성은 자신이 가정을 꾸리면 아기를 잘 돌보고 남편이 될 남성을 내조할 능력이 있다는 것을 증명하기 위해서 친절함과 유순함을 보여 주려고 애교와 미소를 발산한다. 그러다 지나치면 호들갑을 떠는 역효과를 낳기도 한다. 게다가 한 명의 남여성을 두고, 여남성들이 서로 지나치게 매력 경쟁을 하다가 다툼으로 번지기도 한다.

이성을 의식하는 자세는 원래 미혼의 남녀가 구애하던 자세에서 비롯되었다. 기혼자나 심지어 노인이라 하더라도 이성을 대하면 옛 습관이 재연되면서, 상대의 매력을 저울질하고 자신의 매력을 가다듬어 내보이려고 노력하는 경향이 있다. 더 이상 이런 행동을 하지 않는 때는 아주 늙어서 자신감이 없어졌을 때다.

상대방과 같은 자세 취하기

"우린 같은 편이야."

    동조 자세는 상대방과 똑같은 자세이고, 상보 자세는 서로 짝을 이루는 자세다. 사람들은 이런 자세를 통해서 같은 편이 되는 기분을 느낀다.

#1 동조 자세

    사진에서 보듯이 상대방의 표정, 자세, 말투, 동작, 복장, 생활태도를 그대로 따라한다. 아이들이 부모를 모방하던 습관에서 시작되었고, 점차 형제자매, 친구, 배우자, 존경하는 사람을 모방한다. 상대의 행동을 모방하는 이유는 친밀감을 느껴서고, 의식적으로 할 때는 '우린 같은 편이고 서로 친합니다.'라는 메시지를 전달하려는 것이다.
하급자가 상급자의 행동을 따라하는 경우는 충성의 표현이고, 친구끼리 따라할 때는 우정의 표현이다. 상담자가 내담자의 용어를 모방하거나 내담자가 상담자의 행동을 모방하면 서로 친밀감이 생긴다.

#2 상보 자세

서로 쌍을 이루는 자세다. 예를 들어, 윗사람은 시선을 자유롭게 사용하고 아랫사람은 그렇게 하지 못한다거나, 상급자는 당당한 자세로 지시하고 하급자는 공손한 자세로 지시를 받는다거나, 무거운 물건을 운반하는 친구를 보고 안쓰러워하는 표정을 짓는 것 등이다. 이렇게 하는 이유는 좋아하는 사람과 항상 좋은 관계를 유지할 수 있고 공감과 친밀감을 전달하려는 것이다. 다만, 지나칠 경우에는 아첨이 된다.

동조 자세든 상보 자세든 창조하는 사람과 모방하는 사람, 즉 주도하는 사람과 추종하는 사람을 구분할 수 있으면 서열이 있는 관계고, 그렇지 않으면 평등한 관계다.

"그래, 해보자 이거지!"

맞서기 자세는 싸우기 직전에 나타난다. 상대를 노려보는 것은 빈틈을 찾으려는 것이고, 양팔을 올리는 것은 덩치를 과시하려는 것이다. 두 다리를 벌리고 서면 싸움을 회피하지 않겠다는 뜻이다. 이 세 가지 자세를 모두 취하면 싸우겠다는 의도이고, 한두 가지만 취하면 허세를 부리는 것일 뿐 싸우려는 결심을 굳힌 것은 아니다.

서로 맞서다가 머리를 살짝 숙이거나 눈을 치켜뜨면 공격하겠다는 신호다. 안 싸울 것처럼 손을 아래로 내리지만 여전히 노려보고 있으면 기습을 하겠다는 기만적인 태도다. 반대로 다리에 힘을 빼고 건들거리거나 상체를 옆으로 기울이면 싸울 것처럼 허세를 부리더라도 사실은 말싸움만 하거나 타협하겠다는 뜻이다.

"키가 크면 유리한가?"

2015년 영국 BBC 기고가인 David Robson이 자신의 온라인 홈페이지에 밝힌 바에 따르면, 키의 크기가 여러 종류의 대인관계에 많은 영향을 준다고 한다. 또한 키는 건강과도 관계가 있다. 2007년 미국 암연구소가 발표한 바에 따르면, 키가 5cm 더 클수록 대장암은 9% 유방암은 7% 증가할 확률이 높다. 그러니 키가 작다고 불리한 것만은 아니다.

#1 키 큰 남자가 유리한 점
- 취업과 승진에 유리하다.
- 매력적인 배우자를 만날 확률이 높다.
- 대인관계에서 권위가 있는 듯한 후광효과halo effect를 얻는다.

#2 키 작은 남자가 유리한 점
- 작은 키를 보완하려고 학벌과 재능과 남성성을 더 발전시키는 경향이 있다.
- 민첩성과 회전력이 요구되는 운동 종목에서 더 뛰어나다.
- 키가 작으면 심장이 덜 과로하고 세포 수가 적어서 노화도 느리기 때문에 수명이 길다.

3

머리, 고개, 턱

머리-고개-턱이 구성하는 동작은 표정만큼 중요하다. 머리를 좌우로 기울이거나 턱을 당기거나 치켜들기, 귀를 기울이거나 외면하기 등 여러 가지 행동을 통해서 다양한 의사표현을 할 수 있기 때문이다. 이 Part에서는 머릿짓, 고갯짓, 턱 모양을 관찰하는 방법을 살펴본다.

머리 1 머리의 기울기

"나는 느끼는 ^{생각하는} 중이에요."

#1

고개를 똑바로 세우기 자연스러움

고개를 바로 세우는 자세는 선천적으로 자연스럽다. 그러므로 내담자가 고개를 이리저리 비틀거나 숙이면서 눈 맞춤을 제대로 하지 않으면 내담자의 자존심에 문제가 있거나 상담자가 불편하다는 표시다.

#2

고개를 왼쪽으로 기울이기 느끼는 중

오른쪽 사진처럼 고개를 오른쪽(관찰자가 보면 왼쪽)으로 기울이는 이유는 다음과 같다.

✗ 오른손잡이

오른손잡이는 오랫동안 오른손과 오른쪽 눈으로 협응작업을 많이 했기 때문에 오른쪽으로 고개를 기울이는 것이 더 익숙하다. 또한 오른쪽 등 뒤로 고개를 돌려서 뒤를 보는 사람이 더 많고, 오른쪽으로 누워서 베개를 베는 사람이 더 많다. 독일의 보훔 루르대학교 오누르 군투르쿤 교수가 124쌍의 커플들이 키스할 때 어느 쪽으로 고개를 기울이는지 연구했더니 3분의 2가 오른쪽이라는 것을 발견했다(허경구, 2012).

※ 감정적일 때

연주회에서 감미로운 곡이 절정에 이를 때 청중의 머리가 일제히 오른쪽으로 기울어지는 현상을 보면 잘 알 수 있다. 오른쪽으로 살짝 기울이는 습관이 있는 사람은 무표정해 보여도 다분히 감정적이다.

※ 피곤하거나 의존적일 때

피곤할 때 고개를 오른쪽으로 기울이는 이유는 어릴 적에 오른쪽으로 고개를 기울이고 엄마의 왼쪽 가슴에 기대서 심장소리를 듣던 습관 때문이며, 누군가에게 의존하고 싶다는 표시다.

※ 의심스러울 때

무언가 의심스러울 때 사람들은 주로 오른쪽으로 고개를 갸웃거린다. 감정을 담당하는 우 뇌가 석연치 않은 기분을 느끼기 때문이다.

#3 고개를 왼쪽으로 기울이기 생각
하는 중

오른손잡이에게는 고개를 왼쪽으로(관찰자가 보면 오른쪽) 기울이는 것이 불편하다. 그런데도 왜 왼쪽으로 고개를 기울일까? 좌뇌를 사용할 때다. 머릿속으로 복잡한 이해관계를 계산하거나, 객관적으로 사물을 관찰할 때, 법정에서 법리 다툼을 할 때 머리를 왼쪽으로 기울인다. 예를 들어, 내담자가 고개를 오른쪽에서 왼쪽으로 기울이면 사건을 정서적으로 대하다가 객관적으로 계산하기 시작했다는 신호다.

머리를 기울여서 목을 노출

"당신은 편안한 사람이군요."

동물은 우두머리에게 복종의 표시로 목을 내보인다. 사람의 경우에는 어떤 의미일까?

#1 아이가 목을 내보임

아이는 엄마 품에서 머리를 기댈 때 목을 드러낸다. 이런 습관은 성장한 후에도 친근하고 안전하다고 느끼는 사람에게 재현된다. 믿을 수 있는 사람 앞에서는 목을 드러내도 두려움이나 부끄러움이 느껴지지 않기 때문이다. 따라서 대화 중에 상대방이 목을 자연스러운 상태로 두거나, 옷깃을 여며서 목 피부를 숨기지 않는다면 당신을 편안하고 신뢰할 만한 사람으로 본다는 신호.

#2 여성이 목을 노출함

여성이 남성에게 '나는 젊고 매력적인 여자예요.' 하는 뜻으로 뺨—목—가슴으로 이어지는 피부를 노출한다. 젊은 여성일 경우 목선을 드러내면 '노골적으로 성적 유혹을 했다.'라는 비난을 피하면서도 자신의 매력을 잘 전달할 수 있다. 목은 성적인 애무와 관련이 있는 부위이기도 하고, 성적인 의미가 아니더라도 머리를 기울여 키를 낮추면 남성에게 비위협적이며 편안한 느낌을 준다. 모나리자를 비롯하여 미술작품에서 나오는 대부분의 어싱들이 목 부분의 피부를 과감하게 드러내는 자세를 취한 것을 보면 이 자세가 얼마나 매력적인지 알 수 있다.

고개 흔들기(끄덕이기)

"싫어요." "좋아요." "즐거워요."

#1 고개 흔들기

배부른 아기가 고개를 살래살래 흔들면서 어머니가 입에 떠 넣는 밥숟갈을 피하듯, 입을 다물고 입을 중심으로 고개를 좌우로 저으면 상대방에게서 들어오는 제안을 받아들이지 않겠다는 뜻이다. 이것은 수동적이고 소극적인 반대의 표현이며, 따라서 비록 거절당했더라도 제안을 수정해서 권유하면 받아들여질 수도 있다.

반면에, 머리를 중심으로 고개를 휘휘 내젓는 것은 상대방이 만든 것을 손으로 휘저어서 무너뜨리는 동작을 대신하는 것이어서 적극적이고 공격적인 반대의 표현, 즉 단순히 반대하는 수준을 넘어서 상대를 조롱하고 나아가서 자신만의 의견이 있다는 뜻일 수도 있다. 이때는 수정 제안을 하기보다 '당신이 따로 마음에 두고 있는 의견은 무엇입니까?' 하고 물어보는 것이 좋다. 그러나 대부분의 사람들은 이런 식으로 뚜렷하게 반대를 표현하지 않고 왼쪽으로 고개를 기울였다가 상당한 시간이 지난 후 오른쪽으로 고개를 기울이기 때문에 서로 알아차리지 못할 때가 많다.

그 외에 고개를 살랑살랑 흔드는 것은 신이 나서고, 좌우로 까닥까닥 흔드는 것은 장난스럽게 놀리는 것이다.

#2 고개 끄덕이기

당연히 찬성의 뜻일 거라고 생각하지만 의외로 다음처럼 여러 가지 뜻이 있다.

- 머리를 여러 번 숙이며 고개도 끄덕임 하급자의 자세
- 찬성하는 대목에서 머리로 점을 찍듯 끄덕임 찬성
- 자신이 하는 말에 자신의 머리를 끄덕임 상대의 동의를 유도
- 타인이 말할 때 고개를 끄덕임 동의, 격려, 잘 듣고 있다는 의미
- 성급한 태도로 빨리 끄덕임 얘기 중단을 촉구, 자신이 말할 차례임을 알림

#3 문화권에 따른 차이

일본인이 고개를 끄덕이면 찬성한다는 의미가 아니라 '당신의 말을 듣고 있습니다.' 하는 정도다. 인도나 불가리아에서는 찬성할 때 고개를 옆으로 흔든다. 아랍에서는 '아니요.'라는 의미로 머리를 위로 한 번 든다.

목4 턱 당기기(들기)

"이크, 겁난다." "넌 내 하수야."

    사람들은 상대방의 표정에 집중하다가 정작 턱의 모양에 신경을 쓰지 않는 경우가 많다. 게다가 턱의 각도는 정면에서 관찰하기 어렵다. 그럼에도 불구하고 턱은 믿을 만한 정보를 전달한다.

#1 **턱 당기고 목을 움츠림**

    턱을 가볍게 움츠릴 때는 거의 눈에 띄지 않지만, 자라처럼 목을 몸통에 바싹 붙이거나 어깨와 팔까지 함께 경직시키면 눈에 띈다. 상대가 목을 얼마나 움츠렸는지 정확하게 알고 싶으면 상대의 옆에 서서 목과 턱 사이의 각도를 관찰하면 된다. 사람들은 어느 때 목을 움츠릴까? 굉음이 들리거나, 어두운 곳, 높은 곳처럼 신체적 위협을 느끼는 상황에 있거나, 입사 면접, 책임 추궁, 실수를 저지른 상황처럼 사회적으로 긴장을 느끼는 장면에서 연약한 목 부위부터 움츠린다. 또한 윗사람 앞에서 괜히 질책을 받을 것 같고, 잘못한 일이 생각나서 두려울 때도 목을 움츠린다.

#2 턱을 치켜듦

기본적으로 우월감때문에 턱을 치켜들지만, 다음처럼 몇 가지 분화된 자세가 있다.

✖ 턱을 치켜들고 눈 아래로 보기

상대를 키 작은 꼬마처럼 취급하면서 조롱하려는 의도로 턱을 치켜들고 눈을 내리깐다. 턱을 치켜들고 웃는 동작Part 4의 눈썹 6 참조과 비슷하지만 조롱의 강도는 좀 더 약하다.

✖ 턱과 눈을 하늘로 치켜뜨기

턱과 눈을 위로 치켜뜨고 상대를 아예 보지 않는다. 이때 턱은 우월감을, 눈은 '내가 더 높은 수준에 신경 쓰느라 너같이 수준 낮은 사람은 볼 가치가 없다.'는 멸시의 표현이다. 예를 들어, 어떤 사람이 새치기하거나 표절하거나 유명인의 이름을 들먹거리면서 잘난 체하면 그 사람이 하는 인사조차 받지 않고 아예 처음부터 단절하려는 태도다.

✖ 긴장한 나머지 위를 쳐다보기

주변의 시선이 부담스럽고 긴장되어 눈을 둘 데가 없어서 위를 쳐다본다. 자칫하면 오만하게 보일 수도 있지만 사실은 회피다. 승강기에서 낯선 사람들끼리 만나면—요즘은 스마트폰을 보는 동작을 하긴 하지만—모두 턱을 위로 치켜들고 위쪽을 바라보는 것을 보면 알 수 있다.

머리(턱) 5 턱에 복숭아씨 무늬

"화가 나지만 참자."

화가 나서 뿌루퉁할 때 부어서 처지는 볼을 받쳐 올리려고 입에 힘을 주면 턱에 복숭아씨 무늬가 나타난다. 분노와 자제심이 서로 충돌해서 표정을 중화시키기 때문에 표정만 봐서는 화가 났는지 알기 어렵다. 또한 턱에 복숭아씨 무늬가 잠시 스쳐 지나가면 피차 모르기 쉽다. 그러나 오랫동안 의도적으로 이 무늬를 만들면 불만을 노골적으로 표현하는 것이다.

#1 분노의 정도에 따라서

약한 분노를 참을 때는 입술 선이 비대칭으로 일그러질 수준으로 힘을 준다. 보통의 분노를 참을 때는 턱에 복숭아씨 무늬가 나타날 정도로 힘을 주고, 강한 분노를 참을 때는 전체얼굴에 화내는 표정과 함께 턱에 복숭아씨 무늬를 만든다. 이 사진에서는 눈으로도 노려보기 때문에 강한 분노를 표현했다. 또한 만성적으로 불만이 많은 사람은 항상 이러한 표정을 짓는다.

"잘 들어야지."

동물은 소리 나는 쪽으로 귀를 쫑긋거리거나 한쪽 귀를 번쩍 세운다. 그래서 소리를 듣는다는 것을 알 수 있고, 어느 쪽의 소리를 듣는지도 알 수 있다. 그러나 사람은 동이근動耳筋이 퇴화하여 귀를 움직이지 못하기 때문에 소리를 듣는 중인지 아닌지 판단하기 어렵고, 분명히 들은 것 같은데도 '저는 못 들었습니다.' 하면 반증할 방법도 없다. 즉, 듣기에 대한 보디랭귀지는 거의 없는 편이다.

#1 몇 가지 듣기 동작

그럼에도 몇 가지 단서가 있다. 어떤 사람은 이 사진처럼 소리가 나는 쪽을 향해 머리를 기울이고 귀를 대거나, 손으로 깔때기 모양을 만들어서 귀에 대거나, 소리 나는 쪽으로 눈동자를 돌린다. 잘 들리지 않는 소리에 집중하려고 눈을 감기도 하는데, 소리에만 집중하려고 시각정보를 차단하는 것이다. 또는 이어폰으로 음악을 듣는 사람은 눈을 뜨고는 있지만 멍하니 정면을 바라보는데, 소리에 집중하느라 시각정보를 해석하지 않기 때문이다. 이어폰을 끼지 않았는데도 멍하니 정면을 바라보고 있으면 백일몽에 빠진 것이다. 즉, 마음속에서 들려오는 소리에 귀를 기울이는 중이다.

무언가 들은 것 같은데도 본인이 '나는 듣지 않았다.'라고 하면 확인할 방법이 없다. 이때는 후속 질문을 통해서 확인하거나, 듣지 않았다고 주장하던 내용이 나중에 사람들에게 누설되는지 아닌지 사후에 추적하는 수밖에 없다.

눈썹과 눈

눈썹이 없다면 눈둘레근_{안륜근, 眼輪筋}의 움직임을 쉽게 알아차릴 수 없을 테고, 사람들의 의사소통은 지금보다 훨씬 단조로워졌을 것이다. 눈둘레근이 움직이면 눈썹과 눈썹 주변의 이마, 미간, 눈꺼풀, 눈동자도 같이 움직이기 때문에 눈썹은 표정의 변화를 파악하는데 매우 중요하다. 눈썹이 표정 형성에 중요함에도 불구하고 사람들은 주의해서 보지 않기도 하고, 요즘에는 보톡스 주사 때문에 눈썹과 이마 근육이 마비된 사람들이 생겨서 표정을 읽기가 어려워졌다.

또한 눈은 거의 대부분의 외부 정보를 받아들이는 기관이다. 그래서 '눈은 마음의 창' 혹은 '몸이 천 냥이면 눈이 구백 냥'이라는 속담이 생길 정도이며, 특히 감정 표현의 핵심 기관이다. 이에 대해 Fast(2000)는 사람들은 모르는 사람을 보면 외면하고 아는 사람을 만나면 눈을 맞추는 것이 정상이라고 했는데, 이것이야 말로 시선을 평가하는 가장 간단한 원리라고 할 수 있다. 좀 더 세부적으로 눈동자와 눈꺼풀의 위치, 시선의 각도, 시선의 대상과 빈도, 얼굴의 다른 기관과 협동하여 만드는 표정을 살펴보면 그 사람이 어떤 식으로 정보를 받아들이고 대인관계에서 어떤 감정을 가지는지 좀더 자세히 알 수 있다. 이 Part에서는 눈썹과 눈에 대해서 스무 가지의 표정을 선택해서 설명하였다.

"눈썹 인상을 좌우해요."

눈썹의 모양도 표정에 속할까? 비록 선천적인 요소이기는 하지만 사람의 인상을 좌우하는 중요한 요소 다. 그래서 사람들은 눈썹을 뽑거나 그리거나 문신을 해서 눈썹의 모양을 바꾼다. 어떤 인상을 주고 싶어서 어떻게 바꿀까? 여기서는 그것을 세 가지로 분류했다. 어떤 사람은 눈썹의 모양을 수십 가지로 분류하고 그에 따른 운명을 예언하기도 하지만, 그것은 좀 지나친 것 같다.

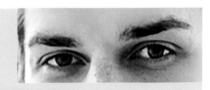

#1 추켜 올린 눈썹

오른쪽 사진처럼 V자로 치켜 올라간 눈썹은 젊음과 패기와 공격성을 보여 준다. 그래서 일명 '무사 눈썹'이라고도 한다. 싹싹한 역할을 하는 남자 청춘 배우들이 흔히 이런 식으로 눈썹을 분장하고 영화에 출연하기도 한다. 그러나 때로는 화난 듯한 인상을 주어서 대인관계에 날카로운 분위기를 만들기도 한다.

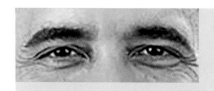

#2 八자 눈썹

왼쪽 사진처럼 눈썹이 八
자로 처지고 눈썹과 눈 사이 간격이
좁으면 마치 근심에 잠기면서 깊게
생각하는 듯한 느낌. 즉 자애로운 어
버이가 자식을 바라보는 듯한 인상을 준다. 특히 남자가 이런 눈썹이면 신중하고 깊
이 있는 인상을 주기 때문에 여성에게 사려 깊은 배우자감으로 인기를 끌고, 정치가
라면 국민의 복지를 위해 고민하는 온화하고 배려 깊은 지도자라는 인상을 준다.

#3 눈과 거리가 먼 눈썹

왼쪽 사진의 눈썹은 여성
이 화장할 때 자주 그리는 형태다. 아
이브로우로 원래 있던 눈썹보다 조금
위에 더 길게 그렸다. 그 결과 눈과 눈
썹의 거리가 좀 더 멀어져서 상대방이 보면 마치 눈을 내리깔고 유순한 태도를 취하
는 것 같고, 눈높이가 낮아 보여서 마치 키 작은 어린이가 위를 올려다보는 것 같은
착시효과가 생긴다. 그래서 남성은 이런 눈썹을 가진 여성을 보면 편안한 기분이 들
고 보호본능이 생긴다.

"내 얘기 잘 듣고 있나요?"

별다른 표정이 없는 상태에서 눈을 크게 뜨고 눈썹을 치켜 드는 것은 인공적으로 만든 표정이다. 얼핏 보면 '오, 놀랍군.' 하는 것 같지만, 고의로 지어 보이는 표정이기 때문에 놀랐다고 단정할 수 없다. 이 표정의 의미는 다음 네 가지로 추측할 수 있다.

#1 눈을 크게 뜨고 눈썹을 오래 유지함

상대방이 자신의 말을 잘 듣지 않는다고 여겨서 의심과 분노가 생기면, '내 말을 듣고 있니? 내가 지금 지켜보고 있어!' 하는 의미로 눈을 크게 뜨고 눈썹을 올리고 이마에 주름을 잡는다. 이때 상대방이 자신의 눈썹 신호를 확인하고 움찔할 수 있도록 충분히 오랫동안 이 표정을 유지한다. 이 표정이 강화되면 노기를 동반한 눈으로 한동안 노려본다. '세상에 놀랍군! 감히 이런 경우가 어디 있나? 앞으로 네 행동을 지켜보면서 문제가 생기면 그냥 넘어가지 않겠어.' 하는 뜻이다. 이 표정은 얼핏 보아서 놀란 것처럼 보이기도 하지만—정말 놀랐다면 매우 짧은 시간에 눈썹이 번쩍 올라갔다 내려온다—사실은 화가 난 것이다.

#2 특정한 단어를 말하면서 눈썹을 올림

내담자가 '제가 고민하는 것은 아버지의 무관심과 어머님의 잔소리입니다. 그리고 또 하나는 저의 진로입니다.'라고 할 때, '진로'라는 단어를 말하면서 눈썹을 올리면 그 단어를 강조하는 것이다. 무관심과 잔소리도 고민이긴 하지만 진짜 고민은 진로라는 의미다.

#3 눈썹을 올리며 눈짓신호를 함

1차로 상대방 얼굴을 쳐다보고 눈을 맞춘 후, 2차로 눈썹을 올리는 것은 '자, 이제부터 게임을 시작합니다. 서로 호흡을 맞춰 가면서 이 일을 진행하죠. 지금부터 당신과 신호를 교환할 테니 나를 주목해 주세요.'라는 의미다. 따라서 집단 내에서 두 사람이 이런 눈짓을 교환했다면 두 사람만 아는 방식으로 일을 진행하려는 것이다. 이것은 좋은 의미에서는 협조고 나쁜 의미에서는 음모다.

#4 눈썹을 올리면서 주름살을 지어 보임

앞에서 말한 두 가지 경우에서 이마에 주름살을 만들어 보이는 이유는 '나는 당신 때문에 스트레스가 많아서 늙을 지경이다.'라고 타인에게 향해야 할 공격성을 자신의 이마에 투사하면서 짜증을 내는 것이다. 그러나 때로는 '나는 약하고 나이도 많은 사람입니다. 당신을 공격할 생각도 능력도 없습니다. 그러니 저를 공격하지 마세요.' 하는 뜻으로도 사용하기도 한다. 남성이 이런 주름살을 만들면 상대방에게 양보하거나 항복해서 갈등을 피하겠다는 뜻이다. 여성이 이런 주름살을 만들면 '저는 매력이 없고 나이 많은 사람입니다. 그러니 내게서 관심을 거두고 멀리 가 주세요.' 하는 뜻이다.

八자로 처진 눈썹

"슬퍼요."

#1 누점淚點에 자극을 느낄 때

미간을 치켜들어서 八자 눈썹이
되는 것은 눈물이 나오려 할 때다. 이때
누점이 시큰거리는데, 이 자극을 완화하면
서 그와 동시에 눈물이 잘 분비되도록 하
려고 미간쪽 근육과 윗 눈꺼풀을 들어 올린다. 이런 표정이 나타나면 조만간 눈물을
흘리게 된다.

#2 슬픔을 억제할 때

눈물을 흘리면 슬픔이 노출되지만, 내색을 하지 않으면 가까이 있는 지인
조차 알기 어렵다. 그러나 슬픔을 억눌러도 눈썹은 슬픔을 밖으로 드러내는 신호등
역할을 한다. 비록 담담한 표정을 해 보여도 八자 눈썹에 윗 눈꺼풀이 눈동자를 덮을
정도로 내려와 있고, 작게나마 입 꼬리와 뺨이 처졌으면 마음에 슬픔이 서려있다. 장
기간 이런 표정을 짓는다면 기분부전장애나 우울증일 수도 있다.

"슬프지만 웃어 볼래요."

이 사진을 보면 눈으로 슬퍼하고 입으로 웃는다. 슬픔과 기쁨을 동시에 느끼기 때문이다. 예를 들어, 향수병鄕愁病에 시달리는 사람은 고향에 있는 가족과 행복하게 지내던 시간을 떠올리며 웃지만, 그와 동시에 못 만나는 처지를 슬퍼한다. 그래서 '희비의 쌍곡선' 혹은 '웃다가 울다가 한다.'라는 말이 생겼다. 주변을 둘러보면 생각보다 이런 경우가 많다. 이 사진에서 종이로 입을 가리고 눈만 관찰해 보면 슬픈 표정이라는 것을 알 수 있다. 그런데도 관찰자는 웃는다고 착각하는 경우가 많다.

눈으로 울고 입으로 웃을 때 어느 쪽이 더 우세한 감정일까? 눈으로 슬퍼하는 표정은 조작하기 어렵지만, 입으로 웃어 보이는 것은 의지의 힘으로 조절할 수 있기 때문에 눈이 표현하는 슬픔이 우세한 경우가 더 많다.

눈은 무표정, 입은 웃음

"화나지만 웃으며 넘어가자."

다음 사진을 보면 입으로는 웃지만 눈은 정색하고 있다. 웃으면 눈둘레근이 수축하면서 눈썹과 눈이 둥글게 되는데, 여기서는 눈썹에 변화가 없고 눈도 무표정이다. 이 사진에서 종이로 입을 가리고 눈만 보면 무표정을 확인할 수 있다.

#1 분노를 웃음으로 감추는 이유

왜 눈은 무표정한데 입으로는 웃을까? 분노를 표현하면 싸움이 일어날까 봐 두려워서 웃으며 넘어가려는 것이다. 예를 들어, 상위권자의 부당한 행동에 화가 났지만 한편 보복이 두려울 때, 눈으로 정색을 하고 입으로는 웃어 보인다. 또한 분노를 표현하기 어려운 사람은 화가 났을 때 최소한시키려고 습관적으로 웃는다. 개중에는 착한 사람이라는 평판을 유지하기 위해서 이런 표정을 짓는 사람도 있다. 만일 당신과 대화하는 사람이 이런 표정을 하면 겉으로는 웃는 것처럼 보여도 속으로 당신에게 반감을 품었다. 즉시 적극적인 조치를 하지 않으면 조만간 그 사람은 당신에게서 멀어질 것이다.

"설마." "제법인걸?"

눈썹을 올리고 옅게 웃으면 어떤 의미인가?

#1 턱을 치켜들면

눈썹과 턱을 치켜들고 아래를 내려다보면서 희미하게 웃으면 '설마?!' 하면서 불신하거나 '어럽쇼? 제법?' 하면서 무시한다는 뜻이다. 즉, 화를 낼 가치도 없어서 웃어넘기겠다는 태도다. 예를 들어, 여성이 치근덕거리는 남성에게 비웃음을 보내거나, 기가 찬다는 뜻으로 경멸할 때 이런 표정을 한다. 턱만 치켜드는 동작Part3의 목 4 참조과 비슷하지만 경멸의 정도가 더 심하다.

#2 장난스러운 웃음과 함께

눈썹을 올리면서 장난스럽게 웃으면 '지금부터 내가 하는 말은 웃자고 하는 말이니까 너무 진지하게 받아들이지 마세요.' 하는 신호다. 유머나 과장을 섞어서 말하더라도 농담을 하자는 것뿐이니 협조해 달라는 뜻이다.

눈썹 찌푸리기

"불쾌하군."

#1 눈썹 찌푸리기

이 사진을 보면 화가 나서 V자 눈썹에 세모꼴 눈이 되었다. 소위 '눈살을 찌푸리는' 표정이다. 이 사진에서는 그나마 화난 표정을 하기 때문에 쉽게 알아차릴 수 있지만, 분노의 정도가 약하거나 은폐하면 쉽게 알아차릴 수 없다. 얼굴의 모든 부분이 무표정하더라도 윗 눈꺼풀이 눈썹 쪽으로 살짝 올라붙으면 그 하나만으로 화가 난 것이다.

#2 눈썹에 이마까지 찌푸리기

눈썹을 찌푸릴 때 미간에 주름이 패이면 대단히 불쾌하다는 뜻이다. 이마까지 찌푸리는 것은 타인이 자존심을 지나치게 침해했을 때 '더 이상 침해하면 가만히 있지 않겠다.'는 경고등을 켠 것이다. 상대방의 얼굴에 이런 표정이 나타나면 자신이 상대방의 영역을 지나치게 침해하지 않았나 돌아볼 필요가 있다.

#3 고통스러운 표정의 눈썹과 구분

앞에서 언급한 눈썹 찌푸리기는 세모꼴 눈에 이마를 찌푸리지만, 다음 페이지의 눈썹과 눈 8에서 언급하는 고통스러울 때 눈썹 찌푸릴 때는 미간에 주름을 잡을 뿐 눈을 세모꼴로 만들지는 않는다.

"아이고!"

미간에 11자 주름을 잡고 이맛살을 찌푸리면 다음과 같은 의미가 있다.

#1 신체 통증

사람들은 신체에 통증을 느낄 때 미간을 찌푸린다. 예를 들어, 상대 선수에게 걷혀 채여서 운동장에서 쓰러진 축구선수는 미간을 중심으로 얼굴을 강하게 일그러뜨리며 고통을 호소한다. 중노동으로 신체에 통증을 느끼는 사람들도 이마에 골이 패일 정도로 강하게 미간을 찌푸린다. 또한 강한 햇살에도 불구하고 수평선의 배들을 늘 응시해야 하는 선장은 눈의 통증 때문에 미간을 찌푸리느라 영구적인 주름살이 생긴다. 그래서 11자형 미간 주름을 '고통근육'이라고도 한다. 그러므로 내담자가 어떤 이야기를 하다가 이맛살을 찌푸리면 신체 통증을 동반하는 사건을 회상하는 중일 수 있다.

#2 업무 스트레스

사람들은 숫자를 정확하게 계산하거나 스트레스가 심한 일을 할 때 눈썹을 찌푸린다. 이때는 신체 통증이 있을 때처럼 얼굴까지 일그러뜨리지는 않고 미간에만 힘을 주어서 좁힌다. 이런 식으로 눈동자를 고정시키면 눈을 깜빡거리지 않고 장시간 동안 목표를 응시할 수 있기 때문이다. 따라서 일할 때 미간을 찌푸리면 업무를 신중하게 처리하는 중이다. 예를 들어, 회사의 경영자들 중에는 미간을 찌푸리면서 난이도가 높은 업무를 처리하던 습관이 남아서 미간에 11자 주름이 영구적으로 패인 사람들이 많다.

참고로, 미간의 11자 주름은 二자 주름과 다르다. 11자 주름이 전문가 집단에서 고난도의 업무 스트레스 때문에 생기는 것이라면, 二자 주름은 지치고 무기력해서 얼굴의 근육이 처지기 때문에 생긴다. 이런 사람은 일이 잘 풀리지 않거나, 우울증이 있거나, 매사에 어둡고 비관적인 성격일 가능성이 높다.

#3 슬픈 표정의 눈썹과 구분

슬플 때는 눈썹이 八자 형태이고 미간에 11자 주름이 없지만, 고통스러울 때는 ∞모양으로 뒤틀리고 미간에 11자 주름이 나타난다.

"놀랍군요." "두렵군요."

　눈썹의 모양을 보면 놀라움을 억제할 때와 표현할 때, 그리고 두려워
위할 때를 파악할 수 있다.

#1 **눈만 커짐**

　왼쪽 사진을 보면 얼굴에 별
다른 표정이 없고 눈만 커졌다. 속으로 놀
랐지만 겉으로 아닌 척하는 중이다. 그 때
문에 놀라움의 특징들이 다 억제되었고
짧은 시간 동안 눈만 잠깐 커졌다 원래대
로 돌아간다. 게다가 놀라움은 그 다음 순
간 기쁨이나 공포로 전환되기 때문에 여
간해야 그 사람이 놀랐다는 것을 알아차
리기 힘들다. 그러나 자기도 모르게 눈동자를 크게 뜨는 동작은 어쩔 수가 없고, 그
때문에 눈동자의 곡률(曲率)이 달라지면서 번쩍 하고 광선이 튀는 듯한 느낌을 숨길 수
는 없다.

#2 **눈썹이 올라가면서
눈도 커짐**

　오른쪽 사진을 보면 눈
을 크게 뜨고, 눈썹을 올리는 바람
에 이마에 긴 주름살이 생겼고, 입
도 크게 벌렸다. 전형적으로 놀라는
표정이다.

#3 미간 쪽을 굳힌 눈썹

오른쪽 사진은 두려워하는 표정이다. 눈과 눈꺼풀에 힘을 주는 바람에 눈썹도 덩달아 굳혔다. 힘을 많이 주면 V자 눈썹이 되고 미간에 주름살이 나타나기도 한다Part 6의 표정 7 참조.

#4 一자 눈썹과 V자 눈썹의 차이

놀라움과 두려움은 사실 구분하기 어렵다. 짧은 놀라움 끝에 긴 두려움이 나타날 때가 많아서 두 표정들이 섞이기 때문이다. 이 둘을 구분하는 차이는 무엇인가? 놀라움은 회피하는 동작이기 때문에 눈썹이 전면적으로 높이 올리가고 이마에 긴 일자 주름들이 생긴다. 그러나 두려움은 고통의 일종이기 때문에 미간을 찡그리고, 눈썹을 V자나 ∞모양으로 뒤틀고, 미간 위 이마에 부분적으로 짧은 주름살을 만든다.

八자 눈썹에 크게 뜬 눈

"두렵고 슬퍼요."

#1 **八자 눈썹에 크게 뜬 눈**

왼쪽 사진의 八자 눈썹은 슬픔을, 크게 뜬 눈은 두려움을 나타낸다. 사람들은 어느 때 슬프고 두려운 감정을 동시에 느낄까? 예를 들어, 부모를 잃고 생계까지 막막한 고아는 슬프고 무섭다. 내담자의 얼굴에서 이런 표정을 보면 어떻게 해야 할까? 우세한 감정을 먼저 공감하는 하향식top-down 방식을 사용한다. 그러면 슬픔과 두려움 중에서 어느 감정이 우세할까? Loss(1969)의 애도이론에 따르면, 두려움이 먼저 나타난다. 따라서 '많이 불안하시고 무서우시겠어요.' 하고 두려운 마음을 먼저 공감해 주어야 한다.

"놀랍고 슬퍼요."

#2 **八자 눈썹에 벌린 입**

오른쪽 사진의 八자 눈썹은 슬픔을, 벌린 입은 놀라움을 나타낸다. 사람들은 언제 놀라면서 동시에 슬퍼할까? 예를 들어, 자녀가 대학입시에서 떨어졌다는 소식을 들을 때 놀라면서 슬퍼한다. 이때도 Loss(1969)의 애도이론에 따라 '합격할 줄 알았는데 떨어져서 충격이 크시겠어요.' 하면서 놀라움을 먼저 공감하는 것이 좋다.

안경 너머로 보기

"무슨 수작인지 한 번 볼까?"

노인은 대부분 원시(遠視)여서 사람들과 대화할 때 돋보기를 벗는다. 그래야 더 잘 보이기 때문이다. 그러나 급할 때는 안경을 코끝으로 끌어내리고 안경너머로 사람을 확인한다. 그러므로 안경 너머로 보는 것은 사람을 정확하게 확인하려는 행동이며, 좀 더 나아가면 '네가 하는 수작이 뭔지 살펴볼까?' 하는 의심과 경고의 의미가 있다. 이런 시선을 받는 사람은 현미경으로 관찰당하는 느낌을 받기 때문에 기분이 좋지 않다.

돋보기를 쓰는 노인은 화가 나면 안경을 휙 벗고 상대를 노려보기도 하는데, 때로는 이 사진처럼 자신과 상대방 사이에서 안경이라는 벽을 만들어서 거리를 두기도 한다. 굳이 노인이 아니라도 안경 쓴 사람들이 안경테를 바로잡는 동작을 하면 '네가 하는 행동을 살펴보겠어.' 하는 감시의 뜻이 된다. 상대방이 이런 시선을 보내면 신뢰를 회복하기까지 상당한 시간이 걸릴 각오를 해야 한다.

"눈꺼풀로 말해요."

눈꺼풀이 올라가 있는지 내려와 있는지 관찰하는 것은 보디랭귀지의 중요한 항목이다. 화가 나면 올라가고 피곤하면 내려오기 때문이다. 어떻게 눈꺼풀을 올렸는지 혹은 내렸는지 알 수 있는가? 눈썹과의 거리를 살펴보면 알 수 있다.

#1 윗눈꺼풀을 올림

왼쪽 사진은 윗눈꺼풀이 눈썹 쪽으로 올라붙었다. 그래서 세모꼴 눈이 되었고 눈썹도 V자가 되었다. 화가 난 것이다. 만약 얼굴에 표정이 없고 눈꺼풀만 올라가면 화가 났지만 감추는 중이다.

반면에, 웃으면서 윗눈꺼풀과 눈썹을 치켜들면 좋아하는 사람을 만나서 반갑다는 뜻이다. 그 사람을 좀 더 많이 보려고 눈을 번쩍 떴기 때문이다. 또한 상대방이 당신을 못 본 척 하더라도 눈썹이 꿈틀하거나 눈꺼풀이 위로 올라갔으면 이미 당신을 알아본 것이다. 이때 상대방이 당신을 발견한 후, 눈꺼풀을 올려서 눈을 크게 뜨는지 아니면 눈꺼풀을 내려서 눈을 작게 뜨는지 살펴보면 당신을 좋아하는지 아닌지 알 수 있다.

#2 윗눈꺼풀 내림

　오른쪽 사진은 윗 눈꺼풀이 내려와서 눈동자를 살짝 덮었다. 우울할 때 혹은 지칠 때 근육뿐만 아니라 눈꺼풀도 처진다. 내담자가 특별한 표정을 보이지 않았다 하더라도 보름달처럼 맑고 뚜렷하던 눈동자에 먹구름이 덮이듯 윗눈꺼풀이 내려오면 마음속에 슬픔이 어려 있는 것이다. 이때 얼굴근육, 뺨근육, 입 꼬리도 함께 처진다. 성인은 노골적으로 슬픈 표정을 짓거나 울음을 터뜨리기보다 이렇게 슬픔을 억제하는 경향이 있다. 대화 중에 내담자가 마치 시무룩한 것 같기도 하고 게슴츠레 잠이 오는 것 같은 눈을 하면 슬픈 감정을 느끼는 중이다. 따라서 유심히 살펴보지 않으면 놓치기 쉽다. 윗눈꺼풀이 눈동자를 살짝 덮으면 모두 슬프다고 해석해야 하는가? 아니다. 피곤해서 그럴 수도 있다. 가장 흔한 이유는 졸리기 때문이다. 수업이나 어머니의 잔소리가 길 때 아이들이 이처럼 게슴츠레 잠이 오는 눈매를 한다. 그러므로 상대방의 얼굴에서 이런 표정을 발견하면 일방적으로 길게 말하는 습관을 줄이고, 대화를 재미있게 이끌거나, 활동이나 게임을 시작하는 것이 좋다.

"눈동자 크기로 말해요."

　눈동자의 크기 변화는 좋은 정보를 전달하지만(Hess, 1975), 관찰자가 내향적이거나 관찰대상이 상급자면 눈동자 크기를 관찰하는 것이 쉽지 않을 것이다. 그럼에도 불구하고 눈동자의 크기를 관찰하는 습관을 가지면 다음과 같은 정보를 얻을 수 있다.

#1 평소보다 동공이 커짐

　　왼쪽 사진은 평소보다 눈동자가 커졌는데, 이는 애정이나 성욕을 가지고 상대를 바라볼 때 교감신경이 흥분되기 때문이다. 남성에게는 어머니나 아내를 볼 때고, 여성에게는 친구나 아기를 볼 때이다. 이때 나오는 옥시토신이 심신을 이완시키고 소위 '아빠엄마 미소' 라는 웃음을 띠게 한다. 청춘 남녀는 상대방에게 호감을 느껴도 얼마 동안 비밀스러운 짝사랑 상태를 유지하는 경향이 있는데, 그때도 눈동자는 숨길 수 없는 기쁨과 환영의 표시로 커진다. 단, 어두운 곳에 들어갔을 때 눈동자가 커지는 것은 물리적인 이유다.

#2 평소보다 동공이 축소됨

　싫어하는 사람을 보면 평소보다 눈동자가 작아진다. 되도록 불쾌한 시각 자극을 줄이고 싶기 때문이다. 예를 들어, 아기를 좋아한다고 말하는 독신주의자에게 아기 사진을 보여 주었을 때 눈동자가 커지지 않거나 오히려 축소되면 실제로는 아기를 싫어한다는 뜻이다. 단, 밝은 곳에 있을 때 눈동자가 작아지는 것은 물리적인 이유이다.

"안 보고 싶군."

사람들은 대화 시간의 60~70% 정도에 눈 맞춤을 한다. 눈 맞춤의 비율이 이보다 올라가면 친밀도가 강하고, 내려가면 약하다. 그런데 사람들은 불편한 상대에게 어떤 시선을 보낼까? 눈감기, 실눈 뜨기, 머리를 아래로 숙이거나 들어 올려서 시선을 엇갈리게 하기, 눈 비비기, 미간 문지르기 등 여러 방식으로 상대를 적게 보는 방법을 사용한다.

#1 눈감기와 가늘게 눈뜨기

눈을 감거나, 눈을 문지르거나, 눈썹을 만지면서 눈을 가리는 것은 보기 싫은 대상을 되도록 적게 보려는 시각 차단 동작이다. 이 중에서 왼쪽 사진처럼 눈을 가늘게 뜨는 것은 원래 햇빛 속에서 특정한 물체를 잘 보기 위한 것이기도 하지만, '내 앞에서 허튼 수작을 하지 마라. 나는 빈틈이 없고 속지 않는 사람이다.'라는 짜증과 우월감을 표현하는 동작이기도 하다. 잠시 눈을 감았다 뜨거나 혹은 1초 이상 길게 눈을 감았다 뜨는 것은 눈앞에서 벌어지는 달갑지 않은 상황을 보고 싶지 않거나 자리에서 일어나 피하고 싶지만 그럴 수 없는 형편일 때, 시각 차단으로라도 도피하는 동작이다. 이때 힘겹고 피곤해서인지, 분노 때문인지 혹은 도피하고 싶기 때문인지는 후속 동작을 보아야 구분할 수 있다.

더러 선글라스를 끼고 자신의 눈을 감추고 상대를 관찰하는 사람이 있는데, 이것도 시각 차단이며 자신이 상위권자라는 의미다.

#2 위를 보는 시선

상대방을 마주 하고도 위를 쳐다보거나, 먼 산을 보거나, 고개를 뒤로 젖히는 동작은 상대방을 자신의 눈 아래 두려는 안하무인의 태도다. 게다가 종종 어처구니가 없다는 한숨을 쉬면서 경멸의 표정을 짓기도 한다. 이때는 보복도 두렵지 않으니 해볼 테면 해보라는 태도다.

#3 아래를 보는 시선

고개를 숙이고 상대를 보려 하지 않으면 상대방의 시선을 피하기도 하고 머리를 숙이며 패배를 인정하기도 하는 태도다. '저는 제 코가 석 자라서 다른 곳을 볼 여유가 없습니다.' 하는 의미다. 만일 상대방이 서류를 들여다보거나, 소지품을 만지작거리거나, 당신의 얼굴을 잘 보지 않고 얘기를 한다면, 비록 필요한 일을 하는 것처럼 보일지라도 당신에게 불편한 느낌, 즉 싫음·죄책감·수치심·당혹감·자신감 없음 등을 표현하는 중이다.

눈썹과 눈 15 윙크

"당신만 알고 있어요."

윙크는 특정한 수신자에게 보내는 것이 보통이며, 상대에게 친밀감을 보이거나, 어떤 사건에 대해서 비밀을 공유하자는 신호다.

#1 오른쪽(왼쪽)눈 윙크

상대방이 오른쪽 눈본인에게는 왼쪽 눈임으로 하는 윙크는 우뇌의 영향이기 때문에 '나는 당신을 사랑해요. 당신만 아세요.'와 같은 애정에서 나온 신호일 수 있다. 그와는 반대로 왼쪽 눈으로 하는 윙크는 좌뇌의 영향이기 때문에 비밀을 공유하여 서로 이익을 얻자는 계산에서 나온 신호일 수 있다. 예를 들어, '지금부터 저 친구에게 재미있는 장난을 칠 테니 우리 두 사람이 서로 장단을 맞추자.'라는 신호 같은 것이다.

#2 윙크 사용자

윙크는 남성보다 여성이 더 잘 사용할까? 아니다. 성별의 차이보다 성장 과정이나 성격에 의한 차이가 더 크다. 윙크는 일종의 비밀신호이기 때문에 수신자는 싫지 않은 느낌이 들고, 발신자와 무언가를 공모하는 듯한 강렬한 비밀의 느낌과 친밀감을 갖게 된다. 그만큼 윙크의 위력은 대단하다. 따라서 윙크는 아무나 쉽게 할 수 있는 동작이 아니며, 보통 대부분의 사람이 평생 몇 번 밖에 윙크하지 않거나 받지 않는다.

"올려보기" Vs. "내려보기."

두 사람이 얼굴을 바라보면서 대화할 때 서로의 시선이 자주 머무는 곳을 관찰하면 두 사람의 서열이나 관계를 알 수 있다. 평등하며 친밀한 관계일 때는 자주 눈 맞춤을 하지만 그렇지 않을 때는 다음처럼 시선이 바뀐다.

#1 상대의 얼굴 윗부분을 응시하며 대화

사진의 빨간색 삼각형처럼 상대의 눈을 기준으로 미간, 이마, 머리 등 주로 얼굴의 윗부분을 보면서 얘기하는 사람은 우월한 지위에 있는 상사, 부모, 선배 등이다. 이런 시선은 어른이 아이를 내려다 보면서 얘기하던 행동에서 비롯된 것이다. 예를 들어, 회사의 CEO는 새로 임명된 간부를 접견하는 자리에서 비록 자신의 키가 작더라도 상대방의 머리나 이마를 위에서 내려다 보고, 임명받은 간부는 의도적으로 CEO를 올려본다. 따라서 상대방이 당신의 얼굴 윗부분을 내려보면 '나는 당신보다 더 우월한 지위에 있는 사람이오.'라는 메시지를 보내는 중이다.

윗사람이 부하를 내려다 보다가 가끔 그들의 눈을 똑바로 보면서 얘기할 때가 있다. 어떤 내용을 강조하거나 질책할 때다. 따라서 부하에게 '확실하게 하시오' 하는 메시지를 전달할 때 효과적이다. 그러나 가족이나 연인 사이에서 이런 눈길을 사용하면 냉정하다는 평가를 받기 때문에 바람직하지 않다.

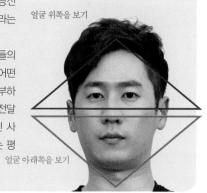

얼굴 위쪽을 보기

얼굴 아래쪽을 보기

#2 상대의 얼굴 아래 부분을 응시하며 대화

앞 사진의 파란색 삼각형처럼 상대의 눈을 기준으로 코, 턱 등 얼굴의 아랫부분을 보면서 대화하는 사람은 부하, 자녀, 후배 등이다. 눈 맞춤을 중시하는 서양 문화권에서조차 하급자는 상급자의 얼굴을 위에서 내려다보거나 상급자보다 시선을 더 자유롭게 움직이면서 상급자를 골고루 탐색하지 않고, 비교적 아래쪽을 바라본다. 동양 문화권에서는 더 분명하게 이러한 관습을 지킨다. 윗사람의 얼굴을 빤히 쳐다보지 않고 머리를 숙이도록 교육받기 때문이다.

#3 이성끼리 응시할 때

남성이 여성을 바라볼 때 어떤 시선을 사용할까? 가까운 거리에서는 여성의 얼굴과 가슴을 보면서 나이, 용모, 몸매를 살핀다. 먼 거리에서는 얼굴, 가슴, 허리, 하체까지 전반적으로 훑어보고 매력도를 판단한다. 특히 허리와 골반의 비율을 살펴보고 허리가 잘록한 가임기何姙期의 젊은 여성인지 아닌지 확인한다.

반면에, 여성이 남성을 바라볼때는 눈을 내리깔면서 남성의 머리끝에서 발끝까지 두루 살핀다. 여성이 아래를 보는 것 같지만 남성보다 시야의 주변부가 넓어서 들키지 않고 남성의 전체 모습을 살필 수 있다. 게다가 고개를 숙이고 눈을 내리깔면 남성에게 유순하게 보여서 경계심을 낮추는 효과까지 있다. 남성은 그런 재주가 없기 때문에 재빨리 살펴보고 시선을 거두거나, 등 뒤에서 살피거나, 개과의 동물처럼 사시斜視로 보는 방법을 사용한다. 그렇다 하더라도 여성은 남성이 자신에게 보내는 몸 훑기 시선을 쉽게 알아차린다. 하지만 남성은 여성의 몸 훑기 시선을 받아도 잘 알아채지 못하는 경우가 많다.

이때 여성이 주의할 점이 있다. 남성이 여성에게 몸 훑기 시선을 보낼 때 짧게 훔쳐보는 방식이 아니라 길고 오래 바라본다면, 탐색용 시선이 아니라 성욕을 동반한 공격적인 시선이다. 따라서 이처럼 상식을 이탈한 시선을 받았을 때는 즉시 알아차리고 대처해야 한다.

#4 동성끼리 응시할 때

여성이 여성을 바라볼 때는 무엇을 볼까? 옷, 구두, 핸드백, 장신구, 헤어 스타일, 메이크업 방식을 먼저 보고, 허리 굴곡도와 피부 탄력에 따른 나이 추정을 하고, 용모는 나중에 본다. 여성은 상대가 가진 물건을 보고 어떤 후원자부모, 남편, 배경 등를 두고 있는지 짐작한다. 고대로부터 여성의 지위는 결혼 등에 의해서 남성이 부여하는 경향이 많아서 여성들끼리 서로 확인할 때 상대가 입고 있는 복장을 볼 필요가 있기 때문이다.

남성이 남성을 볼 때는 체격을 먼저 본다. 예부터 키가 크고 힘인 센 남성이 수렵, 전투, 농경, 운동에 우수했고 좋은 여성 배우자를 선점하는 데 유리했기 때문이다. 현대에 와서는 키를 보여 주는 대신 명함을 보여 주는 것으로 대치되긴 했지만, 그래도 여전히 이런 시선으로 상대 남성을 평가하는 본능이 남아 있다.

"이 자리가 불편하군요."

#1 머리를 이리저리 돌리기

낯선 장소에 들어온 사람이 두리번거리는 것은 주변의 사물을 파악하려는 매핑mapping동작이니 당연하다. 그렇게 하지 않으면 오히려 문제가 있다. 예를 들어, 내담자가 상담실에 들어와서 주변을 살피지 않으면 우울한 증세가 있거나, 트라우마 때문에 멍하거나, 조현병 때문에 현실검증이 안 되는 사람일 수 있다. 정상 범주의 호기심이 없다고 판단되면 질문을 통해서 과연 그런지 확인하는 것이 심리치료에 도움이 될 것이다.

반면에, 상담 중에 머리를 이리저리 돌리면서 주변을 살피거나 딴청을 부리는 것은 대화 내용에 흥미가 없거나, 상대방에게 호감을 느끼지 못하고 이동할 다른 장소를 찾는 중이다.

#2 눈동자를 이리저리 굴리기

눈동자를 굴리는 것은 머리를 돌리며 두리번거리는 동작의 축소판이다. 노골적으로 머리를 돌리는 대신 조심스럽게 눈만 굴리면서 주변의 공간을 검색하여 도움이 될 만한 물건이나 도망갈 장소를 찾는다. 예를 들어, 청소년이 부모에게 꾸중을 들을 때 곧잘 이런 동작을 하는데, 그 장소를 떠날 수는 없지만 속으로는 피하고 싶기 때문이다.

또한 신문訊問을 받거나 난처한 일을 당했을 때, 눈동자를 좌우로 빠르게 굴린다. 눈을 오른쪽본인에겐 왼쪽으로 굴리면서 기억을 검색하고, 왼쪽으로 굴리면서 대책을 생각하지만 당장 결정을 내리지 못하고 우왕좌왕하는 중이다. 그러므로 내담자가 진실을 말하는지 아닌지 판별하려면 말에만 의존할 것이 아니라 눈동자를 살펴보는 것이 좋다.

시선

"시선이 무얼 생각하는지 알려줘요."

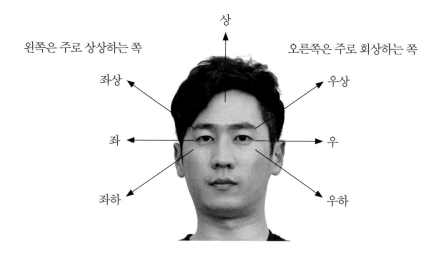

시선은 그 기능을 담당하는 대뇌의 위치와 관계가 있다. 신경언어프로그래밍, 즉 NLP(2017)에서는 이를 안구운동도표eye movement chart로 도식화하였다. 여기서는 이 내용을 소개하면서, 저자의 생각을 추가하였다. 이때 눈의 위치와 방향은 편의상 관찰자를 기준으로 하였다. 위 사진을 참고로 하면 이해가 쉬울 것이다.

#1 **왼쪽에 두는 시선**

※ **좌상: 일찍이 못 본 것을 상상으로 구성하려 함**
• 예. 400평 대지에 70층짜리 ?층 건물을 짓는다면 어떤 모습일까?

좌측: 들은 것을 회상함

- 예: 그때 그 사람이 무슨 말은 했더라?

좌하: 과거에 경험한 운동감각, 느낌, 접촉을 회상함

- 예: 마라톤으로 32km 지점을 지날 때 다리근육의 느낌이 저리고 타는 듯했지.

#2 오른쪽에 두는 시선

우상: 과거에 본 것을 회상함

- 예: 어제 내가 먹은 저녁 식사 메뉴가 뭐였지?

우측: 못 들은 것을 상상함

- 예: 이 가사로 이 대목에 알맞은 곡조를 작곡한다면?

우하: 내부언어로 무언가를 생각함

- 예: 속으로 생각하며 이 경우 나의 의견은 ~이다.

#3 그 외

상: 두 눈을 위로 치켜뜨면서 과거에 본 것을 애써서 회상함

- 예: 20년 전 그 동창의 이름이 뭐지? 생각날 듯한데……

좌우 왕복: 소리의 출처를 찾는 중

- 예: 그때 무슨 말을 들었고 나는 무슨 말을 했지?

초점 없음: 공상에 잠겨 있음

- 예: 백일몽에 잠길 때

정면으로 노려보는 강한 시선: 분노

• 예: 정말 화가 나는군.

과연 이런 도식이 정확할까? 학문적인 근거는 없다. 다만, 경험에 의한 일종의 가설이라고 할 것이다. 따라서 참고로 사용할 수는 있으나 완전히 믿고 사용하는 것은 곤란하다.

"당신을 알고 싶군요."

곁눈질은 짧은 시간 동안 들키지 않고 흘낏 훔쳐보려고 사용한다. 원래 개과의 동물들이 정면을 보는 척하면서 90도 내지 180도 측면에 있는 사냥감을 관찰하던 방법이다. 사람은 왜 어떤 식으로 곁눈질을 할까?

#1 타인의 물건을 훔쳐보기

다른 사람이 가진 지위, 재산, 옷, 태도가 부러워서 구경하고 싶지만 '와, 대단하군, 한 번 보여 줘.'라고 말하기에는 자존심이 상할 때, 부럽거나 화가 나서 얼굴은 창백해지고, 열등감이 들 때, 고개를 조금 숙이고 곁눈질로 훔쳐본다. 이때 시기와 질투로 마음이 쓰리다.

만약 당신이 다른 사람의 곁눈질을 받았다면 더 이상 자부심에 취해서 자신의 성공담을 계속 늘어놓지 말아야 한다. 음해나 비방을 받아서 손해를 입을 가능성이 있기 때문이다. 이럴 때는 어떻게 해야 할까? 승진한 사람이 주변 동료들에게 한턱을 내듯, 당신처럼 좋은 것을 가지지 못한 사람에게 무언가를 베풀어서 그들의 아픈 마음을 달래 주어야 한다. 반대로 당신이 시기심을 가졌을 경우에는 '부럽습니다.'라고 인정하면서 그 사람과 친밀한 관계를 가지는 게 좋다.

#2 이성을 훔쳐보기

　　매력적인 이성을 노골적으로 오랫동안 쳐다보는 것은 무례하다. 그래서 대부분 곁눈질로 훔쳐본다. 곁눈질의 조건은 '내가 곁눈질한다는 것을 당신은 모를 거야.'다. 그러나 당신은 내가 곁눈질하는 것을 상대방이 모를 것이라 생각하지만, 사실 상대방이 알고 있으면 큰일이다. 따라서 들키지 않고 훔쳐보는 순발력이 필요하다.

그러나 남성이 이런 식으로 곁눈질을 하는 경우 서툴러서 들키는 경우가 많고, 들켰다는 사실조차 모를 때가 더 많다. 그러므로 이런 눈길을 몇 번 했을 때는 상대 여성이 알고 있을 것이라고 생각하고 솔직하게 접근하는 것이 차라리 유리하다.

#3 호감을 표시하기

　　2~3초간 곁눈질로 마음에 드는 이성을 쳐다보다가, 얼른 시선을 돌리고 딴전을 피우는 척 하다가, 다시 곁눈질하는 3단식 동작은 들키기를 바라면서 의도적으로 하는 곁눈질이다. 그러다가 상대방이 자신의 곁눈질을 알아차리면 생긋 웃으면서 반긴다. 상대방을 훔쳐볼 정도로 호감이 있다는 것을 상대방에게 들키고 싶은 것이다. 여성이 남성에게 곁눈질하는 것은 호감이 있기 때문이고, 잠시 고개를 숙이는 것은 부끄러움과 순종의 의미고, 기다렸다는 듯 남성과 눈을 맞추는 것은 적극적인 관심의 표현이고, 눈길이 마주쳤을 때 웃는 것은 반갑기도 하고 상대를 수용한다는 의미다. 이때 입을 다물고 생긋 웃으면 '나는 당신에게 호감이 있어요. 하지만 당신이 먼저 말을 거세요.'라는 의미다. 이런 눈길을 받았다면 그 여성과 대화를 시작해도 좋다.

시선 증감

"마음이 있는 곳에 눈길이 있어요."

대화할 때 말뿐만 아니라 눈길도 분주하게 오고 간다. 시선의 횟수, 지속시간을 살펴보면 관계와 친밀도를 알 수 있다(Fast, 2000).

#1 시선 고정과 회피

상대에게 관심이 있으면 눈길을 많이 준다. 상대의 시선을 많이 차지하고, 상대에게 애정을 표현할 수 있을 뿐만 아니라, 자신을 향한 상대의 주목도, 애정도, 반응의 긴밀도 등을 점검하고, 관계의 흐름과 반응을 원하는 쪽으로 이끌 수 있기 때문이다. 예를 들어, 이성의 눈을 2~5초 정도 길고 깊이 들여다보는 것은 명백하게 관심을 표현한 것이다. 상대 이성도 그 눈길을 피하지 않고 마주 바라본다면 관심을 받아들인다는 뜻이다. 이때 두 사람의 눈동자가 커져 있으면 감정적으로도 흥분되어 있다. 따라서 조금씩 길게 서로 바라보는 이성은 소위 '썸 타는' 중이다. 다만 상대가 길게 눈길을 주더라도 담담한 표정이거나 눈동자가 축소되었으면 정중함을 가장한 냉정한 상태이니 호감으로 착각하지 말아야 한다.

반면, 상대와 시선을 마주치지 않으려 하고 상대가 눈길을 줄 때 외면한다면 두려움이나 부끄러움 같은 부정적인 감정이 있기 때문이다. 이런 감정을 들키고 싶지 않으면 다른 물건을 만지는 척하거나 일하거나 음식을 먹거나 담배를 피우면서 시선을 마주치는 기회를 줄인다. 그러면 상대도 그 사람과 시선을 마주칠 기회가 적기 때문에 친밀감을 느끼지 못하고 멀어진다. 게다가 목이나 팔다리를 몸에 바싹 붙여서 '저리 가세요. 저는 지금 말할 기분이 아니에요.' 하는 신호를 발산하면 주변 사람이 접근하기가 더 어렵다.

한 마디로, 대인관계에서 눈길을 피하지 않고 서로 마주하는 것만으로도 많은 메시지를 전달할 수 있으며, 특별한 재주가 없더라도 편안하게 웃으면서 상대방과 시선을 마주치는 것만으로도 대인관계에 참여할 수 있다.

#2 시선 과다와 과소

모임이 있을때 한 사람이 다른 사람들에게 어떤 식으로 시선을 배분하는지 마음속으로 혹은 녹화 기록을 통해서 세어 보라. 사람들은 관심을 많이 가지는 사람에게 많은 시선을 준다는 것을 알 수 있을 것이다. 회사 내에서 비밀 연애를 하는 두 사람이 있다 하자. 서로 조심을 하느라 일부러 시선을 주지 않기 때문에 옆자리에 있는 사람도 잘 알아차리기 어려울 것이다. 그러나 그중 한 사람이 회의에서 무언가를 발표하고 앉을 때, 난처한 질문을 받거나 궁지에 몰렸을 때, 개인적인 반응을 듣고 싶거나 말하고 싶은 장면에서 짧고 빠르게 연인 쪽으로 시선을 보내는 것을 볼 수 있다. 힘들고 외로울 때 자신에게 마음의 지지를 보내는 사람을 확인하고 싶기 때문이다. 더구나 약간의 분리불안이 있는 사람은 의지하는 사람에게 시선을 과다하게 보내기 때문에 비밀 연애는 금방 탄로가 난다. 결국 사람들은 마음이 있는 곳에 눈길을 보낸다. 반면, 마음에 없는 사람에게는 시선이 머무는 시간이 적다.

#3 시선을 꺼리지 않음

낯가림이 많거나 죄책감이 있는 사람은 다른 사람의 시선을 피하고, 외향적이거나 대인 경험이 풍부한 사람은 다른 사람의 시선을 꺼리지 않는다. 그런데 지나치게 당당하게 걸으면서 상대의 시선을 무시하는 듯한 사람은 '나는 누구도 두렵지 않아. 해볼 테면 해보라지.'하면서 상대방의 공격에 대비하는 예를 들어, 입사면접에 나온 젊은이, 국회에 출석요구를 받은 공무원, 재판정에 나온 피고, 경찰서에 출석한 범죄자들이다. 이들은 다른 사람의 시선을 지나치게 의식하다가는 더 큰 손해가 날 것 같다고 느끼고 남의 시선을 정면으로 무시한다.

코는 비교적 근거리에 있는 물건의 냄새를 맡고 뇌를 통해서 유해한지 아닌지 판단할 때 쓰이는 기관이다. 이 기능이 일반화되면서 수용하지 못할 상황에서 코를 찡그리거나 뒤로 물러나는 동작을 통해서 혐오를 표현한다. 입도 음식물을 들이고 뱉고, 말을 하거나 물거나 빠는 여러 기능이 있는데, 이 동작을 일반화시켜서 감정을 표현한다. 그런데 코와 입은 음식물과 밀접한 관계가 있으므로 협응하는 동작이 많아서 이 Part에서 함께 살펴보았다.

코 만지기

"아! 긴장되는군."

거짓말을 하거나 긴장했을 때 부끄러움이나 두려움같은 감정이 발생하면 혈압이 상승하면서 코의 혈관이 팽창한다. 때문에 코가 가렵거나 따끔따끔한 느낌이 들어, 자기도 모르게 손을 대고 문지른다.

동화에서 피노키오가 거짓말을 할 때마다 코가 길어졌다는 말도 이 때문이다. 그러나 단순히 코가 가렵거나 감기에 걸렸기 때문일 수도 있으므로 여러 가지 상황을 종합해서 판단해야 한다.

코 2 콧구멍 팽창

"흐흐흐, 흐뭇하군."

콧구멍이 커지는 것은 세 가지 경우다.

#1 웃으며 코를 벌름거리기

좋은 일이 생기거나, 칭찬을 받았을 때는 가슴이 벅차오르기 때문에 웃음을 숨길 수가 없다. 벌어지는 입을 억지로 다물고 '과찬의 말씀입니다.' 하면서 내색을 하지 않으려 해도, 그 대신 코가 벌름거리며 입 꼬리가 위로 올라간다.

#2 화내며 코를 벌름거리기

화가 나면 공격반론. 폭력을 준비하는 아드레날린 분비가 일어나기 때문에 산소가 급히 대량으로 필요해서 숨이 차 코를 벌름거린다. 따라서 화난 표정으로 숨을 크게 쉬면 곧 공격하겠다는 예비신호다. 만약 입을 크게 벌리고 헐떡거린다면 코를 벌름거리는 것보다 더 격렬한 상태다. 그러나 화난다는 표현은 하지만 호흡이 그리 급하지 않으면 참고 넘어가겠다는 표시다.

#3 회의나 대화 중에 코를 벌름거리기

다른 사람이 발언하는 중에 코를 벌름거리거나 어깨를 들먹이며 큰 숨을 쉬면 무언가를 결심하는 시점이다. 예를 들어, 상대방이 발표하는 내용에 대해서 공격적으로 반론하기 위해서 숨을 많이 들이 마시며 산소를 비축하는 중이다. 따라서 코를 벌름거리는 사람은 조만간 명백하고 격렬하게 자신의 의견을 표현할 것이다. 이때, 어느 시점부터 코를 벌름거리기 시작했는지 관찰하면 그 사람이 어떤 특정한 부분에 대해서 거부감을 느끼는지 알 수 있다.

"가만두지 않을 거야."

#1 고개 숙이며 이 악물기

이 사진을 보면 화난 표정으로 이를 악물었다. 이것은 치미는 분노를 억지로 참기 위해서다. 비록 화가 나기 했지만 고개를 숙인 것으로 보아서 공격할 의사보다는 수동적이고 방어적으로 견디려는 의사가 더 강하다. 또한 통증을 억지로 참을 때도 이런 자세를 한다. 이때는 미간에 11자 주름이 잡히면서 신체의 고통을 견디는 표정을 짓는다.

#2 노려보면서 이 악물기

고개를 들고 상대를 노려보면서 이를 악문다면 싸움을 각오하는 문지방 동작어떤 일을 시작하는 행동이다. 싸움을 예상하면서 매를 맞아도 피해를 적게 입으려고 전신의 근육을 수축시키는데, 이에 따라 치아 손상을 줄이려고 이를 악문다. 그러면 턱관절 근육이 뚜렷하게 불거지고, 입술도 꽉 다물어서 붉은 부분이 사라지고, 눈빛도 호전적이 되고, 표정도 굳어진다. 따라서 상대방이 고개를 들고 쏘아보면서 이를 악물면 '가만두지 않을 테다.' '결코 물러서지 않겠어.' 하는 결심을 다진 상태니. 이쪽도 만반의 준비를 하는 것이 좋다.

입2 아랫입술과 턱에 힘주기

"자, 단호하게 돌진!"

#1 늠름한 표정으로 입과 턱에 힘주기

이 사진을 보면 가슴을 펴고 손을 허리춤에 짚고 앞을 바라보면서 입과 턱에 힘을 주었다. 이때 가끔 여유 있다는 듯 엷은 미소를 띠기도 하고, 눈에 힘을 주고 또렷이 앞을 바라보기도 한다. 마치 군대 지휘관이 '자, 돌격 앞으로!' 할 때처럼 늠름하고, 스포츠팀 감독이 '자, 결승전이니 죽기 살기로 겨뤄 보자.' 하는 결단력과 집중력을 나타낼 때와 비슷하다. 이것은 충동적이거나 분노에 사로잡힌 태도가 아니라, 계산과 용기를 결합시킨 태도다. 따라서 제대로 싸울 줄 아는 사람의 자세이다. 때에 따라서는 치밀한 계산과 뉘우치지 않는 마음으로 냉혹한 범죄를 저지르는 확신범의 표정이기도 하다. 대화 중 상대방의 얼굴에서 이런 표정을 발견하면, 어떤 결심을 하는 중인지 추측해 보는 것이 좋다.

#2 찡그린 표정으로 입과 턱에 힘주기

찡그린 얼굴로 아랫입술과 턱에 힘을 주고 복숭아씨 무늬까지 나타나게 한다면 '요즘 힘들고 어려워서 죽을 지경이다.'하면서 호소하는, 소위 '징징거리는' 표정이다. 이 표정을 습관적으로 짓는 사람은 다른 사람들이 자신의 고통에 대해 위로해 주거나 이해해 주기를 바라는 것이다. 당신이 이러한 사연을 들어주려면 적어도 한두 시간이 필요할 것이다.

굳게 다문 입술

"알지만 말하지 않을 거야."

입술을 안으로 말아 넣어 붉은색이 안 보이도록 입을 감추는 행동은 자신이 아는 정보를 숨기겠다는 의미다. 얼핏 보면 이를 악물고 입술을 누르는 동작과 비슷하지만, 이 동작은 부끄러워하거나 긴장한다는 점에서 다르다. 즉, 투쟁이 아니라 은폐하겠다는 의미다.

#1 당황하며 입술 감추기

진실을 알고 있지만 말하지 않겠다는 몸짓이다. '전 입에 지퍼를 채웠어요. 드릴 말씀이 없습니다.' 혹은 '내가 알고 있는 것은 절대 비밀이야. 다른 사람이 알면 큰 일이 날 일이지. 알아도 모르는 거야.' 하는 뜻이다. 따라서 이런 입술 모양을 하는 사람은 진실을 알고 있다.

#2 노려보며 입술 감추기

상대의 의견을 받아들이지 않겠다는 몸짓이다. '나는 당신의 의견을 받아들일 수 없어. 내가 생각했던 계획대로 하겠어.' 혹은 '무슨 말을 하더라도 내 마음속에 들어오지 못해. 결사반대야.'의 뜻이며, 이런 사람에게 같은 방법으로 계속 설득해도 소용없다.

#3 멀리하며 입술 감추기

상대방과 말하고 싶지 않다는 몸짓이다. 상대가 아침에 당신을 만나서 거리를 두면서 이렇게 하면, '나는 당신하고 어떤 친교도 감정 거래도 의사소통도 안 하겠다.'라는 의미다.

입4 아랫입술이 삐죽 나옴

"날 몰라줄 거예요?"

아랫입술을 뿌루퉁하게 내미는 것은 '볼이 부었다' 혹은 '입술을 삐죽 거린다'하는 동작이다. 여기에는 다음과 같은 의미가 있다.

#1 불만스러워하면서 삐죽거리기

여성이나 아이들이 토라졌을 때 이런 표정을 잘 짓는다. 아랫입술을 내밀어서 붉은색이 눈에 확 띄게 하는 것은, 마치 새끼 새가 어미 새에게 먹이를 달라고 입을 벌려서 붉은 부분을 보이는 것처럼 자신이 토라졌으니 원하는 것을 주고 달래 달라는 뜻이다. 남성도 이런 표정을 지을 때가 있는데, 자신이 약자이고 상대가 강자일 경우 노골적으로 화를 내기는 어렵고, 그 대신 약간의 애교를 동반한 토라짐으로 자신의 기분을 상대방에게 알리는 것이다. 이때 상급자가 포용하면 관계를 회복할 수 있지만, 무시하거나 질책하면 노골적으로 투덜거리다가, 마침내 화를 내며 공격한다. 대부분의 존속폭행도 이런 식의 단계를 밟아서 발생한다.

#2 노려보며 삐죽거리기

삐죽거렸어도 위로를 얻지 못하면 드디어 노려보면서 삐죽거린다. 불만에서 분노로 감정의 강도가 한 층 더 높아졌다. 이럴 때 당신이 만약 '네가 화난 것은 알지만 뭘 어쩌겠어?' 하면서 무시하면 그 사람으로부터 수동 공격적인 보복을 받기 쉽다. 당신을 힘센 사람으로 여기기 때문에 정면에서 도전하진 않겠지만, 뒤에서 험담을 하거나 고의로 중요한 업무를 망치거나 중요한 정보를 전달하지 않는 등, 뒤에서 분풀이를 할 수 있다.

울먹거리며 삐쭉거리기

기분이 언짢아서 못 견디거나, 혹은 울음이 터지기 직전이다.

 어깨를 으쓱하면서 삐쭉거리기

두 손바닥을 위로 하고 어깨를 으쓱하는shrug 동작의 축소판이며, '나는 잘 모르겠다.'는 뜻이다. 게다가 입술을 삐쭉거리기 때문에 불만도 있다는 뜻이다. 예를 들어, 어머니가 형에게 '동생이 왜 우니?' 하고 물었을 때 이런 동작을 하면, '전 모르죠, 제가 그러지도 않았고요. 그런데 왜 저를 의심하시는 거예요?' 하는 뜻이다.

"초조하군."

#1 마른 입술 축이기

스트레스를 받아서 긴장하면 교감신경이 활성화되어 입이 마르기 때문에 혀로 입술을 핥는다. 이 동작은 동영상을 찍어서 나중에 천천히 돌리며 확인해야 알 정도로 빠르다. 게다가 이 동작을 하는 사람조차도 자신이 그런 동작을 하는지 자각하지 못할 때가 많다. 왜냐하면 입이 마를 정도로 긴장하는 사람은 대롱눈 현상tunnel eye으로 주의력이 좁아지기 때문이다.

반면, 혀로 잇몸이나 볼 안쪽의 피부를 가만히 축이는 것은 자신의 긴장을 다른 사람에게 들키지 않으려고 노력하는 동작이며, 남을 의식할 정도로 긴장이 덜한 편이다.

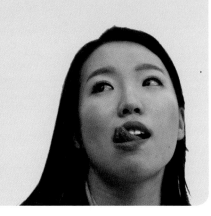

#2 입맛 다시기

맛있는 음식을 눈앞에 두고 식욕이 생길 때, 혹은 간에 기별이 갈 정도만 먹어서 아쉬울 때 입술을 핥으면서 입맛을 다신다. 만일 마음에 드는 이성을 보고 입술을 핥으면 이성과 접촉을 원하기도 하고, 유혹하기도 하는 동작이 된다. 더 나아가서 자기도 모르게 침을 꿀꺽 삼키기도 한다. 중국 마의선사가 지은 『마의상법麻衣相法』에 '말하기 전에 입술을 핥으면 많이 음란하다未言而舌舔脣者 多淫洗. 미언이 설첨순자는 다음일이라.' 하는 구절이 있는 것으로 보아서 옛사람들도 경험적으로 이것을 알고 있었던 것 같다.

입술 벌려서 내밀기

"당신이 마음에 들어요."

입술을 벌리는 것에는 다음과 같은 세 가지 유형이 있다.

#1 입술을 유혹적으로 벌리기

왼쪽의 사진처럼 여성이 입술을 벌리고 턱을 살짝 치켜들거나, 부수적으로 고개와 어깨도 뒤로 제치고 가슴을 드러내거나 유혹적인 눈초리를 보내는 것은 '당신이 마음에 들어요.' 하는 표현이다.

#2 입술을 헤벌리기

오른쪽 사진처럼 입술을 눈에 띄게 헤 벌리는 것은 다음과 같은 의미다.

✕ 넋이 빠짐

넋이 빠지거나 멍한 상태일 때는 중력의 작용 때문에 턱뼈가 아래로 떨어지면서 입이 헤벌어진다. 예를 들어, 신기한 마술공연에 푹 빠진 꼬마나 가족을 잃고 얼이 빠진 사람은 자신을 잃을 정도의 이인화離人化가 일어나서 곧잘 이런 표정을 짓는다.

✖ 의존적임

늘 입을 벌리고 다니거나, 마치 젖을 빠는 유아처럼 둥글게 벌린 입술을 앞으로 내민 사람은 지능이 낮거나 의존적인 성격이기 쉽다. 옛사람들도 '취화구吹火口는 불상不 祥'이라 하였는데, 불을 불어서 살리려는 모양의 입술은 좋지 않다는 의미다. 역으로 말하면, 입술을 'ㅡ'자로 다문 사람들은 자아 강도가 높다는 뜻이다.

✖ 놀람

얼굴에는 전체적으로 특별한 표정이 없지만, 아래턱이 떨어져서 그 영향으로 입이 헤벌어지면 놀람의 부분 표정이고, 놀라서 고함지르기 직전의 동작이다. 사람들은 놀라면 소리쳐서 이웃을 부르는 습성이 있기 때문이다. 그런데 왜 얼굴은 무표정 하고 입만 벌릴까? 상대방에게 놀란 표정을 보여 주지 말아야할 이유가 있기 때문 이다.

#3 입술을 살짝 벌리기

입술을 살짝 벌리는 것은 난처하거나 두렵거나 놀라워서 감정이 동요가 일어날 때다. 사람들은 평소에 입술을 가볍게 다물고 있지만, 긴장하면 소리치거나 숨을 더 많이 마실 목적으로 입술을 벌린다. 따라서 대화할 때 상대방이 입술을 살짝 벌리고 있거나, 비록 입술을 다물고 있어도 입속에서 턱뼈와 치아를 많이 벌리고 있 으면 평소의 감정 상태를 벗어나서 흔들리는 중이다. 이때 턱뼈를 벌리긴 했으나 입 술을 애써 다물고 있으면 관찰자가 잘 알아차리기 어렵다. 이를 알아차리려면 거울 을 보면서 어금니가 서로 닿게 하고 입술과 뺨의 모양을 관찰하고, 그다음 어금니를 1cm쯤 서로 띄도록 턱뼈를 벌리고 다시 입술과 뺨을 관찰하면, 양자 간의 차이를 알 수 있을 것이다.

"내 취향이 아니야."

혀를 내미는 것은 좋지 않은 음식을 뱉어 내기 위한 동작에서 비롯되었다.

#1 부끄러워하며 혀 내밀기

말실수를 했을 때 당황하며 혀를 내민다. 혀를 옆으로 돌리면서 피신하는 듯한 동작을 하거나, '웩!' 하고 음식물을 토하듯 혀를 내미는데, 둘 다 자신의 발언을 취소하고 혀를 자벌自罰하며 상대에게 미안하다는 의미를 전달하기 위해서다. 아무리 훌륭한 달변가라도 말의 실수가 있게 마련이며, 그때 자신의 실수를 그럴듯하게 합리화하더라도 혀를 내밀면 이미 마음속에서는 실수를 인정하는 것이다.

#2 찡그리며 혀 내밀기

이 사진처럼 불편한 표정으로 혀를 내밀면 현재 상황이 자기 취향에 맞지 않아서 뱉어 낸다는 의미이니 '난 반대요.' 하는 뜻이다.

#3 혀 내밀고 꼬물거리기

혀를 내밀고 혀끝을 꼬물거리면 '이 대목에서 무슨 말이든 해야겠지만 결국 불리한 말을 하게 될 뿐이니, 할 수도 없고 안 할 수도 없어서 난처하네요.' 하는 마음을 표현한다.

#4 놀리는 표정으로 혀 내밀기

상대방이 자신의 취향에 맞지 않아서 거부한다는 것을 표현할 때 '윽! 당신은 정말 밥맛 떨어지게 하는 사람이야.' 하는 뜻으로 혀에 든 음식물을 뱉어 내는 시늉을 한다. 또한 사자가 입을 크게 벌리고 시뻘건 혀를 내밀면서 '난 너를 삼켜 버릴 거야.' 하듯 무서운 표정으로 혀를 쑤욱 빼서 내미는 것은 상대를 위협하는 행동이다.

"힘들지만 참자."

윗니로 아랫입술을 혹은 아랫니로 윗입술을 깨물면 다음과 같은 의미가 있다.

#1 아파서 입술 깨물기

주사를 맞을 때 입술을 깨물면 입술에 가해지는 자극에 집중하느라 주사의 통증을 잊을 수 있다. 신체의 고통을 완화시키기 위해서 시작된 입술 깨물기는 불안이나 분노를 완화시키기 위해서 사용할 수 있다. 간혹 입술을 자꾸 물어뜯어서 피가 나거나, 입술껍질을 뜯어내서 상처가 생긴 사람을 볼 수 있는데, 불안이나 분노를 일으키는 대상 대신에 자신의 입술을 공격했기 때문이다.

#2 말하는 대신 입술 깨물기

자신이 말을 할 차례가 되었는데, 굳은 표정으로 입술만 깨물면 공격적인 말을 참는 중이다. 떨면서 입술을 깨물면 말하기를 두려워하는 중이고, 긴장한 표정으로 입술을 깨물면 무슨 말을 해야 좋을지 당황해서다. 이런 입술 깨물기에는 '나는 이런 경우에 말을 해 보았지만 번번이 좋은 결과는 얻지 못했어.' 하고 부정적인 경험이 잠복해 있다. 따라서 '무슨 말이든 해도 괜찮습니다. 제가 잘 듣겠습니다.' 하고 안심시키는 말을 할 필요가 있다.

애교로 입술 깨물기

어린이나 소녀가 귀여운 표정으로 입술을 깨무는 것은 사랑과 보호를 받으려는 것이다. 여성이 마음에 드는 남성에게 매혹적인 표정으로 아랫입술을 깨무는 것은 키스를 받고 싶다는 생각을 투사하는 것이다.

"당장 말하기 곤란하군."

#1 입술을 오므려 비틀기

이 사진처럼 입술을 옆으로 돌리는 것은 입을 도피시키는 행동이다. 예를 들어, 미혼의 연예인이 기자에게 '결혼을 약속하고 사귀는 분이 있다던데 사실입니까?' 하는 질문을 받고 입술을 비틀면 '밝히기 곤란합니다.' 하는 뜻이다. 만약 애인이 없다면 분명하게 '아니요.'라고 대답했겠지만, 애인이 있지만 밝히기 곤란하면 입술을 비틀어서 이동시킨다. 이 사진을 보면, 눈과 입의 위치로 보아서 상대방이 오른쪽에 있고, 대답하기가 난치하다는 뜻이다. 그러므로 이 사람이 대답을 했을 경우 무엇을 손해보는지 공감하고, 대답해도 좋을 조건을 주어야 대화를 계속 할 수 있다.

또한 상대방이 선택을 요구할 때 '그걸 꼭 말로 해야 해? 지금 이 시점에서 딱 잘라서 결정하려니 부담이 된다. 나중에 대답할게.' 하는 뜻을 나타내기도 한다. 아직 선택할 시기가 아니며 결정을 내릴 마음도 없다는 의미이므로, 상대에게 시간을 충분히 주는 것이 좋다.

#2 입술을 씰룩거리기

상대방이 예리하게 노려볼 때 입을 옆으로 돌리면 부끄럽거나 거짓말이 탄로날까 봐 흠칫하는 것이다. 그러나 입꼬리를 위로 올리며 입술을 옆으로 돌리면 이죽거리는 것이며, 우월감을 바탕으로 경멸하는 중이다.

"그런 건 나한테 안 통해."

입술을 오므려서 마치 뿔처럼 뾰족하게 내미는 것은 '이봐, 나한테 그런 수법은 안 통해.'라는 반대와 냉소의 뜻이다. 이 글을 읽는 독자도 이 입의 모양을 한 번 따라 해보면, 자신의 얼굴이나 눈매가 사납게 변할 뿐 아니라, 결코 웃을 수 없다는 것을 알게 될 것이다. 범죄스릴러 영화를 보면서 긴장하는 사람, 비 내리는 밤에 운전하는 사람, 또는 어려운 수학문제를 푸는 학생을 관찰하면 다들 조금씩 입을 앞으로 내어 밀고 있는 것을 발견할 수 있을 것이다.

위험과 의혹이 겹친 상황에서 강한 긴장을 느끼면서 정확한 선택을 요구받을 때, 사람들은 이처럼 얼굴을 굳히고 입술을 뾰족하게 한다. 만약 상대가 이런 입술 모양을 한다면 당신의 주장에 의혹을 품고 반대하는 것이기 때문에, 계속 주장해 봐야 거절당하기 십상이다. Givens(2010)는 이 동작을 '화석몸짓'이라고 했는데, 영장류 특유의 본능적인 동작이라는 뜻이다. 따라서 인위적으로 꾸며 내기 어려운 동작이며, 내심을 진솔하게 반영한다.

입 11 처진 입술

"슬프지만 참자."

얼굴이 전체적으로 평온해 보이는데, 유독 입술만 조금 처지면 다음과 같은 의미가 있다.

#1 처진 눈꺼풀에 처진 입술

얼핏 보아서 특별한 표정이 없지만 자세히 보았을 때 입꼬리가 아래로 살짝 처진 ⌒모양이면 슬픔을 억제하는 중이거나 가벼운 슬픔을 느끼는 중이다. 이때 이 사진처럼 윗눈꺼풀도 처져서 눈동자를 덮는다. 상대방이 이런 표정을 지으면 최근에 안 좋은 일이 생겨서 슬프지만 애써 억누르고 일하는 중이거나, 당신에게 실망했지만 말하기 곤란하여 시무룩한 표정을 짓는 중이니, 개인적이고 조용한 시간을 마련해서 '혹시 요즘 무슨 일이 있나요?' 하고 대화를 시도해 보는 것이 좋을 것이다. 만약 습관적으로 이런 표정을 하면 우울증일 가능성이 높다.

#2 무표정에 처진 입술

방송에 처음 출연한 사람들이 잔뜩 긴장하다가 특별히 슬픈 일이 아닌데도 눈물을 흘리는 것을 보면, 긴장이라는 원감정을 슬픔이라는 이차감정으로 대체해서 소화하는 기제를 관찰할 수 있다. 즉, 긴장했는데 슬픈 표정을 짓는다는 게 다소 역설적이긴 하지만, 원래의 감정을 들키고 싶지 않아서 다른 감정으로 대신하는 사례다. 이때 굳은 표정에 입꼬리만 내리기 때문에, 긴장이라는 원감정이 슬쩍 드러난다.

#3 크게 뜬 눈에 처진 입술

눈을 크게 뜨고 입꼬리를 과장되게 내려뜨리면 의도적으로 표정을 지어 보이는 것이며, '어이구! 유감이군 그래! 그렇지만 나는 못 믿겠어.' 하는 불신의 뜻 내지는 조롱이다. 예를 들어, 아기가 '엄마, 엄마, 호랑이가 나를 보고 으르렁했어요. 하늘땅만 했어요.' 했을 때, 어머니는 그 동물이 고양이인 줄 알아차리고 속으로는 우습지만 겉으로는 '아이고, 그래. 저런. 무서웠겠네. 하지만 그건 고양이란다.' 할 때의 표정이다.

입 12 분노를 참는 입술

"화나지만 참자."

사람들은 화가 났을 때 자신의 환경이나 성격에 따라 다음과 같은 입술 모양을 한다.

#2 노려보며 입술을 꾹 다물기 언어적 분노

도시에 살고, 중산층 이상이고, 화이트칼라이고, 성인인 사람들은 보통 언어적으로 분노를 표현하는 경향이 있다. 폭력을 사용하여 보복하는 것보다는 언어적 비난 내지 법률적 공격을 하는 것에 더 익숙한 탓이다. 이런 사람들은 화를 참을 때 왼쪽 사진처럼 입술을 꽉 다문다. 그러다가 분노를 참지 못할 때는 입을 벌려서 고함치거나 말로 공격한다.

#2 노려보며 입술을 벌리기 신체적 분노

신체를 주로 사용하는 노동자, 운동선수, 신체 반응을 위주로 의사소통을 하는 어린이나 원시인들은 보통 동작으로 자신을 표현한다. 예를 들어, 시인에게 자신이 보고 온 전원주택을 묘사하라면 말로 하지만, 목수는 직접 연필을 손에 쥐고 그려 가면서 설명하거나 손짓발짓을 하면서 설명하는 경향이 있다. 이런 사람들은 화를 참을 때 오른쪽 사진처럼 근육의 힘을 빼려고 한숨쉬듯 입을 벌린다. 그러다가 분노를 참지 못할 때는 입술을 꾹 다물면서 손발로 공격한다.

#3 말끄러미 쳐다보며 입 다물기 _{상위권자에} 분노

화가 났지만 싸우기는 싫을 때. 무표정에 가까운 얼굴로 상대방을 말끄러미 쳐다본다. 이때 입술은 매우 단정하게 다문다. 얼핏 보아서 담담한 표정 같지만 상대방을 길게 빤히 쳐다보는 것은 특히 상위권자에게 이렇게 하는 것은 도전하는 행동이다. 왜 이렇게 할까? 화가 나긴 했지만 '지금 나한테 화를 내는 거냐?' 하는 질문을 받으면 '저는 화를 안 냈습니다.' 하면서 트집 잡히는 것을 피해 가려는 것이다.

입꼬리 추켜올리기

"흥, 놀고 있네."

입술끝은 평소에 수평을 이루지만, 감정적 동요가 있을 때는 위로 올린다.

#1 입술의 한쪽 끝을 당겨 올리며 웃기

왼쪽 사진처럼 전체적으로는 웃지 않는 얼굴인데, 한쪽 입꼬리만 당겨 올려서 웃는 것은 '같잖아서라도 웃어 줘야겠군.' 하는 경멸의 의미다. 이런 웃음은 상대방의 주장을 불신한다는 태도를 보여 주는 모욕과 '나는 네가 두렵지 않아. 만약 네가 보복을 한다 하더라도 나는 감당할 수 있어.' 하는 대담성을 표현한다. 그와 동시에 주변 사람에게 '자, 나를 보라구. 저 사람이 무서워 보이긴 하지만 별것 아냐. 이렇게 무시해도 나를 어쩌지 못해. 그러니 나와 함께 반대하자고!' 하면서 동조자들을 모으기도 하고 그들에게 용기를 불어넣어 주려고 능글맞게 웃는다.

이런 경멸의 웃음은 마음속에서 이미 잘라내 버린 상대방을 향해서 웃는 것이기 때문에 단 한 차례 슬쩍 웃었다 하더라도 완전한 관계 단절을 예고한다. 만약 이런 웃음이 부부관계에서 발생하면 이혼이나 별거를, 연인 사이에서는 이별을, 친구 사이에서는 단교를 알리는 신호탄이다. 그래서 부부상담 전문가들은 상담 도중에 어느 한 사람에게라도 이런 웃음을 발견하면 치유하기 힘든 균열이 발생했다고 판단하기도 한다. 더욱 재미있는 것은 사기꾼도 '내가 너보다는 지능이 우월해.' 하는 의미에서 이런 웃음을 띤다는 것이다. 다만 이처럼 입을 삐쭉이는 웃음은 희미하게 했을 때 쉽게 알아차리기 어렵다.

상대를 경멸하는 동작에는 이 외에도 가운데 손가락 올리기, 혀 내밀기, 코에 엄지를 대고 수탉의 날개 모양으로 펼치기, 양손으로 부채 모양을 만들어서 양귀에 대고 펄럭이기, 엄지와 검지로 권총 모양을 만들어 자살하는 시늉하기, 일부러 감탄하는 척하기 등 여러 가지가 있다.

#2 싫은 표정에 양쪽 입꼬리 올리기

오른쪽 사진에서 보는 것처럼, 눈매에는 불편함이나 불쾌감의 표정이 있는데, 입으로는 웃으려 노력한다. 의기양양하게 웃으면서 '하하, 별것 아니군' 하면서 우월감을 표시하고 싶었지만, 그러기에는 쉽지 않은 상황이어서 어정쩡한 표정이 되었다. 예를 들어, 도로에서 로드킬road kill을 당한 동물의 사체를 보고 '아이, 저런 건 흔히 있는 일이야.' 하고 노련하게 웃으면서 지나치려 했으나 어쩐지 혐오스러워서 자기도 모르게 긴장하는 표정이 섞인 경우다.

#3 사악하게 웃으면서 양쪽 입꼬리를 올리기

웃음과 분노가 섞인 표정으로 양 입꼬리를 올리면서 웃으면 소위 '남의 간을 보는' '사악한' 혹은 속으로 '사람을 야리는' 웃음이다. 자기 능력에 지나치게 의기양양해지고, 그와 동시에 남을 경멸분노+혐오하는 감정이 겹쳐서 '내가 너보단 낫지!' '네 따위가 잘나 봤자지!' 하는 중이다. 얼핏 보면 편안하고 기분 좋게 웃는 듯하지만, 깔보는 듯한 표정 때문에 단순한 웃음이 아니라는 것을 직감할 수 있다.

"싫지만, 할 수 없군."

뺨에 공기를 채워서 불룩하게 하는 데는 네 가지 이유가 있다.

#1 웃으며 볼을 불룩하게 하기

아이들이 웃으면서 볼에 공기를 가득 채우면 마치 물을 입에 머금고 '네게 뿜을까? 삼킬까?' 하고 장난치는 동작을 흉내 낸 것이다. 젊은 여성도 귀엽고 애교스러운 모습을 연출하기 위해서 이런 동작을 하는데, 볼에 바람을 넣어 부풀리면 젖살이 토실토실 오른 아기의 모습이 나타나기 때문이다.

#2 눈을 크게 뜨고 볼을 불룩하게 하기

눈을 휘둥그레 뜨고 볼에 바람을 넣어 부풀리면 소위 '뿜기 직전'이다. 그러나 통제 못할 정도로 놀란 것은 아니고, 볼의 바람을 물고 유지할 수 있을 정도로 놀란 것이며, 주로 어느 정도 예상하던 즐거운 사건에 대해서다.

#3 실망하며 볼을 불룩하게 하기

원망스러운 표정으로 볼을 부풀리면 소위 '볼이 퉁퉁 부은' 것이다. 상대방의 얼굴에서 이런 표정을 보면 '나에게 소극적이지만 화를 내는구나.' 하고 서운한 감정을 알아주어야 한다. 여기서 볼을 부풀린 사람은 화를 더 낼지 또는 체념할지를 선택한다. 만약 힘 빠진 표정에 눈길을 아래로 향하고 볼에 바람을 넣으면 한숨을 쉬기 직전이며, 그 다음 순간 '후우~' 하고 바람을 빼면 싫지만 어쩔 수 없이 받아들이겠다는 체념의 뜻이다.

#4 심호흡하며 볼을 불룩하게 하기

긴장된 상황에서 뺨에 공기를 채워서 입안 피부에 압박 자극을 주는 것은 잠시 긴장을 딴 곳으로 돌리려는 동작이며, '푸위' 하고 바람을 빼는 것도 긴장을 풀려는 자기 위로 동작이다. 마치 심호흡을 통해서 긴장을 푸는 이완요법과 비슷하다.

표정

사람이 표정으로 나타낼 수 있는 감정은 모두 몇 가지일까?

유교의 경전인 『중용中庸』에서는 희로애락喜怒哀樂의 네 가지라고 하고, 불교에서는 희로우사비공경喜怒憂思悲恐驚의 일곱 가지라고 한다. Plutchik(1980)은 공포, 분노, 기쁨, 슬픔, 혐오, 경멸, 기대, 놀람의 여덟 가지라고 하고, Izzard(1991)는 흥미, 즐김, 놀람, 슬픔, 분노, 혐오, 경멸, 공포, 죄의식, 수치, 수줍음, 내향적 적대감의 열두 가지라고 하고, Ekman(2006)은 행복, 혐오, 놀람, 슬픔, 분노, 공포의 여섯 가지라고 한다.

보는 사람이나 문화권에 따라서 감정의 가짓수는 다르겠지만, 기쁨, 슬픔, 분노, 불안, 놀라움은 공통 요소이다. 이 Part에서는 다섯 가지 감정을 중심으로 얼굴의 교향곡이라고 할 수 있는 열 세개의 표정들을 살펴본다.

"나는 만족해요."

#1 얼굴 근육이 충분히 이완된 상태

만족하다. 흡족하다. 느긋하다. 평화롭다. 행복하다. 고요하다. 한가롭다. 이런 기분일 때 사람들은 어떤 표정을 지을까? 꼬집어 말할 만한 특징이 없다. 얼굴의 어느 한 부분도 찡그리지 않고, 얼굴의 모든 근육이 평소보다 깊게 이완되어서 마치 배불리 먹었거나 편안하게 잠들 때처럼 만족과 행복을 가득 반영하는 환한 표정이다. 번민이 잠들고 소란하던 감정이 고요해진 느낌이며, 깊은 안식이 깃들어서 가장 편안하고 가장 자연스러운 가운데 기쁨이 은은히 배어 나온다.

그러나 행복한 표정은 종종 친절한 웃음이 담긴 얼굴이나 애써 평정을 유지하는 얼굴과 혼동될 때가 많다. 이때는 평소 그 사람이 편안하고 만족할 때의 표정을 기초선으로 삼아서 다른 표정과 비교해 보면 차이를 알 수 있다.

#2 만족하는 이유

평화롭고 개운한 이유는 무엇인가? 의식주가 충분할 때 느끼는 아늑한 cozy 기분, 즉 아기가 배불리 먹었거나 가난하던 사람이 돈을 많이 벌어서 살 만하게 되었을 때의 표정, 또는 일이 박자에 맞게 순탄하게 진행될 때의 시원한 기분. 원하던 지위나 권력을 얻었거나 일이 술술 풀리는 사람에게서 떠오르는 득의得意의 심정 때문이다. 또는 사랑이나 종교적 만족에 의한 희열이 가득할 때, 즉 선방禪房에서 마음의 평화를 얻은 스님이나 내세의 축복을 믿는 기독교인이나 자기다운 삶의 방식을 얻은 사람들에게서 떠오르는 만족과 자부심 때문이다. 또는 자신의 인생이 축복받았고 운이 좋다고 생각하며 느끼는 행복감, 즉 평생 양지를 디디며 살아온 것에 대한 다행감과 감사를 느끼거나 좋은 배우자를 얻어서 행복에 겹기 때문이다.

한 가지 덧붙일 것이 있다면, 만족감은 표정보다 오히려 목소리에 더 많이 나타난다. 음성이 안정되어 있고 편안한 느낌을 준다면 애써 평화로운 표정을 짓는 것보다 더 믿을 만하다.

"하하하하."

#1 웃는 표정

웃을 때는 얼굴에 일곱 가지 특징이 나타난다.

1. 뺨이 사과처럼 볼록해진다.
2. 그 때문에 눈동자의 곡률曲率,curvature 이 변해서 눈이 반짝 빛난다.
3. 눈가에 까마귀 발눈가에 나타나는 세 기닥 주름이 생긴다.
4. 아래 눈꺼풀이 볼록해진다.
5. 입 가장자리가 귀 쪽으로 올라간다.
6. 입은 벌어져서 치아가 드러나기 쉽다.
7. 헤헤, 호호, 하하, 까르르 하는 웃음소리를 내기도 한다.

입꼬리가 많이 올라갈수록, 까마귀 발이 나타날 수록, 웃음의 특징들이 길고 완전하게 나타날수록 행복감이 강하다. 웃음의 배후에는 행복, 기쁨, 신체적 쾌감, 흥분, 안도감, 긍지, 대견함이 있다. 그러니 웃을수록 건강하고 행복하다. 또한 소득, 건강, 환경 적응력, 정서와 긍정적인 관계가 있다. 그러니 웃을수록 관계가 강화되고 그 결과 소득이 높아진다. 소리를 내며 웃거나, 웃으며 사람들에게 다가가거나, 친근한 태도를 유지하면 점점 행복해진다.

#2 웃음의 원인

사람은 왜 웃을까? 관계, 재산, 가치관에 이득이 되는 것을 얻었을 때, 혹은 자신의 인생을 평가하여 긍정적일 때, 또는 타인에게 호감을 표시하기 위해서다. 그러니 즐거워서 웃는 것 같지만 잘 살펴보면 감정보다는 판단이 먼저 작용한다. 똑같은 상황에 있더라도 부정적인 면보다 긍정적인 면을 많이 찾으면 긍정적인 감정이 생산되고 그래서 남보다 많이 웃고 결과적으로 더 행복할 수 있다.

입만 웃음

"우린 친구잖아요."

사람들은 우리는 부부싸움을 하고 출근했어도 동료들에게는 웃어 보이고 손님에게는 밝은 미소를 짓는다. 또한 모델은 런웨이에서 매력적인 미소를 띠고, 정치인은 국민에게 신뢰를 주는 미소를 띤다. Ekman(2007)은 이처럼 사회적 역할을 위해서 웃는 것을 예의 바른 미소polite smile 혹은 사회적 미소social smile라고 했다.

#1 사회적인 웃음

사람들은 유쾌하지 않아도 사회적으로는 필요하기 때문에 애써 자신을 조절하면서 어떤 목적을 위해서 웃는다. 직장 동료에게는 '우리는 동료고 서로 협조를 원한다.'라는 의미로, 협력사의 관계자에게는 '서로 우호적인 관계를 계속 유지하기 원합니다.'라는 의미로, 상대방의 의견에 퇴짜를 놓을 때에는 '저는 당신을 미워하는 것이 아니라, 당신의 의견과 다를 뿐입니다. 이해해 주세요.'라는 뜻이다. 만약 이런 미소를 띠지 않는다면 오해를 불러일으켜서 불필요한 적대관계를 만들기 쉽다. 따라서 사회적 미소는 대인관계의 윤활유라고 할 수 있다.

#2 진심어린 웃음과 다른 점

사회적인 웃음은 진심어린 웃음felt smile과 다르다. 사회적인 웃음은 웃음의 일곱 가지 특징 중에서 두 가지가 없다. 즉, 웃긴 하지만 입꼬리가 수평에 가깝고, 눈가에 까치발 주름이 나타나지 않는다. 위 사진 속 인물의 입을 가리고 관찰하면 눈은 웃지 않는다는 사실을 알 수 있다. 사회적인 웃음을 지으면 이러한 심리적인 부조화 때문에 스트레스를 많이 받는다. 이 때문에 감정노동자들이 힘들어한다. 그렇다면 사회적인 웃음은 가짜 웃음 혹은 위선자의 웃음인가? 아니다. 서로 원만하게 생활하자는 메시지를 전달하기 때문에 나름대로 의미가 있다.

입을 벌리고 난처하게 웃기

"아이 참, 어쩌나?"

#1 난처한 웃음

사람들은 난처할 때 얼굴을 붉히기도 하고, 손발을 허우적거리기도 하고, 엉겁결에 다른 사람을 탓하기도 하지만, 이 사진처럼 난처한 눈빛으로 입을 벌리고 헤프게 웃기도 한다. 예를 들어, 사회자에게 '노래 한 곡 부탁합니다.' 하는 부탁을 받았을 때, 거절할 수도 없고 그렇다고 부를 기분도 아닐 때, 이처럼 당황하며 웃는다. 이 웃음의 효과는 무엇인가? 딱한 표정으로 허둥거리며 웃으면 상대방이 '아, 이 사람은 정말 못해서 그러는구나. 그렇다면 너무 난처히게 하지 말아야지.' 하고 배려하게 만드는 효과가 있다.

#2 난처한 웃음의 종류

이 사진처럼 딱하게 웃으면서 빈손을 펴 보이면 '저는 무능해서 그 일을 할 수 없어요.' 하는 기권의 표시다. 반면에, 난처하게 웃으면서 팔짱을 끼면 '나는 그 문제에 관여할 마음이 없어요.' 하는 방관의 표시다. 그 문제에 뛰어 들자니 자신이 나설 장면이 아닌 것 같고, 만약 뛰어든다 하더라도 명쾌하게 해결할 자신이 없어서 우물쭈물하는 것이다.

"조금만 웃어야지."

#1 입을 다물고 웃기

웃을 때는 이가 보이는 게 보편적이지만, 입을 다물고 웃을 때가 있다. 이것은 억제된 웃음이다. 즉, 웃음이 나오긴 하지만 표현을 억제해야 할 몇 가지 이유가 있어서다. 첫째, 자의식이 강해서다. 여성이 맞선을 보는 자리에서 상대 남자가 재미있는 얘기를 했더라도 큰 소리로 웃기보다 부드러운 미소로 화답하는 것은 '혹시 나를 웃음이 헤픈 여자로 보지 않을까?' 하는 불안이 배후에 있기 때문이다. 이처럼 불안이나 분노가 웃음에 섞이면 웃음이 억제된다.

둘째, 기질이 우울하기 때문이다. '김치!' 하는 구호에 따라 단체사진을 찍는 장면에서도 입을 벌리지 않는 사람이 있다. 이런 사람들은—반드시 그렇다고 할 수는 없을지라도—웃을 기분이 아니거나 감정을 표현하는 정도EED: Emotion Expression Degree가 보통 사람보다 낮다. 따라서 상담자라면 내담자의 습관을 빨리 알아차리고 기분부전증이나 우울증이 있는지 확인해 볼 필요가 있다.

셋째, 이 사진처럼 입술에 힘을 주어 누르면서 눈으로만 웃으면 예의를 지키지만 자신의 비밀을 말하지는 않겠다는 뜻이다. 예를 들어, 맞선 보는 여성이 '당신이 좋은 사람이긴 하지만 내가 원하는 남성은 아니군요. 여기까지예요. 더 이상 긴밀한 얘기를 나누고 싶지 않아요.' 할 때, 또는 정보를 요구하는 사람에게 '당신이 부탁하는 것을 정중히 거절합니다. 그것은 영업상 비밀이어서 말해 줄 수 없어요.' 할 때다. 이쯤 되면 더 이상 요구하지 말고, 마무리를 하는 편이 낫다.

#2 이를 악물고 웃기

어버이날 시어머니가 며느리에게 '선물을 줘서 고맙긴 하다만 너는 어째서 특별한 날에만 와서 이렇게 생색을 내니? 평소에 잘하든지 아니면 아예 안 하든지! 이게 뭐니?' 하면, 며느리는 '죄송해요. 앞으로는 더 잘할게요.' 하면서 웃는 얼굴을 하지만 분노를 누르기 위해서 이를 악문다. 이것을 쓴웃음苦笑,苦笑이라고도 한다. 속마음이야 어떻든 좀 더 능숙하게 웃어 보이는 사람도 있겠지만, 대부분의 사람들은 그렇게까지 자신의 마음을 숨기는 데 익숙하지 못해서 마치 치통을 견디는 사람처럼 이를 악물면서 웃기도 하고, 웃는 것도 우는 것도 아닌 어색한 웃음을 띤다. 위선일까? 아니다. 어려운 상황에서도 자신의 감정을 잘 조절하는 중이다.

"아, 슬프다!"

#1 슬픈 표정의 특징

슬플 때는 얼굴에 일곱 가지 특징이 나타난다.

1. 미간 위 이마에 부분적으로 주름이 생긴다.
2. 미간에 11자 모양의 주름이 나타난다.
3. 눈썹이 八자 모양이 된다.
4. 미간 쪽의 눈과 눈썹이 붙는다.
5. 윗눈꺼풀이 처져서 눈동자를 덮고, 아래 눈꺼풀이 볼록해진다.
6. 입 꼬리가 ⌒모양으로 처진다.
7. 뺨이 둥글게 뭉치면서 그 영향으로 입가에 八자 주름이 나타난다. 자칫하면 웃는 모습처럼 보일 수 있지만 전체적으로 즐거운 표정이 아니다.
8. (울 때)윗입술보다 아랫입술이 더 많이 튀어나와서 입을 삐죽거린다.
9. (울 때)입을 사각형으로 벌리고 소리 내서 운다.

슬픈 사람은 눈썹·눈꺼풀·입꼬리·어깨가 처지고, 팔은 늘어지고, 무릎은 주저앉고, 등은 굽는 등 모든 근육이 중력 방향으로 내려간다.

#2 슬픔의 원인

슬픔은 인류 공통으로 상실을 경험할 때, 특히 친애하는 사람이나 가족을 상실했을 때 일어난다. Holmes와 Rahe(1967)가 연구한 스트레스 사건 43개 중 10위 안에 드는 사건들이 모두 상실과 관계있다. 예를 들어, 1위는 미혼자의 부모 사망이며, 2위는 기혼자의 배우자나 자녀 사망이다. 슬픔의 원인은 기본적으로 사랑하는 사람이나 소중한 물건을 상실하는 것이지만, 좀 더 확대하면 지위, 목표, 꿈, 가능성이나 가치 간의 상실도 포함할 수 있다. 불교에서 애별리고愛別離苦의 고통을 말하는데, 한 마디로 말해서 사랑하는 대상을 잃을 때 슬픔이 일어난다는 뜻이다.

친애하는 사람을 여의면 '앞이 캄캄하다.'라고 말할 정도로 충격을 받고, 혼자 살아가야 할 미래를 상상하면 두렵다. 그러니까 슬픔은 소중한 것을 잃었다는 판단과 그것이 주는 손해를 메꿀 가망이 없다는 무망감無望感, hopelessness을 바탕으로 나타난다. 얼핏 보면 슬픔이 충동적인 감정 같지만 사실은 이성적인 판단을 기반으로 하는 감정이다.

그런데 슬픔은 다른 감정과 달리 오래 간다. 우리나라에서는 사람이 죽었을 때는 삼일장과 삼우제, 그리고 사구제를 포함한 50일을 애도의 기간으로 하는데, 이것은 슬픔을 삭이는 데는 많은 시간이 필요하다는 것을 인정하는 관습이다. 또한 우리나라에서도 '슬픔에 빠졌다'는 표현을 쓰고, 영미권에서도 'be sunk in sorrow슬픔에 빠졌다'는 표현을 쓰는 것을 보면 확실히 깊고 큰 감정임에 틀림없다.

#3 슬픔의 기능

슬픔에도 좋은 점이 있을까? 있다. 슬픔은 아프기는 하지만 우울을 덧들이지만 않으면 우리를 보호하는 유익한 감정이고, 삶을 한 계단 끌어올려서 성숙에 이르게 하는 도구다. 먼저 지독한 손실이 닥쳐왔을 때 즉흥적으로 행동하다가 더 큰 손실을 보지 않도록 팔과 다리에 힘을 뺀다. '이 상황에서는 행동할수록 더 많이 잃는다. 따라서 이 상황이 지나갈 동안 잠깐 멈추는 것이 더 낫다.' 하고 대뇌가 내려주는 일종의 금치산 선고인 셈이다. 또한 소리 내어 울며 슬퍼할 때 이웃 사람들이 힘을 모아서 도움을 주기도 한다. 게다가 실컷 울고나면 카타르시스가 되어서 빠르게 체념할 수 있다. 이것밖에 길이 없다고 생각하던 외골수의 마음을 놓고 새로운 길을 볼 수 있다. 또한 슬픔을 온전히 여의면 징징거리던 습관을 버리고 영적으로도 큰 진보가 일어나서 의연한 사람이 되기도 하고, 개인의 슬픔에서 인류의 슬픔으로 눈 뜨며 나아가는 크고 성숙한 사람이 되기도 한다. 나의 이 슬픔은 이웃이 겪은 보다 더 큰 슬픔에 비하면 얼마나 작은가!

하지만 슬픔과 그에 따른 미련을 버리지 못하고 계속 움켜잡고 있으면 우울증에 걸리고, 회한으로 남으면 화병에 걸릴 수 있다.

"으악, 무서워!"

#1 두려운 표정의 특징

겁낼 때는 얼굴에 다음과 같은 다섯 가지 특징이 나타난다.

1. 양 눈썹이 올라가서 가운데로 모인다.
2. 미간 위의 이마에 주름이 부분적으로 나타난다.놀라움은 이마 전반의 주름으로 나타난다.
3. 눈을 최대한 크게 뜨면서 흰자위가 사방으로 드러나는 사백안(四白眼)이 된다.
4. 아래 눈꺼풀은 펴지면서 단단하게 굳어진다.
5. 입은 크게 벌려 '으악!' 하고 고함지르거나, '이크!' 하며 입귀와 뺨을 뒤로 당긴다.

흰 눈동자가 드러나도록 눈을 크게 뜨는 것은 위협 대상을 집중해서 확인하려는 것이고, 이마·턱·입·상체가 움찔하면서 뒤로 물러나는 것은 회피하려는 동작이다. 집중과 회피를 동시에 하면 당황행동이 된다. 초보 운전자가 브레이크 페달을 밟아야 할 장면에서 가속 페달을 밟는 것처럼, 두려운 사람은 대상을 확인하려 들면서도 동시에 회피하는 동작을 하려다 보니 모순을 일으켜서 허둥거린다.

공포를 느끼면 심장 박동과 호흡량이 증가한다. 위협에 대처하기 위해서 에너지를 급히 끌어올리기 때문이다. 또한 내장으로 가는 혈액이 다리근육으로 쏠리고, 몸이 반사적으로 젖혀져서 도망가기에 유리한 상태가 된다. 이것은 유기체가 두려움을 느낄 때 자동적으로 3F 반응—숨을 죽이며 납작 엎드리다가Freeze, 발각되면 도망가고Flee, 마지막에는 싸우는Fight—을 하기 때문이다. 이때 비명은 왜 지를까? 동료들에게 위험을 알리기도 하고 도움을 받기도 하려는 것이다. 게다가 비명을 지르면 날숨을 쉴 수 있기 때문에 근육의 마비가 풀리는 효과도 있다.

#2 두려움의 원인

두려움은 상해생사의 위험, 부상, 고통, 정신적 가치의 훼손를 입을 것 같을 때 나타
난다. 아기들은 생후 5~7개월부터 선천적으로 낯선 환경이나 사람, 큰 소리, 높은
곳, 어둠에 두려움을 보이며 그 결과 회피와 구조를 요청하는 행동을 하며, 후천적으
로 파충류, 빠른 속도로 신체에 접근하는 물건이나 무게를 지탱하던 물건이 사라질
때, 문화적으로 금기시 하는 물건에 대해서 두려움을 학습한다. 성인은 상해나 죽음
의 위협, 낯선 환경, 사회적 거부에 두려움을 느낀다(Shaver et al., 1987).

두려움을 일으키는 대상은 대뇌의 편도체에 등록되어 있어서 외부 자극이 시상을
지날 때 대조해 보고 만약 위해를 가할 것 같다는 판단이 들면 두려운 감정을 일으
켜서 경각심을 가지고 처리하게 한다. 따라서 만약 편도체에 이상이 생기면 두려움
이나 분노 같은 감정을 느끼지 못해서 자신을 보호하는 행동을 하지 못할 수 있다.

#3 두려움의 기능

사람은 잔걱정·염려 → 긴장 → 두려움 → 경악으로 두려움의 강도를 증
가시킨다. 두려움은 불편한 감정이긴 하지만 위험에서 벗어나려는 동기를 주기 때문
에 사람을 보호하는 역할을 한다. 특히 불안은 미래를 두려워하는 감정이기 때문에
지나치지만 않으면 미래를 적절하게 준비시킨다. 그 결과 불안 때문에 열심히 노력
해서 훌륭한 성과를 내기도 한다. 또한 두려워하면 상대가 측은히 여겨서 공격을 멈
추기 때문에 위해를 덜 받기도 하고, 주위 사람이 동정해 주기도 한다.

반면에, 불안이 지나치면 고통과 정신병을 일으킨다. 2016년 보건복지부의 정신질환
실태역학조사에 따르면, 9.5%의 국민이 불안장애를 경험했다고 하니 이는 결코 적은
수가 아니다. 불안장애는 공포장애사회공포증, 광장공포증, 특정공포증, 불안신경증범불안장애,
공황장애, 기타불안장애외상후 스트레스, 건강염려증, 급성스트레스, 물질유도성 혹은 의학적 질병과 관
련 있는 불안, 성격장애와 결합된 불안장애강박장애, 소심한 성격, 의존성격, 경계선 성격장애에서
나타나는 불안 등 종류가 많고 다양하다.

놀란 표정

"깜짝이야!"

#1 놀라움의 표정과 원인
놀랄 때는 얼굴에 네 가지 특징이 나타난다.

1. 이마 전체에 주름이 생긴다.
2. 눈썹이 한껏 위로 올라간다.
3. 눈이 휘둥그레지면서 흰자위가 드러난다.
4. 턱이 아래로 떨어지면서 입을 헤벌리고, 비명을 지르기도 한다.

놀라움은 갑자기 예상치 못한 사건이 일어날 때, 감정을 관장하는 뇌변연계가 순식간에 자동적으로 판단하는 중성적인 감정이다. 중성적이라는 말은 '좋다' '나쁘다'라는 가치판단을 하기 이전에 자극이 큰 것에 반응한다는 뜻이다. 어둠 속에서 무언가 불쑥 나타나면 일단 놀란 다음, 낯선 사람일 때는 두려움을 느끼고 친근한 사람일 때는 안도감을 느낀다. 반대로 아빠가 아이에게 큰 상자를 주면 아이는 일단 놀란 다음, 선물상자일 때는 기쁨을 느끼고 분리수거를 하기 위한 쓰레기통이라면 실망을 느낀다. 따라서 놀라움은 예상보다 큰 자극에 생기는 감정이고, 그 후 세부적인 상황 판단을 거쳐서 나쁜 것이라면 공포, 분노, 역겨움 같은 부정적인 감정과 연결되고, 별 것이 아니라는 것을 알면 중성적인 감정과 연결되고, 좋은 것이라면 기쁨, 반가움 같은 긍정적인 감정과 연결된다. 그 결과 놀라움은 번개가 천둥을 불러내듯 후속감정을 불러내는 전구감정前驅感情의 역할을 하며, 독립적으로 나타나기보다 놀라면서 화내거나 놀라면서 기뻐하는 혼합 상태로 관찰되는 경우가 많다. 가장 흔한 것은 놀라면서 두려워하는 것이다.

#2 놀라움의 종류

누군가 갑자기 옆구리를 쿡 찌르면 '앗, 깜짝이야!' 하면서 몸을 움찔거리며 화들짝 놀란다. 이것은 깜짝 놀라는 것startle이며, 느끼거나 이해하기도 전에 몸이 먼저 반응하기 때문에 감정이라기보다 반사작용에 가깝다. 반면에, 등산을 하는 도중 멧돼지를 발견하고 '아이쿠, 이런!' 하고 놀라는 것은 놀라움surprise이며, 대상에 대한 정보를 접수하고 해석한 뒤 나타나기 때문에 감정이라고 할 수 있다. 그렇긴 하나, 둘 다 사진작가들조차 그 찰나를 포착해서 찍기가 어려울 정도로 순식간에 나타났다 사라지는 특징이 있다. 왜 놀라움은 이토록 빨리 나타났다 번개처럼 사라질까? 정확한 이유는 알 수 없지만, 놀라서 마비되는 시간이 길수록 생존에 불리하기 때문에 재빨리 기쁨이나 공포 같은 감정으로 옮겨 가서 신속한 대처를 하기 위한 것이 아닐까 추측된다. 그러니까 다른 사람이 충분히 보고 느낄 정도로 놀라는 표정을 긴 시간에 걸쳐서 짓는 것은 실제로 놀라움을 느끼지는 않지만 '내가 이 사건에 대해서 놀라고 있다는 것을 표현합니다.' 하는 사회적인 제스처라고 할 수 있다.

#3 놀라움과 두려움의 차이

놀라움 다음에는 통상 두려움이 오고, 두 표정은 섞이기 때문에 양자를 구분하는 것이 어렵긴 하다. 그럼에도 불구하고 가끔 구분할 필요가 있다. 만약 놀라기만 했을 뿐 그다음 순간 평정을 되찾은 사람을 무서워하는 사람으로 오인한다면 대화가 잘 진행될까? 차이는 이러하다. 놀랄 때는 이마에 전체적으로 주름이 잡히는 반면, 두려울 때는 미간 위의 이마에만 주름이 부분적으로 잡힌다. 또한 놀랄 때는 눈꺼풀이나 눈썹에 힘이 들어가지 않고 번쩍 들리기만 하고 입이 아래로 딱 벌어지는 반면, 두려울 때는 눈꺼풀이나 눈썹에 힘이 들어가서 꿈틀거리고 뒤틀리며 입꼬리를 뒤로 당겨서 입이 가로로 늘어난다. 만약 놀라다가 두려워하면 입을 아래로 헤벌렸다가 곧장 뒤로 당기기 때문에 입 모양이 원형에서 사각형으로 바뀐다.

얼굴 붉힘

"부끄러워요."

다른 사람에게 비난을 받으면 그 사람의 두뇌는 '저 사람이 나의 행동을 고치라고 하는 것이지 죽이려고 하지는 않는구나.' 하고 인식하지만, 그 사람의 신체는 신석기 시대의 원시인과 다를 바 없이 '나는 공격받고 있다. 이 상황은 맞서 싸우거나 도망쳐야 하는 위기 상황이구나.' 하고 판단한다. 그 결과 인지적으로는 충분히 견딜 수 있는 상황이라고 판단했어도 신체적으로는 자동적으로 교감신경을 급격하게 활성화시키고 공격과 방어를 할 수 있도록 온몸에 혈액을 증가시키고 근육을 긴장시켜서 얼굴, 뺨, 귀, 목, 가슴의 피부가 붉게 물들고 심지어 땀까지 나게 한다. 특히 뺨처럼 노출 면적이 큰 피부가 빨갛게 물들고, 다른 사람의 눈에 쉽게 띈다. 그러면 사람들은 '저 사람이 부끄러워하는구나.' 하고 알아차린다.

Farber(1976)는 부끄러움의 이유를 수치shame와 죄책감guilt으로 나누기도 했는데, 여기서는 수줍음shyness에 의한 이유도 추가해서 다음과 같이 세 가지로 나누었다.

#1 수치에 의한 얼굴 붉힘

'내가 후배보다 못하다니!' 하면서 자신이 정해 놓은 성취 수준에 미달했다고 느끼거나, '다른 사람들이 나 보고 나잇값을 못한다고 할 거야.' 하면서 주변 사람의 기대 수준에 미치지 못했다고 판단하면 창피를 느낀다. 이때 얼굴을 붉히고 고개를 숙이면서 다른 사람들의 시선을 외면한다. 다른 사람이 자신을 얕본다고 여겨서 쉽게 자존심이 상하고, 일류가 되지 못해서 창피한 감정이 자주 드는 사람은 자기애적 성향이 강한 사람이어서 심리치료가 필요할 수 있다. 대개 과다하게 부풀린 기대를 현실에 맞게 조정하면 이런 현상이 사라지지만 결코 수월하다고 할 수 없는 심리치료 작업이다.

#2 죄책감에 의한 얼굴 붉힘

부모, 친지, 친구, 멘토처럼 자신에게 사랑을 베풀었던 사람들에게 보답은 커녕 못된 짓을 했거나 배신했을 때 도덕적으로 나쁜 사람이 된 것 같아서 뭔가 켕기는 느낌이 든다. 수치에 의한 얼굴 붉힘은 내가 못난 사람이라는 생각 때문이지만, 죄책감에 의한 얼굴 붉힘은 내가 나쁜 사람이라는 생각 때문이므로 서로 다르다. 이런 감정을 느끼는 것은 자연스러운 현상이지만, 경직된 도덕적 초자아가 행동을 검열하기 때문에 생기는 지나친 부끄러움은 병리적이다. 자신을 지나치게 나쁜 사람으로 볼 뿐만 아니라, 다른 사람의 잘못에 대해서도 지나치게 비판하기 때문이다. 정신분석학자인 Kristeva(1985)가 『사랑의 정신분석』라는 책에 말한 것처럼, 초자아가 생활에 유익한 역할을 하기보다 내부처형자inner executor가 되어서 자신과 타인을 해치는 도구로 변질된다. 이때는 초자아를 보편적인 수준으로 조절하는 치료가 필요하고, 적절한 수준에서 사과하고 보상하는 행동방식을 도입하면 이런 현상이 사라진다.

#3 수줍음에 의한 얼굴 붉힘

아이들은 엄마나 가족 이외의 사람이 나타나면 본능적으로 긴장하고 두려워한다. 게다가 낯선 사람과 좋지 않은 경험을 하면 성장해서도 여러 사람 앞에 서는 일이 무섭고 어렵다. 주변 사람에게 수용받지 못했던 경험, 특히 약점조차 수용받던 경험이 부족해서 남들이 자신의 행동을 주시하고 나쁘게 평가할 것이라는 부정적인 기대가 형성되고, 그 결과 다른 사람이 자신을 주시하면 긴장하면서 얼굴이 붉어진다. 흔히 낯가림이라고도 하지만, 심하면 대인공포증이나 무대공포증이 되기도 한다. 여러 사람의 우호적인 공감을 얻는 경험을 자주 하거나 체계적인 탈감법 systematic desensitization을 배워서 긴장감을 점차 누그러뜨려야 한다.

"화난다."

#1 분노의 표정
화났을 때는 얼굴에 네 가지 특징이 나타난다.

1. 눈은 화를 내면서 무섭게 정면을 노려본다.
2. 눈이 깜빡이지 않도록 상하 눈꺼풀에 힘을 준다.
3. 양 눈썹을 가운데로 찌푸려 모아서 미간에는 11자 모양의 세로 주름이 생긴다.
4. 입은 힘을 주고 꽉 다물거나, 위협조로 고함치면서 크게 벌린다.

분노하면 교감신경이 흥분하면서 동공이 팽창하고적을 정확히 관찰하거나 조준하기 위해서, 노려보는 눈매가 되며, 심장박동이 빨라지고 간의 포도당이 근육으로 급속히 전달되고 호흡량이 커져서 큰 운동량에 대비하며, 소화기관으로 가는 혈액이 줄고그 때문에 소화도 안 되고 속이 부글거림, 근육이외의 신진대사는 느려진다. 심지어 장기적으로 분노하면 면역체계에 사용하는 에너지도 빌려오기 때문에 그 결과 질병을 일으키기도 한다. 분노할 때는 아드레날린이라는 신경전달물질이 분비된다. 또한 장기적 스트레스에는 코르티솔이 분비되며 세로토닌 수치가 낮아진다. 이때 흥분과 쾌감을 관장하는 두파민이 높으며 공격이 더욱 활성화된다. 이 모든 것은 자신을 방해하는 대상에게 대비하여 단기간에 신체를 가장 강하게 활성화시키려는 것이므로, 신속하게 분노하는 능력은 고대로부터 요구되어 온 것이다. 특히 남성호르몬인 테스토스테론은 짝짓기 철에 암컷을 얻을 목적으로 수컷남자의 경우 15~25세에게 나타난다. 따라서 성과 공격성은 결합되어 있다.

분노 표정에 있어서 핵심이 되는 것은 눈이다. 눈동자와 눈둘레근에 힘을 주어서 눈을 고정시키는데, 이것은 눈을 깜빡이지 않고 좀 더 상대를 정확히 보고 공격하려는 조준행동이다. 신체 또한 앞서 말한 것처럼 상대의 타격을 받더라도 상처가 적게 나고 출혈이 감소하고 신속하고 강력하게 상대를 타격하기 위해서 모든 역량을 근육에 집결시키기 때문에 얼굴표정도 딱딱하게 굳고 창백하게 변한다.

#2 폭력의 전조가 되는 분노

분노는 폭력으로 이어지기 쉽다. 분노하는 사람이 폭력을 사용할지 안 할지 어떻게 판단할 수 있을까? 상대보다 자세를 낮추어서 허리를 조금 굽히고 머리를 약간 숙인 상태에서 눈을 위로 치뜨면서 팔꿈치를 올리면 곧바로 폭력을 사용하겠다는 의미다. 자신의 중요한 장기를 보호하면서 상대를 눈으로 조준하기 때문이다. 또한 겉으로 웃는 얼굴을 지어 보인다 하더라도 눈으로 조준행동을 하면서 거리를 좁히면 기습적으로 폭력을 사용하겠다는 의도를 가진 것이다. 반면에, 앞서 말한 네 가지 분노표정 중에서 한두 가지만 일부러 보여주는 사람은 공격행동을 할 가능성이 적다. 폭력을 사용할 만큼 화가 나지 않았을 때는 이처럼 분노의 부분 표정만 나타내며, 상대에게 의도적으로 이런 표정을 지어보이는 이유는 '나는 화가 났다. 내가 화를 내면 너에게도 이익이 될 것은 없으니 물러서라.' 하는 메시지를 전달해서 겁을 주어서 쫓으려는 의도가 있기 때문이다.

#3 분노의 강도와 종류

분노는 자신을 방해하거나 침해하는 대상에게 대항하는 행동이며, 찌증 → 분노 → 격분 → 분노폭발의 순으로 강도가 높아진다. 적개심은 '나는 노약자에게 무례한 사람에게는 언제든 화가 난다.'라고 하는 것처럼 현재는 화를 내고 있지 않더라도 어떤 대상에게 지속적으로 화를 낼 수 있는 경향성을 말하는 것이며, 감정이라기보다 태도에 가깝다. 원한 혹은 한恨은 자신보다 우월한 상대에게 시기심분노+부러움을 품었으나 보복에 대한 두려움이 커서 자신의 감정을 억압해 버린 결과 분노가 풀이 죽고 활기가 사라진 형태로 나타난 것이다. 화병hwa—byung은 잘 될 수 있었던 기회를 놓치고 불우해진 사람이 자신의 처지를 탄식하고 타인을 탓하고 질병의 형태로 분노와 억울함을 표현하는 형태다. 그 외 분노가 섞인 감정에는 시기부러움+분노, 질투애착+분노, 공격성분노+공격행동, 실망분노+혐오+슬픔이 있다. 분노는 순수한 형태도 있지만, 대부분 '방귀 뀐 사람이 성낸다.' 하는 속담처럼 다른 감정에 대한 방어감정이나 후속감정으로 나타날 때가 흔하다. 그래서 분노감정을 대할 때는 원래의 감정이 무엇인지 파악하여 대처할 필요가 있다.

#4 분노의 원인과 기능

분노는 위협혹은 방해에 대해서 방어혹은 공격하려고 급격히 에너지를 끌어 올리던 원시적인 방식이며, 가장 직접적인 원인은 신체상의 위해를 받을 때다. 그 후 분노는 모욕이나 불쾌한 언행을 받았을 때, 자기 영역·재산·명예를 침해받을 때 방어하는 쪽으로 확장되었고, 방해물을 공격하거나 제거할 때도 사용된다.

분노에도 좋은 점이 있을까? 어떤 사람들은 분노는 무조건 내지 말아야 한다고 가르치기도 하지만 사실 분노에는 생존에 유리한 순기능이 있다. 부당한 상황을 신속하게 바로잡고, 자존심을 지키고, 소중한 것들가족, 신념, 평화, 안전 등을 지키고, 범죄를 저지하고, 무례하거나 자신의 권리를 침범하는 상대방과 올바른 경계선을 확립할 수 있다. 따라서 분노가 반드시 파괴적이라고 할 수는 없다.

그러나 분노에는 나쁜 점이 있다. 인간관계를 복구 불가능할 정도로 파괴하거나, 더 큰 보복을 부를 수 있고, 억지로 억압하면 심장병이나 고혈압 같은 의료적 문제를 일으키고, 폭력이나 범죄처럼 사회적인 문제를 일으키기도 한다. 특히 분노는 상대가 없어져 주기를 바라는 소망부터 살해하고 싶은 욕망까지 표현하기 때문에 분노 속에는 불가피하게 남을 해치려는 의도가 들어 있으며, 이것은 분노의 원시적 얼굴이다. 그렇기 때문에 분노는 잘 사용하면 매우 효율적인 감정인 반면에 오용하면 대단히 두렵고 위험한 감정이다. 따라서 분노를 적절히 조절하여 친사회적으로 내도록 하는 훈련이 필요하다.

"불쾌하다."

불쾌해서 이맛살을 찌푸리면 미간에는 11자 모양의 세로 주름이 나타나고, 미간 위 이마에는 그리스 문자 오메가Ω 모양이나 한자의 二자 모양의 주름이 나타난다. 이 주름은 이마 전체에 나타나는 것이 아니고 미간 위에만 부분적으로 나타난다. 그에 따라 눈도 세모꼴로 노려보는 모양, 즉 눈살을 찌푸린다.

불쾌해서 눈살이나 이맛살을 찌푸리는 것은 약한 분노의 표정이다. 일상생활에서 짜증이 나거나 좀 거슬리는 상황에 부딪혔을 때다. 예를 들어, 퇴근하려는데 예정에 없던 업무가 생기거나, 불편한 사람이 자꾸 말을 시킬 때처럼 썩 내키지 않은 일인데도 평소보다 노력을 더 많이 하거나 더 신경은 써야 할 때 마음에서 저항이 올라오고 불쾌해진다. 집중해서 처리해야 하기 때문에 미간의 주름을 11자로 모으고, 싫은 느낌 때문에 눈과 이마를 찌푸린다. 따라서 정신집중에 불쾌감이 섞인 상태다.

Ekman(2003)은 이맛살을 '불만 근육'이라고 이름 붙였는데, 낯설거나 내키지 않거나 불쾌하거나 신경 쓰이는 것을 보았을 때 이 근육이 나타나기 때문이다.

그런데 습관적으로 얼굴을 찌푸리면 이마에 영구적으로 주름살이 생긴다. 젊은 나이인데도 미간 위에 부분적인 주름살이 생긴 사람은 남보다 스트레스를 많이 겪은 사람이다. 이런 사람들은 상습적으로 분노와 짜증을 표현하는 성격이 좋지 못한 사람일 수도 있고, 장기간 힘든 시간을 인내하면서 훌륭한 기술을 습득한 한 분야의 명인이거나 크고 복잡한 과업을 감당하는 경영자일 수도 있다.

표정 12 노려보며 입 다물기 / 얼굴 일그러뜨리기

"참는다, 참아!"

화가 났지만 남들이 알아보지 못하게 할 때는 무표정한 척하기, 입은 웃지만 눈으로는 은은히 노기를 띠기 등 여러 가지 방법이 있다_{눈썹과 눈 5} 참조. 그런데 남들이 알아보도록 화를 내지만 일단 참고 있는 표정에는 다음과 같은 것이 있다.

#1 입을 다물고 정색하거나 노려보기

눈매가 굳어지면서 입술을 ㅡ자로 다물면 흔히 말하는 '웃음기가 가신 표정'이 된다. 이것은 미세표정의 일종이므로 후속감정이나 추가 정보가 없으면 함부로 어떠하다고 단정하기 어렵고, 다만 다음처럼 몇 가지로 나누어 의도를 추측할 수 있다.

✕ 분노

대화하는 도중에 말수가 줄어들고 급기야 입을 다물고 얼굴에도 웃음기가 가시면 화가 났다는 것이다. 처음에는 무표정 같아서 화가 난 줄 모르기 쉽다. 그러나 자세히 보면 정색했을 뿐만 아니라 눈을 깜빡이지 않고 응시하는 조준행동을 하기 때문에 단순한 무표정이 아니라 속이 상해서 그런다는 것을 알 수 있다. 왜 화를 참을까? 상대의 보복이 두렵거나, 더 이상의 자극이 오지 않는 한 자제하려는 것이다. 이쯤 되면 상대방이 눈치 채고 더 이상의 도발을 하지 않는 편이 좋다.

✕ 심사숙고

무언가 골똘히 생각하는 중이다. 이때는 시선이 정면을 향하고 약간 멍한 듯하다.

습관적으로 이런 표정을 짓는 사람도 있다. 이런 사람은 심한 스트레스를 견디느라 자신도 모르는 사이에 표정이 딱딱해진다.

#2   얼굴 일그러뜨리기

화가 나서 얼굴을 일그러뜨리면 상대방을 공격하고 싶은 욕망을 자기 얼굴에 투사한 것이다. 상대방에게 직접 폭력을 가할 수 없어서 자기 얼굴을 비틀었는데, 상대방을 이렇게 비틀어 버리고 싶다는 표현이며, 체면 따위는 벗어 버리고 노골적으로 상대방을 멸시하고 눌러 버리는 태도다. '소리 안 나는 총이 있다고 쏘고 싶다. 아휴, 주먹이 운다. 울어!' 하는 말을 하는 것이나 마찬가지다. 만약 기회만 있다면 폭력을 행사했을 것이다.

"싫다, 싫어!"

사람들은 더럽거나 징그럽거나 끔찍하거나 역겨운 것을 보았을 때 혐오嫌惡의 감정을 느낀다. 혐오는 미움, 싫음, 역겨움, 증오와 거의 같은 말이다. 사람들은 토할 것처럼 역겨운 것을 경험할 때 어떤 표정을 지을까? 코와 윗입술을 찡그린다. 이 표정은 상한 음식의 맛과 냄새에 코와 입을 치켜들고 피하는 동작에서 기원했다. 코와 입을 치켜드느라 뺨도 올라가고 눈살도 찌푸리게 된다. 눈살을 찌푸리는 점에서 분노의 표정과 비슷하지만, 혐오표정을 지을 때는 코와 입술을 들어 올릴 뿐 노려보지는 않는다. 그러나 혐오표정을 지으면서도 노려본다거나, 윗입술을 수평선 이상으로 들어 올려서 치아가 드러날 정도면 분노가 섞였다.

또한 상대방이 잘 모르게 짓는 부분적인 혐오표정도 있다. 눈이나 뺨을 보아서는 도저히 내심을 알 수 없지만 윗입술을 살짝 올리면 '아, 싫다.' 하고 거부하는 중이다. 윗입술이 많이 올라갈수록 혐오가 강하다. 왜 혐오표정을 은폐할까? 내심을 드러내고 싶지 않기도 하고 상대방의 보복을 피하고 싶기도 해서다.

혐오표정은 위생에 위배되는 물질더럽거나 상한 음식물, 인체분비물, 나쁜 맛 악취 등을 거부할 때 나타지만, 점차 범위가 확대되면서 접촉하기 싫은 대상, 함께 하기 싫은 사람에 대해서도 나타나고, 도덕적으로 역겨운 행동에 대해서도 나타나게 되었다. 혐오를 느낄 때 혐오 대상의 힘이 센데다가 피할 수도 없으면 불안이나 공포를 느끼고 강박증을 앓기도 하지만 대부분의 사람들은 신체적·정신적 위생을 지키기 위해서 회피하는 행동을 한다. 그러나 자신의 힘이 더 강하면 경멸하거나 공격해서 제거하려는 적극적인 행동을 한다.

혐오는 애착의 반대 감정이다. 만약 친구, 배우자, 가족, 동업자처럼 두터운 애정으로 연결되어야 할 사람들 사이에서 혐오표정이 니디나면 조만간 헤어질 것이 틀림없다. 왜냐하면 이때의 혐오표정은 코와 입이 특정한 음식물을 체내에 받아들이지 않겠다는 표현의 연장이기 때문에 비록 배우자라 하더라도 이런 표정을 지으면 '나는 더 이상 당신을 가까운 거리에 두고 볼 수 없어요. 당신과 신체적인 접촉은커녕 옷깃조차 스치기 싫군요.' 하는 의미이기 때문이다.

손은 얼굴 다음으로 감정을 많이 표현한다. Ekman(2003)에 따르면, 손동작을 세 가지로 분류할 수 있다. 첫째, 각 문화권에서 관습화된 상징emblem으로서의 손동작이다. 예를 들어, 유럽 사람들은 자국 축구팀이 슈팅했지만 골을 못 넣었을 때 두 손을 머리에 얹고 '아!' 하고 실망한다. 그러나 우리나라 사람들은 '아!' 하면서 몸을 앞으로 기울인다. 둘째, 자신의 말을 설명하기 위한 보조설명자illustrator다. 예를 들어, '점점 더 형편이 좋아졌어.'라고 하면서 한 손을 점점 더 치켜들거나, '내가 잡은 물고기가 이만큼 컸지.' 하면서 두 손을 벌리고 구간표시를 한다. 이것은 그 문화에서 공통으로 사용하는 것도 있고, 그 사람만 독창적으로 사용하는 것도 있어서 대단히 다양하다. 특히

Morris(1991)는 대화할 때 보조수단으로 사용하는 손 모양을 수십 가지로 분류하여 설명하기도 했다. 셋째, 자신의 말을 강조하는 구두점 찍기punctuator다. 예를 들어, 손가락으로 허공에 점을 찍으면서 '정말 중요한 점은 ……다.'라고 하면 글쓰기를 할 때 그 단어에 방점을 찍는 것처럼 특정한 단어를 강조하는 효과를 얻을 수 있다.

앞서 설명한 Ekman이나 Morris 등의 분류에 들어가지 않는 여러 가지 손동작들도 있다. 예를 들어, 자신을 안는 자기위로self-consolement의 손동작이나 옷의 보풀을 뜯고 먼지를 털면서 지루함을 완화시키는 중화neutralization의 손동작 등이다. 또한 마치 배우가 무언극을 하듯, 손동작만으로 자신의 심리적 상태를 표현하는 행동들도 있다. 이 장에서는 대표적인 손동작 70개를 살펴본다.

손1 엄지 세우기

"최고야!"

우리나라 사람이라면 엄지손가락을 세우며 '따봉!' '짱!' '최고!' 하고 외치는 동작에 익숙할 것이다. 이 동작은 원래 구미 문화권에서 전래되었으며, 다음과 같은 뜻이 있다.

#1 엄지 척하기
두 말 할 필요 없이 '일등이다.' '잘한다!' '우리가 이겼다.' '환영한다.' '허가한다.' 등의 뜻이다.

#2 대화 중 엄지 올리기
이야기를 하다가 자신도 모르게 엄지를 슬며시 위로 올리면, '내가 이길 것 같은데.' 혹은 '내가 당신보다는 낫지. 이 상황은 이제 내가 주도하면 되겠는걸.' 하는 우월감 때문이다. 자신도 모르는 사이에 그러는 경우가 많으므로 관찰자가 오히려 유심히 보아야 한다.

#3 문화권에 따라 다른 의미
중동에서는 성기나 음란한 동작을 의미하고, 호주에서는 '당신은 너무 무례해. 상대하지 않겠어.' 혹은 '내 눈앞에서 꺼지라고!'라는 의미다. 고대 로마에서는 엄지를 세우면 '검투사를 살려두라.'를, 엄지를 아래로 내리면 '검투사를 죽여라.'를 의미했다. 하지만 현대에는 운동장에서 야유를 보낼 때 이외에는 엄지를 아래로 내리는 행동을 사용할 일이 거의 없다.

엄지로 사람 가리키기

"쟤 말이야…."

#1 엄지로 사람 가리키기

'저기 저 사람 말이야.' 하면서 엄지로 사람을 가리키면 상대방을 가볍게 취급하는 것이며, 무시와 조롱의 의도가 있다. 또한 자신이 그럴 정도로 권위가 있다고 과시하는 것이어서 상대방이 보기에도 그리 유쾌하지 않다. 다만 집게손가락으로 가리키려니 무례하고 한 손으로 가리키려니 너무 정중해서 친근한 분위기를 만들려고 그러는 것이라면 악의가 없다고 할 수 있다.

#2 엄지로 사람 소개하기

엄지로 누군가를 가리키며 '저 사람은 여기서 이거야.'라고 하면 그 사람의 서열이 최고로 높다고 알려 주는 표시이며, 간혹 그 사람이 남들과 상당히 다른 괴짜라는 뜻으로 엄지를 들어 보이기도 한다. 후자의 경우, 엄지가 나머지 네 개의 손가락과 조금 동떨어져 있듯 그 사람도 다른 사람과 비교하여 조금 괴상한 면모가 있다는 뜻이다.

손 3 │ 상대의 가슴에 손대기

"우린 사랑하는 사이예요!"

남녀 사이에 서로 깊은 애정을 느끼거나 여러 사람 앞에서 연인 사이라는 것을 표현하고 싶을 때, 여자가 남자의 가슴에 손을 댄다. 이 동작은 결혼을 앞둔 남녀나 오랫동안 함께 살아온 부부 사이에서 볼 수 있다.

그런데 여성은 남성의 어느 쪽 가슴에 손을 댈까? 대부분 왼쪽 가슴이다. 이 사진에서 볼 수 있듯 여성이 남성의 오른편에 서서 왼쪽 가슴에 손을 댄다. 여기서 한 가지 재미있는 사실은 부부거나 연인 사이일 때, 남성은 대체로 여성을 자신의 오른쪽에 있게 한다는 것이다. 침대에서 잠을 자는 위치도 여성이 남성의 오른쪽인 경우가 대부분이다. 그 이유는 남성이 오른팔로 여성을 보호하거나 접촉하기가 쉽기 때문이다.

왜 여성은 남성의 오른편에 서서 남성의 왼쪽 가슴에 손을 댈까? 왼쪽 가슴은 심장이 있는 곳이고, 심장은 한 칼에 치명상을 입을 수 있는 중요한 기관이어서 남자가 자신의 심장에 손을 대도록 허용할 사람은 정말 믿고 사랑하는 사람뿐이다. 따라서 남성의 왼쪽 가슴에 손을 대는 여성은 어느 누구도 함부로 손을 댈 수 없는 곳에 손을 댐으로써 '나는 이 남자에 대해서 완전하고 독점적인 지위를 가진 여자다.'라는 메시지를 표현하는 것이고, 남성은 그 손길을 허용함으로써 '이 여자는 내가 가장 신뢰하는 사람이다.'라는 의미를 나타내는 것이다. 또한 여러 사람이 모여서 얘기할 때, 어떤 여성이 말을 끝마치거나 혹은 한 단위의 동작을 끝낸 직후, 습관적으로 특정한 남성 쪽을 매우 짧은 시간 동안 남이 눈치 채지 못할 정도로 바라보는 것은 그 남성의 가슴에 손을 대는 동작과 같다. 심정적인 의존과 지지를 바라기 때문인데, 대략 사내 비밀연애를 하거나, 연인이거나, 매우 허물없는 사이일 때가 많다.

하지만 이 동작에도 예외가 있다. 비록 사랑하는 사이라 하더라도 가끔 여성이 남성의 지나친 접근을 피하고 싶을 때, 남성의 가슴에 손을 대서 밀 듯 누르는 것은 상대를 떼어내고 거리를 두려는 것이다.

손 4 손바닥을 자기 가슴에 대기

"진심입니다."

#1 **관습적인 자세**

　사람들은 신에게 경배할 때나 국기에 대한 경례를 할 때 경의와 충성을 표현하는 의미로 심장에 손을 댄다. 예부터 심장은 마음이 깃드는 곳이라고 믿었기 때문이다. 또한 너무 놀랐거나 가슴에 통증이 있을 때, 그리고 속이 상할 때 가슴에 손을 댄다. 심장을 진정시키려는 것이다.

여성일 경우 블라우스 윗부분을 여미기 위해서, 또는 '저는 단정하고 정숙한 여성이에요.'라는 의미로 가슴에 손을 대기도 한다. 이런 것들은 관습적으로 흔히 하는 동작이다.

#2 가슴에 댄 손을 보여 주기

손을 가슴에 댔다가 뒤집으면서 상대에게 보여 주면 '이것이 저의 진심입니다. 마음을 꺼내서 보여 드릴 수는 없지만 그 대신 가슴에 댔던 이 손을 보여 드립니다. 저는 하나도 숨김없고 솔직합니다.'라는 뜻이다. 손을 가슴 부근에 대지 않고 접근시켰다가 뒤집어 보여도 마찬가지다. 가슴에 손을 대는 시간이 길수록 그리고 강하게 댈수록 진심을 표현하려는 열정이 크다. 듣는 사람도 진심이거나 감동을 느낄 때는 가슴에 손을 대거나 두 손을 가슴에 모은다. 때에 따라서는 상대방에게 손바닥을 보여 준 후 그 손을 가슴에 대는데, '당신의 말을 진지하게 내 가슴에 받아들입니다.'라는 뜻이다.

그런데 가슴에 손을 대면 모두 진심일까? 아니다. 사기꾼도 이런 동작을 자주 사용한다. 만일 어떤 사람이 객관적인 증거를 제시하지 않고 이런 동작을 반복하면서 '나를 무조건 그리고 한 번만 믿어 주세요.'라고 할수록 거짓말일 가능성이 높다. 또한 가슴에 손을 댄다 하더라도 손을 뒤집지 않고 손등을 상대방 앞으로 내밀면 '저는 제 입장을 비교적 솔직하게 당신에게 전달합니다. 그러나 당신과 나 사이에는 일정한 거리가 있습니다. 지금 내가 하는 얘기는 객관적이고 공식적입니다. 깊고 사적인 심정까지 보이고 싶지는 않습니다.'라는 의미다.

손 5 두 손 맞잡고 하복부 가리기

"겸손하게 행동하겠습니다."

두 손을 맞잡고 하복부를 가리는 동작에는 두 가지 의미가 있다.

#1 공수자세

두 손을 맞잡으면 신체가 축소된다. 상위권자 앞에서 예의를 차리느라 그럴 수도 있고, 성격이 겸손해서 습관적으로 그럴 수도 있다. 예절 때문이라면 상대방도 신체를 확장하는 서열 상위자의 자세를 취할 테니, 쌍방을 동시에 관찰하면 확인할 수 있다. 예를 들어, 입시면접을 하는 사람은 공수자세를 하고, 면접관은 어깨를 펴고 의자의 팔걸이를 잡는다. 비록 자신이 직급이 더 높아도 성격이 원래 겸손하여 공수자세를 했다면, 주변 사람을 존중하겠다는 표현을 한 것이다. 전체적으로 보아서 공수자세를 한 사람은 앞으로 유순한 태도를 보이겠다는 예약을 한 셈이다.

#2 두 손으로 하복부 가림

사람들은 창피할 때 고개를 숙이고 어깨를 움츠리고 두 손으로 자신의 하복부를 가린다. 왜 하필 그곳을 가리는가? 약점이 노출될 것 같으면 그것을 감추어야지. 왜 관계없는 하복부를 가릴까? 하복부는 모든 창피한 경험을 일반화 내지 상징할 수 있는 부위이기 때문에 부끄러울 때 이곳을 가리는 것으로 창피를 표현할 수 있기 때문이다. 또한 성적인 열등감이 있거나 성적인 추문에 연루된 사람들이 무의식적으로 이런 자세를 취하기도 한다. 이때는 상징적인 동작이 아니라, 바로 그 부위를 가린 셈이다. 서양에서는 아담이 에덴동산에서 자신의 하복부를 가리려 했던 '무화과 잎 자세(fig leaf posture)'라고 한다.

손칼로 내려치기

"이걸로 하자!"

#1 손칼로 내려치기

대화나 연설을 하는 도중에 손을 수직으로 세워서 내리치거나 허공을 여러 차례 썰면 상대방의 의견을 자르고 결론을 내리겠다는 의미다. 이처럼 강경한 태도를 보이면 다른 의견을 제시하기 어렵다. 특히 지도자가 이런 동작을 하면 '자, 이제 결론을 내겠습니다. 여기서 토론은 멈춰 주십시오.'라는 뜻이다. 특별히 반대할 만한 결정적인 증거가 없는 이상 반대해 봐도 소용이 없다. 일단 그 사람의 결론을 들어본 후, 소폭으로 수정하는 것이 낫다.

#2 손으로 헤엄치기

두 손을 모은 후 마치 헤엄치듯 바깥쪽으로 밀어제치는 시늉을 하면 '나는 어떤 반대를 받더라도 헤치고 나아가겠습니다.'라는 뜻이다. 여러 사람이 형성한 여론의 물결을 거스르더라도 자신의 주장을 고수하겠다는 의지를 보여 준 것이다. 그러므로 손칼 동작을 하든 손 헤엄 동작을 하든 다른 사람의 의견을 무시하고라도 자신의 길을 가겠다는 것이다.

손바닥으로 덮고 누르기

"자, 자, 그만!"

#1 손으로 내려 누르기

손바닥을 아래로 하고 무언가를 덮는 동작을 하는 것은 '자, 자, 그만하라고! 더 이상 그걸 들춰 내지마.'라고 강제로 은폐하려는 것이다. 이런 동작을 사용한다는 자체가 자신에게 불리한 면이 있다는 증거이기도 하고, 실제로 그런 일이 있었다는 반증이기도 하다. 의도를 세분하면 다음과 같다.

- "모두 입을 다물고 내 말대로 해."통제
- "이제 그 일은 그만 얘기하지."은폐
- "이건 나의 전문 분야고 내가 알아서 하는 일이니 나서지 마."제지

#2 손으로 바둑 두기

마치 바둑을 두듯 손으로 툭툭 내리누르면서 무언가 위치를 잡아주는 듯한 동작을 하면 '내가 이 상황을 좌지우지하는 힘이 있어. 모든 게 내 손안에 있지.' 하는 우월감을 표현한다. 알고 보면 이 사람이 그 일에 대해서 모든 내막을 알고 상황을 결정하는 실력자다.

#3 **타인의 머리 위로 손들기**

　　고대의 제사장들이 신의 권위로 축복할 때 손을 치켜들면 손아래 있는 모든 사람을 포함한다. 정치인이나 인기인이 머리를 숙여서 인사하는 대신 손을 높이 들거나 머리 위에서 내리덮는 동작으로 인사하는 것은 자신이 상위자라는 의미다. 윗사람은 이런 인사를 할 수 있어도 아랫사람은 이렇게 할 수 없다.

손(주먹) 하이파이브

"해냈다!"

이 동작은 포옹이나 악수 혹은 손으로 어깨를 두드리며 격려하던 동작을 간편하게 바꾼 것이며, 짧은 시간에 많은 사람들과 접촉할 수 있어서 선호된다.

#1 단결의 하이파이브
경기에서 승리한 팀원들끼리, 입찰에 성공한 부서원들끼리, 동지의식을 바탕으로 신뢰하고 일치할 때, 서로 협조가 잘되었을 때 사용한다. 때로 남자들은 주먹을 마주 대기도 하는데, 서로 남성성을 인정해 주면서 우정을 확인할 때다.

#2 즐거운 하이파이브
좋아하는 사람을 만나서 반갑다는 표시로, 농담을 잘 받아주어서 유쾌할 때 '짝' 소리가 나도록 손을 마주치면 경쾌한 소리도 만들 수 있고 즐겁게 만나는 기쁨도 얻을 수 있다.

탑 모양의 손

"내 손안에 있소이다."

#1 탑 모양으로 손을 세우기

팔꿈치와 손을 탑처럼 만들어서 상승감과 우월감을 표현했다. 상대의 눈앞에 손을 들어 보이면 '내가 이 손으로 그 일을 결정할 수 있고 당신에게도 영향을 줄 수 있다.'라는 권력감을, 중요한 물건을 손안에 가지고 있다가 공개하기 직전 같은 자세로 자신의 손안에 해결책이 들어있다는 유능감을 표현한다. 탑 모양 대신 합장한 손을 턱밑까지 올려도 마찬가지다. 이때 자신감의 다른 표현들—자신 있는 미소, 당당하게 편 어깨, 권위적인 말투 등—도 유의해서 살펴보아야 한다. 머리나 어깨를 뒤로 젖히거나 눈을 내려까는 표정을 하면 자신감 정도가 아니라 아예 오만한 태도에 도달했고, 손을 무릎 사이로 내린 후 안절부절못하는 표정으로 열 손가락을 탁탁 부딪치면 초조하다.

#2 탑 모양의 손을 앞으로 내밀기

탑 모양의 손을 앞으로 내밀면 자신과 상대방 사이에 거리를 좀 더 띄기 위해서다. 게다가 열 개의 손끝을 톡톡 부딪치면 '나는 이 문제를 처리할 능력이 있지만 어디까지 개입할지 생각해 보고 그 후 당신과 말하고 싶다.'라는 뜻이다.

깍지 낀 손 세우기

"나는 조용하지만 실력자라고."

#1 깍지 낀 손을 세우기

깍지 낀 손을 책상 위에 세우면 자신감과 겸손을 동시에 표현한다. 책상에 팔꿈치를 견고하게 받치고 두 손을 탑 모양으로 만들어서 우월감을 표현했지만 그와 동시에 손을 모으고 턱을 받치고 얼굴을 가리면서 신체를 축소하고 방어했기 때문이다. 그래서 이 자세는 좌절된 감정을 표현하기도 한다(Nierenberg & Calero, 1973). 이 자세는 우월감을 표현하는 탑 모양의 손손 9 참조과 수치를 표현하는 무화과 잎 손손 5 참조의 중간쯤 되는 자세다.
특히 내향적인 실력자들이 '나는 쓸데없이 우쭐거리지는 않겠지만, 필요하다면 제 능력을 사용하겠습니다. 가만히 있다고 무능

하지 않습니다. 보다시피 저는 고개를 숙이지 않으니까요.' 할 때 잘 사용한다. 좀 더 세부적으로 살펴보면 다음과 같다.

• 손으로 얼굴을 많이 가릴수록 방어적이고, 손의 위치가 높을수록 상대방에 대해서 부정적이다.
• 깍지 낀 손으로 턱이나 수염을 만지면 의심하는 중이다.
• 깍지 낀 손으로 입을 누르거나 가리면 말이나 감정을 억제한다.
• 깍지 낀 손의 엄지손가락을 올리면 자신감을 표현한다.

#2 깍지 낀 손을 무릎에 내려놓기

두 손을 모아서 무릎 위에 놓으면 '면접자세손 5 참조'가 된다. 공손하게 보이려고 신체를 축소했기 때문이다. 어떤 사람은 두 주먹을 무릎에 얹고 허리를 펴고 앉는데, 심사위원을 태권도장의 관장으로, 자신은 씩씩한 관원으로 나타나고 싶은 것이다.

그런데 대화 도중에 깍지 낀 손을 세웠다가 무릎 위에 내려놓으면 무슨 의미일까? 기분이 가라앉았기 때문이며, 무언가 행동에 옮기려다가 그만둔다는 의미다.

이때 재미있는 곁다리 지식이 있다. 깍지 낄 때 오른손 엄지가 위에 있으면 좌뇌형 사람이어서 현실적이고 조직적이며, 왼손 엄지가 위에 있으면 우뇌형 사람이어서 미래지향적이고 직관적이라는 것이다. 흥미롭긴 하지만 확실한 근거는 없다.

"내가 너보다 윗사람이야."

#1 연장자의 손 노출 피하기

동양이든 서양이든 상위권자는 소매가 긴 옷, 장갑, 모자, 선글라스, 진한 화장이나 장식으로 자신의 피부를 적게 노출하고, 하위권자는 더 많이 노출한다. 피부를 적게 노출하는 것은 '내가 당신보다 더 어른이야. 점잖게 있고 싶군.' 하는 우월감의 표시다. 따라서 호주머니에 손을 넣거나 뒷짐을 지고 자신의 손을 노출하지 않는 것도 자신이 상대보다 나이나 권위가 많다는 표현이다. 하지만 이 사진처럼 호주머니에 손을 넣고 악수하는 것은 동서양을 막론하고 무례한 태도다.

#2 싫은 상대에게 손 숨기기

일반적으로 테이블 밑이나 핸드백 뒤에 손을 놓아서 상대가 볼 수 없게 하면 '당신이 나를 관찰하는 게 싫어.'라는 의미다. 과연 그런지 확인하려면 눈 접촉을 기피하는지, 거리를 많이 두는지 등 다른 동작과 함께 살펴볼 필요가 있다.

손 12 양손 벌려 안으려 하기

"다 내게로 오라."

다른 사람을 향해서 두 손을 벌리는 동작에는 다음과 같은 자세들이
있다.

#1 지배하려는 자세

이 사진처럼 양손을 펴들고 당당한 표정을 지으면 '내가 이 이 상황을 관리하겠다.'라는 지배욕을 나타낸다. 얼핏 보면 안으려는 자세와 비슷하다. 그러나 안는 자세가 손을 앞으로 내밀며 상대를 들어올리려는 데 비해, 이 자세는 가슴을 펴고 상대방에게 자신을 전시하는 태도를 취한다. 좀 더 노골적으로 양손을 펴들고 '보아라! 나다!'라고 자신을 현시하기도 한다. 만약 토론 중에 누군가 여러 의견을 가진 사람들을 자신의 손안에 가두는 듯 양손을 펴들면 자신이 이 상황을 주도하겠다는 뜻이다.

#2 안으려는 자세

양팔 넓이로 손을 수직으로 펴들고 내밀면 엄마가 아기를 안으려는 동작이 된다. 이 동작이 일반화되면서 종교 지도자나 정치가가 애정과 관용의 태도를 나타낼 때 쓰기 시작했다. 따라서 대화 중에 동정이나 애정의 얼굴빛을 띠면서 안으려는 자세를 하면 상대방의 입장을 이해하고 비용을 부담하거나 힘든 일을 대신해 주려는 것이다.

#3 애원, 포옹, 요청 자세의 차이점

셋 다 손을 앞으로 내민다. 그러나 애원하는 자세는 손끝을 구부려 상대에게 매달리려 하고, 안는 자세는 손을 수직으로 펴서 상대를 들어 올리려 하고, 요청하는 자세손 14 참조는 손을 수평으로 펴서 물건을 얻는 흉내를 낸다.

두 손으로 넓이나 구간 표시

"그게 이런 범위입니다."

#1 양손으로 크기 표시를 하기

말하는 사람이 두 손을 넓게 벌릴수록 규모가 크다. '큰 틀에서 말하자면' '개론적으로 말하자면' '존재는 알지만 크기는 아직 잘 몰라요.'라는 의미다. 즉, 자기 자신도 명확하게 알지 못하고 개략적으로 말한다. 만약 '크다'고 말하면서 두 손을 좁게 벌리면 어느 쪽이 사실일까? 손의 표현이 사실일 가능성이 크다. 만약 '확실하고 분명하다.'라고 말하면서 양손을 넓게 벌리면 어떤 의미일까? 원칙을 분명하게 세웠다는 뜻이지 계획을 분명하게 세웠다는 뜻이 아니다. 두 손으로 범위 표시를 하다가 대화가 진행됨에 따라서 한 손으로 범위 표시를 하면손 63 참조 개론에서 각론으로 개념이 구체화되는 중이다.

#2 이쪽저쪽에 범위 표시하기

내담자가 '저는 이런 입장입니다.'라고 하면서 두 손으로 오른쪽에 범위 표시를 하고, '반대로 시어머니는 이런 말씀을 하십니다.'라고 하면서 왼쪽에 범위 표시를 하면 두 개의 범위 이쪽과 저쪽, 선과 악, 손해와 이익 등가 따로 존재한다는 뜻이다. 주로 자신이 선호하는 범주는 오른쪽에 싱정힌다. 대개 오른손잡이여서 오른쪽이 친숙하기도 하고, 관습적으로 오른쪽을 좋은 쪽으로 여기기 때문이다. 때로 상하서열적인 범주로 구간 표시를 하기도 하고, 여러 개의 구간 표시로 다중적인 범주를 표현하기도 한다. 만약 우왕좌왕하면서 혼란스러운 구간 표시를 하면, 소위 '빨래 개는 동작'을 하면 말하는 사람이 아직 생각을 제대로 정리하지 않았다는 의미다. 이때는 당황하여 그런 동작을 하는 중인지 거짓말하려고 그러는 중인지 유심히 살펴볼 필요가 있다.

#3 크기를 나타내는 자세

　　　낚시꾼이 양손을 벌려 보이면서 '내가 이만큼 큰 물고기를 잡았어.' 할 때처럼, 대화 내용에 나오는 어떤 물건의 크기, 높이, 수준, 범위, 구간을 표현한다. 이때 과거 사건을 회상할 때는 관찰자가 보아서 눈동자가 오른쪽에 있으면 그 물건에 대한 구간표시가 진실일 가능성이 높지만, 왼쪽에 있으면 거짓일 가능성이 높다_{눈 18 참조.}

손바닥 내밀기

"제 의견을 받아주세요."

#1 손바닥을 내밀어 보이기

상대방을 향해서 손바닥을 내보이면 '당신에게 이런 제안을 하고 싶군요.'라는 뜻이다. 이때 마치 손에 든 물건을 자세히 보여 주듯 손을 계속 펴들고 있으면 자신의 제안을 충분히 살펴보고 검토해 달라는 의미고, 손바닥을 흔들면서 말하면 자신의 제안을 꼭 받아달라는 강조의 의미다.

#2 물건을 받으려는 자세

물건을 받을 때처럼 손을 앞으로 내밀면 원하는 것을 얻고 싶다는 뜻이다. 아이들이 '과자를 주세요.' 하면서 두 손을 내밀거나 거지가 '한 푼 주세요.' 하면서 손을 내밀 때와 같다. 더 나아가서 상대방의 옷자락을 움켜잡고 빌 것처럼 손가락 끝을 구부리며 내밀면 절박하게 부탁한다. 이때는 목소리조차 애걸하는 어조다.

#3 방향을 지시하는 손동작

상대에게 손을 내민 후, 특정한 방향을 가리키면 정중하게 안내하겠다는 뜻이다. 만약 대화 도중에 이런 식의 동작을 하면 '내 생각에 당신이 이런 방향으로 움직이면 좋겠습니다.'라는 내심을 표현한다. 비록 언어로 분명하게 말하지 않았다 하더라도 자신이 원하는 목표를 밝힌 셈이다.

양손으로 물건을 전달하는 시늉

"인계합니다."

#1 물건을 전달하는 동작

마치 어떤 물건을 상대방에게 전달하는 것처럼 양손을 펴들고 앞으로 내밀면 '중요한 정보를 전달합니다.' '전달하고 싶은 내용은…' 혹은 '나는 이 직무를 당신에게 인계합니다.' 하는 뜻이다.

두 손으로 무겁고 큰 물건을 건네는 것 같은 시늉은 매우 정중한 태도다. 따라서 공식적으로 자신의 정보를 인계한다는 의전적인 의도를 강하게 표현한다. 따라서 상대방이 이런 자세와 함께 어떤 말을 하면 분명하게 듣거나 메모를 해 놓는 게 좋다. 나중에 흘려들었다고 하거나 기억이 나지 않는다고 하면 큰 오해를 살 수 있다.

#2 무거운 물건을 드는 동작

어깨 근육에 힘을 주면서 두 손으로 무겁고 큰 물건을 드는 시늉하면 '내가 어렵고 힘든 책임을 지고 있다.' 혹은 '내가 이렇게 큰일을 하는 중이다.' 하는 뜻이며, 자신의 고충이나 자부심을 표현하면서 상대방의 공감을 바라는 중이다. 이때는 격려나 칭찬을 해 주는 편이 좋다.

물건을 전달하는 동작과 물건을 드는 동작은 어떻게 구별할까? 물건을 전달하는 시늉을 할 때는 손을 앞으로 내밀고, 무거운 물건을 드는 시늉을 할 때는 아래에서 위로 들어올리는 시늉을 한다.

양 손바닥 펴들고 내보이기

"제발 믿어 주세요!"

#1 가슴을 펴고 두 손을 좌우로 펴 보이기

두 손을 양쪽으로 활짝 펴 보이면 '자, 보아라. 나는 아무것도 숨기는 것이 없다.' 하는 뜻이고, 가슴을 여는 것은 '내 마음을 공개해도 거리낌이 없다.' 라는 의미다. 인간관계에서 의심을 얻었거나 법률적으로 유죄의 혐의를 받았을 때 결백하다고 외치는 태도다. 이런 사람은 믿어도 될까? 그럴 수도 있고 아닐 수도 있다. 왜냐하면 이 동작은 얼마든지 조작할 수 있기 때문이다. 따라서 구체적인 증거 없이 결백하다는 말만 되풀이하거나 정서적으로만 호소하면 거짓일 가능성이 높다.

#2 두 손을 펴서 위로 올리기

고대로부터 항복하는 병사들이 무기가 없다는 뜻으로 두 손을 펴서 위로 올렸다. 이 동작이 일반화되어서 '미안해, 나 때문에 문제가 생겼다면 용서를 빌게.' 라는 굴복의 의미로 바뀌었다. 믿을 수 있을까? 일단 그렇다고 할 수 있다. 여러 사람 앞에서 자기 책임이 맞다는 시인 동작을 해서 이미 평판하락이라는 상당한 대가를 지불했기 때문이다.

손17 양손으로 자기를 안기

"내가 나를 안아 줘요."

두 손으로 자기를 안으면 어릴 때 부모가 안아 주던 동작을 재연한 것이다. 함께할 사람이 없어서 외로울 때, 지지해 주는 사람이 없어서 불안할 때, 좋은 일이 생겼지만 격려를 받거나 함께 기뻐할 사람이 없을 때, 그 사람의 내재화된 부모internalized parents가 나타나는 장면이며, 자기위로self-consolation 동작의 일종이다. 나약하거나 의존성이 많아서 그런 것일까? 아니다. 대인관계에서 자기 감정을 스스로 조절하는 꽤나 괜찮은 방법이다. 그 덕분에 물질중독약물, 알코올 등이나 충동적인 행동고함지르기, 성내기 등의 행동화에 빠지지 않는다.

유사한 동작으로는 머리·얼굴·입술·목·팔을 매만지거나 쓰다듬기, 어머니가 아기를 요람에 누이고 흔들 듯 자기 몸을 흔들기, 목 마사지하기, 허벅지 문지르기, 손가락 주무르기, 귀 쓰다듬기가 있다. 이러한 동작들은 어머니가 자신을 사랑으로 보살피던 몸의 기억에서 나온다.

양손 비비기

"저는 아부의 왕입니다요."

#1 굽실거리며 손을 살살 비비기

허리를 굽히고 두 손을 비비면 강자에게 굴복하면서 그와 동시에 무언가 얻기를 기대한다. 한 마디로 아부동작이다. 이 동작은 두 손을 모아서 공수拱手 → 두 손을 가슴 높이 올리기 → 두 손바닥을 비비기 단계로 강도가 높아진다. '저는 당신 앞에서 스스로 두 손을 묶어 놓습니다. 당신이 판단하고 주도하십시오.' 하는 의미다. 때로 한 손으로 다른 팔을 잡는데, 자신의 행동을 자제하고 상대에게 주도권을 준다는 뜻에서 손 비비기와 같다.

#2 손을 천천히 비비기

상인이 고객과 흥정할 때 두 손을 모아서 천천히 손을 비비면 예의를 표현하긴 하지만, 손안에 든 물건을 이리 저리 다루듯 머릿속으로 자신의 이익을 이리저리 계산하는 중이다. 반면에 누군가를 만날 때 빠르게 손을 비비면 반가운 마음에 빨리 접촉하고 싶다는 뜻이다.

뒷짐 지기

"나는 왕이다."

서양에서는 '왕의 자세'라 하고 우리나라에서는 '양반 자세'라고 하며, 다음처럼 여러 가지 형태가 있다.

#1 으스대며 뒷짐 지기

여러 사람이 일할 때 혼자 뒷짐을 지고 다니는 사람은 '나는 당신들과 같은 팀원이 아니라 감독이다.' 하는 신분을 표현한다. 손을 뒤로 감춘 것은 눈으로 감독하는 중이라는 의미다. 또한 부탁이나 청탁을 사전에 거절하겠다는 뜻도 있다. 고관은 별의별 요구를 하면서 다가오는 수많은 사람들에게 경계심을 갖고 있다. 그래서 '나는 당신과 악수하거나 접촉하지 않겠다. 불편한 접근을 삼가고 곤란한 청탁을 하지 말라.' 하는 의미로 손을 감춘다. 실제로 사람들은 뒷짐 진 사람에게 악수를 잘 청하지 않는다. 서양에서는 왕들에게 먼저 악수를 청할 수 없었고, 왕도 이런 자세를 취했기 때문에 여기서 '왕의 자세'라는 말이 나왔다.

#2 웃으며 뒷짐 지기

믿을 만한 사람들가족, 친구 등과 같이 있을 때 느긋한 태도로 뒷짐을 지면 '나는 이 사람들을 믿어. 나를 해칠 사람들이 아니거든.'이라는 뜻이다. 뒷짐을 질 때는 공격에 취약한 가슴과 배를 노출하는데, 이것은 주변 사람을 신뢰한다는 표시다. 반면, 낯선 사람들에게 둘러싸였거나 위험한 상황에 들어갔는데도 태연한 표정으로 뒷짐을 지면 '나는 겁이 안 나.'라는 용기의 표현이다. 만약 여성이 사랑스러운 표정을 지으면서 뒷짐을 지고 상체를 앞으로 내민다면? 마주보는 대상에게 애정을 표현하는 것이다.

#3 **뒷짐 진 손목을 꽉 잡기**
　　뒷짐을 질 때 등 뒤에서 한 손으로 다른 쪽 손목을 꽉 잡으면 상대방 몰래 분노, 수치, 좌절 같은 감정을 억제하는 중이다.

#4 **생각하며 뒷짐 지기**
　　무언가 골똘히 생각할 때 뒷짐을 지면 남에게 자신의 생각을 노출하고 싶지 않아서다. 마치 등 뒤로 물건을 감추듯 손을 등 뒤로 숨긴다. 따라서 대화하다가 손을 뒷짐 지는 자세로 바꾸면 자기만의 생각을 하는 중이다.

#5 **뒷짐 지고 어슬렁거리기**
　　천천히 걸으면서 경치를 감상하거나, 어슬렁거리며 시장의 물건을 구경할 때 사람들은 곧잘 뒷짐을 진다. 더 이상 손을 쓸 일이 없어서 '노동 끝, 휴식 중'이라는 의미로 손을 등 뒤에 얹어 놓았다.

손가락 글씨

"회피하고 싶어요."

#1 대화 중 손가락 글씨

대화 중에 손가락으로 무릎이나 책상에 글씨 쓰는 시늉을 하면 현재 다루는 주제를 회피하고 싶다는 뜻이다. 주제를 바꾸기 위해서 말로 '그런데' '그건 그렇고 말이야.' 하는 것과 같다. 손가락 대신 볼펜으로 낙서하면서 대화 내용을 잘 안 듣는 것도 마찬가지다.

#2 대화 중 손 만지기

한 손으로 다른 손으로 쓰다듬거나, 손가락을 만지거나, 손톱을 물어뜯는 것도 딴전을 피우는 태도다. 대화가 불편하거나 지루하지만 자리를 피할 수는 없을 때 회피도 하고 자기위로도 하기 위해서 이런 식으로 주의를 딴 곳으로 돌린다.

#3 반복 작업 중 손가락 글씨

수 년 동안 똑같은 조립라인에서 똑같은 작업을 하거나 같은 사무실에서 같은 일을 반복하는 사람은 따분함을 달래려고 물건의 표면에 손으로 글씨를 쓰듯 끄적거리거나, 볼펜을 돌리거나 , 책상을 톡톡 치거나, 다리를 떠는 상동동작常同動作을 한다. 이런 식으로 오랫동안 한 종류의 일을 반복한 사람에게는 독특한 버릇이나 습관화된 동작이 나타난다.

얼굴 만지기

"긴장되는군."

손으로 얼굴을 만질 때 손을 대는 부위에 따라 의미가 다르다.

#1 이마를 만지면 부정적인 사고

이마를 만지면 골치가 아프다 는 뜻이다. 해결책이 떠오르지 않아서 스 트레스를 느낄 때, 판단을 담당하는 전두 엽 부근을 매만지며 달랜다. 이때 '어떤 문제가 잘 풀리지 않으세요?' 하고 공감 하는 말을 건네면 서로 대화를 나눌 수 있다.

#2 눈, 코, 입, 뺨을 만지면 정서적인 긴장

긴장하면 혀와 입술이 마르고, 거짓말하면 코의 혈관이 팽창해서 간지럽 다. 부끄러우면 뺨이 빨개지고, 긴장하면 뺨이 굳는다. 피곤하면 눈이 침침해진다. 이 때 사람들은 얼굴의 해당 부위를 손으로 만져 서 정서적 긴장을 푼다. 그러므로 어느 대목에 서 어떤 부위를 만지는지 확인하면 무엇때문 에 긴장하는지 알 수 있다. 또한 대화할 때 얼 굴을 만지는 횟수가 증가하면 긴장이 심화되 는 중이다.

"악수에는 뜻이 참 많지요."

악수에는 여러 가지 종류가 있지만, 서열과 친교의 두 차원으로 이해하면 편리하다.

#1 서열과 관계있는 악수

✕ 맞잡는 악수

동등한 입장에서 하는 정상적인 악수며, 서로 엄지를 위로 향하고 손을 수직으로 한 상태에서 같은 힘과 속도로 흔든다. 친구, 동지 사이에서 볼 수 있다.

✕ 내려잡는 악수

상대의 손이 밑에 오도록 내리누르는 악수며, 초반에 상대의 기를 꺾으려는 의도다. 힘센 손아귀로 꽉 누르면서 세차게 흔드는 것도 상대를 쉽게 요리하려는 태도다.

✕ 힘 뺀 악수

손에 힘을 빼고 상대가 흔드는 대로 맡겨 두는 악수며, 의욕이 없거나 하급자라는 것을 표현한다. 서양에서는 '죽은 물고기 악수'라고 한다. 상급자와 악수하는 사람들이 흔히 이런 악수를 한다.

❌ 상대의 팔을 잡고 하는 악수

악수를 하면서 다른 손으로 상대의 팔을
잡는 것은 상대의 행동을 저지하고 자기
생각대로 끌고 가겠다는 지배욕을 표현한
다. 팔보다 더 윗부분어깨, 등, 목에 손을 얹
고 악수하는 것은 어른이 아이를 안는 동
작의 변형이며 매우 강한 지배욕을 표현
한다. 악수로는 친밀감을 표현하고 팔 잡

기로는 우월감을 표현해서 거래나 회담을 유리하게 이끌려는 것이다.

❌ 서로 상대의 팔을 잡고 하는 악수

악수할 때 서로 팔 잡기를 하면 서로 주도
권을 다투는 악수다. 둘 중 상대의 팔을 더
위쪽으로 더 세게 잡는 사람의 지배욕이 더
강하다. 무역경쟁을 하는 양국 정상들이 주
로 이런 악수를 하는 것을 볼 수 있다.

#2   친밀감과 관계있는 악수

❌ 손끝 악수

손끝만 슬쩍 댔다가 얼른 떼는 악수는 '어색하네요.'라는 의미다. 서로 잘 모르는 남녀가
악수할 때, 혹은 친밀하지 않는 사람들끼리 만나서 어쩔 수 없이 악수할 때다.

❌ 힘 뺀 악수

하위 서열을 표현할 때도 이 악수를 사용하지만, 친밀하지 않은 관계에서도 사용한
다. '나는 당신에게 관심이 없습니다' '나는 당신과 즐겁게 얘기할 만한 에너지가 없
습니다.'의 무관심한 태도를 반영한다. 특정한 사람에게 하는 것이 아니라 모든 사람
에게 이렇게 하면 성격 자체가 비사회적이다.

두 손 악수

두 손으로 상대방의 손을 감싸 잡는 것은 반가움의 표시다. 이때 허리를 굽히면 낮은 서열도 함께 표현한다.

오래 하는 악수

통상적인 악수는 아무리 길어도 몇 초를 넘기지 않지만 긴 악수는 이보다 더 길게 악수하면서 잡은 손을 놓지 않는다. 따라서 평균 이상의 긴 시간 동안 악수를 하면 매우 마음에 들었거나 반갑다는 의미다.

성적인 악수

여성의 손바닥을 집게 손가락으로 몰래 긁으며 악수하면 성적인 의도다. 또는 여성에게 먼저 손을 내밀거나, 관습적인 시간 이상으로 길게 악수하거나, 여성이 손을 빼려 했는데 좀 더 붙잡고 있는 것도 악수를 빙자해서 성적인 의도를 보인 것이다.

먼 거리에서 하는 악수

적대적인 국가 간 회담을 할 때 테이블을 사이에 두고 1m 이상 먼 거리에서_{10장의 거리 3 참조}에서 악수를 하는 것을 볼 수 있는데, 거리가 먼 만큼 심리적인 거리도 멀다. 반면에 반가운 친구끼리는 한 팔 거리_{75cm 이내의 개인적인 거리, 10장의 거리 2 참조}에서 손을 잡고 흔든다.

악수할 때 거리의 멀고 가까움이 반드시 친밀감을 반영할까? 아닐 수도 있다. 도시에 사는 사람들은 좁은 공간에서 생활하던 습관 때문에 비교적 가까운 거리에서 악수하고, 시골에서 사는 사람들은 넓은 야외에서 생활하던 습관 때문에 좀 떨어져서 악수하는 습관이 있다. 잠수함 승무원이 작은 동작의 경례를 사용하거나, 아파트 밀집 지역에서 사는 사람들이 큰 소리를 사용하지 않는 것과 같은 이치이다.

팔 23 소매를 걷어 올린 남성

"내 팔뚝 굵다."

어느 문화권이든 나이가 든 사람들은 피부를 많이 노출하지 않는다. 진화심리학자들에 따르면, 젊은 여성은 자신이 결혼 적령기임을 알리기 위해서 피부를 노출한다고 한다. 그렇다면 젊은 남성은 왜 셔츠를 걷어 올릴까?

#1 젊은 남성의 셔츠 걷기

남성들은 와이셔츠의 소매를 걷어올리고 팔뚝을 드러내서 강인함을 과시한다. 주로 젊은 남성이 이런 스타일을 즐긴다. 같은 남성에게는 자신이 더 남성답다는 것을, 여성에게는 자신이 더 매력적인 남성이라는 것을 발산하려는 것이다. 물론 날씨가 더울 때나 작업을 편리하게 하려고 소매를 걷는 경우에는 예외다.

#2 늙은 남성의 셔츠 내리기

나이든 남성은 이런 식으로 자신의 신체를 드러내지 않는다. 강한 근육을 내보여서 우위를 차지할 시기가 지났기 때문이다. 그 대신 멋진 정장에 고급 시계와 고가의 자동차로 자신의 사회적인 우월성을 표현한다.

#3 기타 유사한 행동들

어깨 부풀리기, 가슴 내밀고 걷기, 목소리 깔고 말하기, 허세 부리는 태도, 잦쥐기(자신의 성기 부분을 손으로 잡기) 등 여러 가지가 있다. 수컷 고릴라가 가슴을 두드리고, 수컷 공작이 자신의 꼬리털을 펼쳐서 암컷에게 구애하는 것처럼, 현대 남성들도 여성에게 자신을 과시하는 습성이 남아 있는 것은 참으로 흥미로운 볼거리다.

자기 몸 쓰다듬기

"나 매력 있죠?"

#1 마음에 드는 남성 앞에서

여성은 자기 손으로 머리칼, 목, 어깨, 허리, 엉덩이를 쓰다듬으면 자신의 매력을 표현한다. 예를 들어, 여성이 자신의 쇄골을 쓸어내리듯 부드럽게 만지는 것은 자신의 매력을 표현함과 동시에 유혹적인 면이 있다. TV에서 공연하는 걸 그룹에게 무대에 눕거나 몸을 쓰다듬어 내리는 동작을 금지하는 것도 그것이 지나치게 선정적인 동작이기 때문이다.

그렇다고 여성이 아무 때나 이런 동작을 하진 않는다. 마음에 드는 남성에게 더러 이런 행동을 하지만, 그렇지 않은 남성 앞에서는 오히려 느슨하고 성의 없는 행동을 하기도 한다.

#2 거울 앞에서

여성이 거울 앞에서 자신의 몸을 만지거나 쓰다듬는 것은 사춘기 이후 흔히 하는 행동이다. 나이에 비해 혹은 또래에 비해 자신의 피부의 탄력과 신체의 굴곡도가 어떤지 점검하려는 것이다. 남성은 거울 앞에서 무엇을 점검할까? 가슴 크기나 팔목의 굵기를 만져 보면서 자신이 얼마나 남성다운지 확인한다.

매끄럽거나 부드러운 물건을 만지작거리기

"편안하고 싶군."

물건을 만지작거릴 때, 어떤 물건이냐에 따라서 두 가지 의미가 있다.

#1 매끄럽거나 부드러운 물건을 만질 때

여성이 가진 물건은 모피 목도리처럼 부드러운 재료로 되어 있거나, 가죽 핸드백처럼 매끄러운 소재로 되어 있어서 촉감이 좋다. 이런 물건을 만지작거리거나 비비는 것은 불안할 때 마음의 안정을 찾으려는 것이다. 여성뿐만 아니라 어린아이 나 남성도 부드러운 것을 만질 때 어머니 품속에 있던 느낌이 되살아나기 때문에 마음이 편해진다. 고급 자동차의 의자나 값비 싼 소파가 편안하고 부드러운 소재로 된 것 을 보면 알 수 있다. 집단상담을 하거나 놀 이치료를 할 때, 참가자에게 쿠쉬볼kooshie ball, 플라스틱 섬모가 10만 개 이상 있어서 매우 부드러 운 촉감을 줌을 사용하는 것도 같은 이유다.

#2 원통형의 물건을 만질 때

원통형의 물건와인 잔, 볼펜대, 립스틱 을 어루만지거나, 반지를 손가락에 꼈다 뺏 다 하면 이성에게 성행위를 암시하는 동작 일 수도 있고, 혼자 성적인 행동을 기대하거 나 상상하는 중일 수도 있다. 후자일 경우는 자신도 모르게 만지작거린다. 그렇다고 이것이 반드시 성적인 동작이라고 해석하면 틀리기 쉽다. 상황과 맥락을 감안하면서 관찰해야 한다.

손과 얼굴을 드러내기

"난 고운 여자예요."

여성이 두 손으로 귀밑의 머리칼을 쓰다듬어 올리면 손목 안쪽의 피부가 드러나고, 그와 동시에 뺨과 목의 피부도 드러난다. 팔을 어깨높이로 들어 올려서 팔과 겨드랑이를 보이는 것도 똑같은 행동이다. 이때 피부를 최대한 드러내서 자신의 젊음이나 건강 상태를, 만약 결혼 적령기의 여성이라면 상대 남성에게 자신이 배우자로서 우수하고 적절한 상대라는 것을 표현한다. 이것은 주변 사람에게 '나는 여자예요. 그것도 매력적인 여자라고요.' 하는 의미를 전달하는 동작이기도 하고, 마음에 드는 남성에게 '나는 당신에게 호감이 있어요.' 하는 동작이기도 하다. 따라서 자신의 사회적인 매력 서열을 높이려는 것인지, 아니면 특정한 남성에게 관심을 표현하는 지 살펴보아야 한다.

손목 꺾어서 늘어뜨리기

"난 연약한 여자예요."

여성이 손목을 축 늘어뜨리면 '난 연약한 여자랍니다. 힘들고 지쳤어요. 도와주세요.'라는 뜻이다. 도움을 청하는 표정을 하거나 어깨를 늘어뜨리면 의미가 더 분명하다. 고민이나 슬픔이 있으니 이해해 줄 사람을 원한다는 표시다.

이것은 사람이 숲속에 들어가서 자신도 모르는 사이에 새 둥지에 접근했을 때 어미새가 그 사람을 유인해서 둥지에서 멀리 떨어진 곳으로 유인하기 위해서 날개를 다친 척하면서 잡힐 듯 잡힐 듯하며 날아가는 것과 비슷하다. 마치 날개 꺾인 새처럼 손목을 꺾어서 다른 사람의 동정심을 일으켜서 접근하게 하기 때문이다.

손 28 손으로 입술 어루만지기

"불안하군."

#1 손으로 입술을 만질 때

우리 입술은 어머니가 젖을 줄 때 배고픔이 충족되고, 이성과 키스를 할 때 흥분을 얻는다. 게다가 모든 물건을 입으로 경험하던 구강기도 있었다. 그래서 입술로 느끼는 자극은 대체로 좋은 기억과 연결되어 있어서 적당한 자극이 필요하거나 심리적인 결핍이 있을 때, 자기 손으로 입술을 만지면서 자신을 위로한다. 따라서 힘들고 심심하고 불안할 때 입술을 매만진다.

#2 손으로 입술을 뜯을 때

사람들은 불안할 때 입술을 뜯는다. 입술 가장자리를 손가락으로 긁거나, 입술 껍질을 떼어 내거나, 이빨로 아랫입술을 물어뜯거나, 혀로 입술을 세게 핥는다. 불안한 심정에서 잠시 벗어나서 주의를 입술로 돌릴 수 있기 때문이다. 그러니까 일종의 회피동작이다.

\boxed{\text{손 29}} 손가락 빨거나 물기

"마음의 안정이 필요해."

손가락을 빠는 것은 유아기에 어머니의 젖을 먹던 평온감을 되찾으려는 무의식적 시도다. 아동은 엄지손가락을 빨고, 성인은 엄지손가락 대신 담배나 펜을 물거나 껌을 씹기도 한다. 왜 사람들은 나이가 들어서도 구강기 때 하던 동작을 되풀이할까? 불안하거나 외롭기 때문이며, 엄마 같은 사람이 나타나서 자신을 보살펴 주기를 바란다는 뜻이다. 이처럼 유아적인 상태로 깊게 퇴행해서 외부 구원자를 기다리고 있을 정도면 매우 깊은 애착의 결핍이 있다고 할 수 있다.

불안이 심한 아동은 하루 종일 손가락이 퉁퉁 붓도록 빤다. 주변에서 아무리 그만두라고 말해도 소용이 없다. 심지어 열 손가락을 다 물어뜯어서 손톱이나 지문이 없어지기도 한다. 성인 중에도 중요한 자격시험이 다가오거나 불안하면 볼펜을 씹어서 망가뜨리거나 머리칼을 뽑거나 손톱을 물어뜯는다. 이들을 자세히 살펴보면 기숙사에서 생활하느라 가족과 고립되어 있거나, 주변에서 살갑게 보살펴 주거나 고민을 풀어 주는 사람이 없어서 장기간 불안이 축적된 사람이기 쉽다. 손을 빨지 말라고 충고하기보다 보살펴 주는 것이 도움이 된다. 하지만 손가락 빨기가 퇴행동작이라는 것을 감안하면 오랫동안 질적인 보살핌을 많이 해야 한다는 것을 알 수 있다.

두 손으로 입 막기

"앗! 실수로 말해 버렸네."

열 손가락으로 얼른 입을 막는 것은 성인 남성은 잘 하지 않고, 주로 아이나 여성들이 하는 동작이다.

#1 놀라면서 입 막기

말실수나 거짓말을 한 직후 화들짝 놀라면서 입을 막으면 '아, 실수예요. 없던 일로 해 주세요.' 하는 의미다. 따라서 이미 말한 내용은 진실이라는 것을 반증한다. 그렇다고 입을 막으면 이미 했던 말이 모두 진실일까? 아니다. 손으로 입을 막는 것은 의도적으로 꾸며서 할 수 있기 때문에 이 하나만으로는 판정할 수 없다. 놀란 표정_{표정 8 참조}을 참고하면서 해석해야 한다.

#2 소리 없이 입 막기

두 손으로 소리_{고함, 울음, 웃음}가 새어나오지 않도록 입을 막는 것은 감정을 억압할 때다. 예상을 뛰어넘는 상황에 놀랐지만 소리를 지르면 상대방에게 들키거나 공격을 당할까 봐 이처럼 얼어붙는_{freezing} 행동을 한다.

#3 장난기 어린 눈으로 입 막기

빙글빙글 웃으면서 입을 막으면 '난 알고 있지만 안 가르쳐 줄래. 하하.' 하는 뜻이다. 여러 명이 서로 짜고 한 명에게 장난을 쳐서 골탕을 먹이는 것과 같은 상황이다.

#4 얌전한 태도로 입을 막기

우리나라 여성들이 웃을 때 손으로 입을 가리는 것은 상당히 한국적인 동작이라고 할 수 있는데, 이는 자신의 태도(입술 움직임, 웃을 때 잇몸이나 목젖 노출, 말소리, 감정)를 다른 사람에게 드러내지 않음으로써 '나는 단정한 여자예요.'라는 메시지를 전달하려는 것이다.

#5 두 손으로 얼굴을 가리기

얼굴을 숨겨서 난처한 감정(부끄러움, 수줍음, 당황스러움, 두려움)을 노출하지 않고, 자신의 얼굴과 신분을 노출하지 않고, 눈을 가려서 그 장면을 보지 않고 회피하려는 것이다.

손가락으로 입술 가리기

"섣불리 말하지 말아야지."

이 사진의 인물은 턱을 만지는 것처럼 보이지만 사실은 입술을 누르는 중이다. 이런 식으로 입에 손을 대면 사람들은 잘 알아채지 못한다. 하지만 이 동작은 '손 30'의 변형동작이다. 아이들이 노골적으로 '손 30'의 '앗!'하는 동작을 하는 반면, 성인들은 이처럼 태연한 표정으로 턱을 만지는 척 하면서 슬쩍 입술을 누른다.

#1 **시선을 피하며 입술을 누를 때**

시선을 피하거나 눈동자를 불안하게 굴리면서 입술을 누르면 자신도 모르는 사이에 비밀이 새어나가지 않도록 조심하는 중이다. 이런 비밀은 일단 새어 나가면 문제를 일으킬 수 있거나 관계를 위험하게 할 수 있는 수준이다. 때에 따라서는 상대방에게 '그것은 틀린 정보입니다.' 하면서 가르쳐 주고 싶지만, 그러다가 중대한 비밀을 누설할 것 같은 두려움이 생겼을 때다. 따라서 어떤 대목에서 입을 가리는지 살펴보면, 어떤 종류의 비밀을 숨기는지 알 수 있다.

#2 **노려보며 입술을 누를 때**

상대를 노려보면서 엄지로 턱을 만지고 집게손가락으로 입술을 누르면 '네 말이 거짓인지 아닌지 판단하는 중이다. 그때까지는 나도 내가 알고 있는 정보를 말하지 않겠다.' 하고 의심하는 것이다. 시선으로 상대를 훑어보는 것은 속지 않기 위해서 감시하는 것이고, 입술을 누르는 것은 정보 교환을 보류하는 중이고, 턱을 만지는 것은 '내가 너보다 연장자고 경험도 많아.'라면서 수염을 만지는 것이다.

때에 따라서는 상대방에게 '당신은 너무 길게 말했어. 그만 말하면 좋겠어.' '이젠 내가 말할 차례야. 이 대목에서 말을 멈추면 좋겠어.'라는 뜻으로 자신의 입술을 누른다. 상대의 입술을 눌러서 발언을 막았으면 하는 마음을 자기 입술에 투사한 것이다.

#3 걱정하는 얼굴로 입술을 누를 때

자신이 한 거짓말이 탄로날까 봐 염려될 때, 혹은 자신이 한 말이 나중에 문제를 일으키지 않을까 하는 두려움이 생기면 걱정하는 얼굴로 입술을 매만진다. 그러나 내심을 들키고 싶지 않아서 이 사진처럼 입술에 손을 댄다. 이때는 입술을 누르기도 하지만 만지작거리기도 한다. 후회도 되지만 마음의 위안을 얻고 싶어 하기 때문이다.

손으로 귀 만지기

"듣기 싫고 지루하군."

귀를 만지는 동작은 다양하다. 귓구멍에 손가락을 넣거나 손가락으로 후벼 파기, 귀를 문지르거나 잡아당기기, 귀를 반으로 접어서 귓구멍 막기 등이 있다.

#1 불편한 표정으로 귀 만지기

귓구멍에 손을 넣는 것은 귀를 막는 동작의 변형이다. 즉, '당신의 말이 듣기 싫어요.' 혹은 '당신의 말은 많이 들었습니다. 이젠 내가 말할 차례입니다.'라는 뜻이다. 노골적으로 듣기 싫다고 말하기 미안해서 귀를 후비는 척하면서 귀를 막는다. 그러니까 소극적인 항의다. 이 동작과 함께 짜증나는 표정을 짓거나, 지루하다는 뜻으로 목을 긁거나, 피곤한 척 눈을 감으면 듣기 싫다는 메시지를 좀 더 적극적으로 표현한 것이다.

#2 시선을 피하면서 귀를 만질 때

귀를 만지면서 상대에게 눈길을 주지 않거나 얼굴을 피하면, '지금 하는 말을 믿지 않습니다.'라는 의미다. 귀를 가리는 것은 불쾌하거나 쓸데없는 정보를 듣는다는 의미고, 고개를 숙이거나 시선을 피하는 것은 이 자리에 있긴 하지만 듣고 싶지 않기 때문이다. 그래서 귀를 막고 시선을 피해서 마치 이 자리에 없는 사람인 것처럼 도피하는 것이다.

손 33 옷깃을 잡아당겨 바람 넣기

"아, 덥다."

감정적인 흥분 때문에 체온이 갑자기 훅! 하고 올라간 느낌이 들 때, 사람들은 넥타이를 좌우로 흔들면서 늦추거나, 옷깃을 벌린다. 또는 셔츠의 앞섶을 손으로 잡아 흔들어서 몸에 바람을 넣거나 손부채질을 하거나 상의를 벗는다. 때에 따라서는 창문을 열거나, '이 방이 무척 덥네요.'라고 한다. 반면에, 소극적인 사람들은 얼굴이 싱기되어도 가만히 견디거나 남의 시선에서 벗어나려고 할 뿐 이렇다 할 반응을 하지 않는다.

#1 갑자기 체온이 올라가고 얼굴이 상기되는 이유

화가 치밀거나, 거짓말이 탄로 날 것 같아서 켕기거나, 대인공포증으로 긴장할 때, 교감신경이 활동하면서 체온이 올라가고 뺨이 붉어진다. 이때 경동맥이 팽창해서 가렵고 숨 막히는 기분이 들기 때문에 목에 손을 댄다. 따라서 그 사람이 옷깃을 풀어헤칠 즈음에 어떤 주제로 대화를 했는지 살펴볼 필요가 있다. 틀림없이 그 사람의 체온을 급격하게 변화시킬 정도로 강한 감정을 일으키는 주제가 있었을 것이다.

손가락으로 목 긁기

"의심이 들고 불편하군."

사람은 목에서 후두까지 두 개의 경동맥顕動脈과 여러 가지 신경이 지나간다. 불안을 느끼면 경동맥이 팽창하고, 주변의 근육이 수축한다. 그래서 목이 조이거나 스멀거리거나 펄떡거리는, 한 마디로 간지러움에 가까운 감각이 생긴다. 그래서 손으로 긁는다.

#1 불편한 표정으로 목을 긁으면

'당신의 말을 확신할 수 없어서 찬성해야할지 반대해야할지 모르겠어.'라는 뜻이다. 상대가 계속 결정을 재촉하긴 하지만 믿을 수도 없고 거절하기도 어려워서 스트레스를 받는 중이다.

#2 고개를 끄덕이며 목을 긁으면

이해는 안 되지만 일단 동의한다는 의미다. 목을 긁는 것은 '믿어지지 않네요, 아직 잘 모르겠습니다.'라는 뜻이고, 그럼에도 불구하고 고개를 끄덕이는 것은 '당신이 그렇게까지 말씀하시니 속는 셈치고 믿어 보죠.'라는 뜻이다. 자기주장이 약한 사람이 상대방의 주장에 억지로 끌려갈 때 이런 모습을 보인다.

#3 귀 근처의 목살을 긁으면

'당신의 말을 듣긴 했지만 믿어지지 않네요.'라는 뜻이다. 뒷목을 만지며 '골치 아프군' 하는 동작과 비슷하기 때문에 구분할 필요가 있다.

손으로 목 쓰다듬기

"불안해."

손가락으로 목을 긁는 것손 34 참조과 목을 쓰다듬는 것은 다르다. 흥분해서 경동맥에 혈류가 많으면 간지러운 느낌 때문에 긁지만, 두려울 때는 목이 움츠러들기 때문에 이완시키려고 쓰다듬는다. 즉, 전자는 목 혈관을 긁고, 후자는 목 근육을 만진다. 이 사진에서 볼 수 있는 것처럼 노골적으로 목 근육을 만지기도 하고, 은폐된 동작으로 슬쩍 만질 때도 있다. 여성은 목의 앞부분, 앞섶, 머리칼 끝단, 목걸이나 목에 건 명찰을 만지는 척하면서 목 근육을 만지고, 남성은 턱을 만지는 척하면서 목 근육을 쓰다듬거나 엄지손가락으로 턱을 만지면서 턱 밑살과 목 근육을 만지고, 뒷목을 비비거나 주물럭거리는 김에 앞 목도 만진다.

왜 목이 움츠러 들까? 목은 가장 많은 신경과 혈관이 지나가는 곳이고, 한 번의 공격으로도 치명상을 입을 수 있는 취약한 부위여서 위험을 느끼면 가장 먼저 움츠린다. '자라목이 된다.' 혹은 '목이 쏙 들어갔다.' 하는 표현을 하는 것도 이 때문이다.

그러나 겁이 났다는 것을 들키면 경쟁에서 불리하기 때문에 목 근육을 만지는 것에도 수많은 대체동작이 존재한다. 여성들은 불안할 때 머리카락을 만지는데, 알고 보면 이것도 목을 마사지하는 동작의 변형이다. 어릴 적 어머니가 머리칼을 빗어 주면서 보살피던 동작을 재현해서 긴장을 완화시키기 때문이다. 남성은 목을 비비는 대신 목을 이리저리 흔들고 어깨를 빙글빙글 돌리면서 긴장 때문에 굳고 움츠러든 목을 푼다.

손등 정맥이 불거짐

"화나는군!"

#1 화가 나서 손등의 정맥이 불거짐

화가 나면 아드레날린 반응이 시작되고 그에 따라 심장박동이 빨라지고 손등의 정맥이 불거진다. 왜 화가 날 때 손등의 혈관이 도드라질까? 자신을 침해하는 사람에게 손을 사용해서 반격을 가하려는 예비 동작으로 피가 몰린 것이다. 그와 동시에 손바닥에 땀이 나기도 한다. 진화심리학자들에 따르면, 무기의 손잡이를 미끄러지지 않고 잘 잡기 위해서이며, 이 역시 공격적 행동을 준비하는 것이다.

#2 활동이 많아서 손등의 정맥이 불거짐

날씨가 더울 때 손등의 정맥이 튀어나온다. 운동을 해도 마찬가지다. 원래 손의 핏줄이 튀어나온 사람도 있다. 이 모든 것들은 신체적인 원인 때문이다. 앞에서 말한 정서적 원인과 여기서 말한 신체적 원인 중 어느 쪽이 우세해서 손등 정맥이 불거졌는지 알려면 전후의 맥락이나 동시에 나타나는 다른 동작들도 참고해야 한다. 이때 재미있는 사실이 있다. 화가 날 때 손이 뜨거워지는 사람과 차가워지는 사람이 있다. 후자는 화를 내려다 긴장이 심해서 불안으로 변한 경우다.

두 손등으로 얼굴 괴기

"나 좀 봐 줘요."

두 손으로 얼굴을 받치거나 턱을 고아 올리면 사람들에게 자신의 얼굴을 보여 주는 행동이다. '꽃받침 자세'라고도 하며, 유치원 아동들이 '나 예쁘죠?' 하면서 무용을 하거나 사진을 찍을 때 자주 하는 포즈다. 왜 이런 행동을 할까?

여성이 '이만하면 나도…' 하는 심정으로 의도적으로 얼굴을 드러내고 싶을 때다. 간혹 한 손으로 이런 태도를 취하기도 한다. 남성도 이런 동작을 할까? 물론이다. 자신이 자랑스러워서 도파민이 넘칠 때 두 손을 펴서 농구공을 잡는 자세를 하다가 드디어 그 손을 얼굴 근처에까지 올리면서 말하면 무의식중에 자기 얼굴을 전시하는 꽃받침 자세를 한 셈이다.

턱 만지며 노려보기

"이게 뭐지? 동의해야 하나?"

#1 턱을 쓰다듬으며 남의 말을 듣기

진화심리학자 Buss(2012)에 따르면, 남자가 손으로 턱을 만지는 것은 수염을 만지며 다른 사람의 이야기를 듣던 습관에서 비롯되었다. 현대 남성은 수염을 잘 기르지 않지만, 그럼에도 불구하고 이것이 수염을 만지던 흔적동작이라고 생각하면 재미있는 일이 아닐 수 없다.

턱을 만지며 남의 얘기를 듣는 것은 일단 상대방의 얘기를 들어보고 심사숙고할 여유를 갖기 위해서다. 또한 상대방에게 수염을 쓰다듬어 보이는 것은 '에헴! 내가 너보다 나이가 더 많아.' 하는 신호다. 두 가지 이유를 종합하면 상위권자의 입장에서 상대방의 이야기를 비판적으로 듣는 태도라는 것을 알 수 있다. 따라서 턱을 만지던 사람이 반박하거나 거절을 하더라도 놀랄 일이 아니다.

#2 노려보면서 턱을 만질 때

손으로 턱을 만지면서 상대를 위압적으로 응시하거나 혹은 미심쩍은 눈초리로 노려보면 '도저히 못 믿겠군.' 하고 상대를 불신할 때다. 상대가 자신을 속이려 한다는 의심 때문이기도 하고, 확실한 판단을 내릴 정보가 없기 때문이기도 하다. 후자일 경우 상대방을 노려보면서 '내가 결정을 못 내리는 것은 잘 몰라서 그런 게 아니라 네가 일처리를 잘 못해서 그런 거야. 네가 문제야'라고 하면서 상대방에게 책임을 지우기도 하고 대화의 기선을 제압하기도 하려는 것이다. 즉, 상황을 신중하게 평가하느라 아직 결정을 못 내렸고, 의심이 들어서 혼란스럽기도 하고, 결정을 미루고 싶기도 하고, 자신이 어리석거나 약하지 않다는 것을 동시에 표현한다. 상대가 이런 행동을 하면 좀 더 분명한 증거를 제시하면서 —안심시켜야 한다.

#3 유사한 동작들

대화 중 안경을 벗어서 닦거나 안경다리를 입에 물거나 씹는_{소지품 6 참조} 것도 판단 시간을 길게 가지고 싶을 때 하는 동작이다. 턱을 쓰다듬으면서 의자에 기대거나. 턱에 손을 대고 허공에 눈길을 주고 멍하니 있으면 '나는 피곤하다. 지금은 이 문제로 머리를 썩이고 싶지 않다.' 하면서 결정을 미루는 태도다.

손39 턱 쓰윽 훔치기

"결정했어!"

상대방의 이야기를 듣다가 턱을 쓱 쓰다듬으면 '이제 결정했어!' 하는 표시다. 마치 고대 남성이 식사 후 손으로 수염을 훔치면서 '식사 끝' 이 라는 표시를 하는 것과 같고, 현대 남 성이 식사 후 냅킨으로 입을 닦는 것 과 같다. 그러므로 상대 남성이 이

동작을 하면 '난 지금 결정했어.' 하는 의미로 받아들여야 한다.

#1 **턱을 쓰다듬은 후 팔짱 꼬기**
턱을 쓰다듬은 후 팔짱을 끼거나 다리를 꼬거나 의자 등받이에 몸을 기대
면 부정적인 결정을 내릴 확률이 높다. 후속적으로 방어적인 동작이 나타났기 때문
이다.

#2 **턱을 쓰다듬은 후 몸을 앞으로 기울이기**
턱을 쓰다듬은 후 몸을 앞으로 기울이거나, 상대방이 가져온 세안서나 견
본에 눈길을 주면 긍정적인 결정을 내릴 확률이 높다. 후속적으로 접촉을 시도하는
동작이 나타났기 때문이다.

손으로 턱 괴기

"글쎄, 이걸 믿어야 하나?"

머리 무게가 평균적으로 4~5kg인 것을 고려하면 머리가 의외로 무거운 기관이며, 손으로 턱을 괴거나 뺨을 받치는 것은 기본적으로 머리를 지탱하는 동작이라는 것을 알 수 있다. 제일 흔한 형태는 엄지나 집게 손가락 또는 주먹으로 턱을 받치거나, 턱을 괸 손을 책상에 괴는 이중 지탱의 자세이다.

#1 느슨한 태도로 턱 괴기

상대방을 존중할 때는 척추를 세우고 손을 무릎에 놓지만, 상대방을 경시하거나 대화의 내용이 중요하지 않으면 척추를 구부리고 턱을 괸다. 이때 시선은 상대방이 아닌 딴 곳을 향하기가 쉽다. 상급자이거나 중요한 내용일 때는 결코 이렇게 하지 않는다.

#2 지친 표정으로 턱 괴기

신체적으로 피곤한 사람, 정신적으로 지치고 우울한 사람, 걱정으로 머리가 복잡한 사람들이 턱을 괸다. 이때는 표정조차 고단하다. 조각가 로댕이 만든 작품 '생각하는 사람'을 보아도 잘 알 수 있다. 그 조각상의 인물은 지옥문 앞에서 충격과 비탄으로 주저앉아서 턱을 괴었다. 또한 무리한 일을 요구받으면 좌절감과 피곤이 몰려와서 턱을 괸다. 이것은 머리를 두 손으로 받치는 동작_{자세 5 참조}의 변형이나.

#3 무시해서냐? 피곤해서냐?

상대방을 경시해서 턱을 괴었다면 후속동작으로 딴청 부리기, 일부러 노골적인 하품하기, 반복적으로 잘 알아듣지 못했다고 말하기, 느리거나 단답식으로 대답하기, 못하는 척하기, 급한 일이 생겼다고 변명하기 같은 태도를 취하기 쉽다. 그래서 피곤해서 턱을 괸 것인지 경시해서 턱을 괸 것인지 판단할 수 있다. 대화 초반에 정중한 자세로 '도와드리지 못해서 미안합니다.'라면서 공손한 언행을 하다가, 점차 허리를 굽히고 턱을 괴면서 '그렇게 처리하니까 이런 식으로 결과가 잘못되죠.' 한다면 경시하는 태도로 바꾼 것이다.

턱 괴고 얼굴에 손가락 대기

"피곤하지만 들어주자."

턱을 괼 때 집게손가락으로 얼굴의 다른 부위를 만지는 것은 무슨 까닭일까?

#1 턱을 괼 때 귀를 가리키는 손가락

'내가 당신의 말에 의심이 생겨서 신중히 생각하는 중이다.'라는 의미이다. 보통 자기도 모르게 이런 행동을 하지만, 관찰자가 보면 식지손가락이 귀를 가리키는 화살표처럼 보인다.

#2 턱을 괼 때 입에 댄 손가락

'네가 거짓말을 하는 것이 아닌지 의심한다.'라는 의미다. 손으로 턱을 만지면서 입술을 가리는 동작_{손 31 참조}과 같지만 덜 공격적이다.

#3 턱을 괴고 눈을 감거나 외면하기

대화 도중에 턱을 괸 채로 눈을 자주 감거나 외면하면 대화에 흥미를 잃었다는 표시다. 건방진 태도를 취하지 않고 단지 눈만 감는다면 경시해서라기보다 피곤하고 관심이 없을 확률이 높다. 이때는 눈을 비비거나, 멍한 표정을 짓거나, 억지로 각성 상태를 유지하려고 애쓰는 후속동작이 나타난다.

손 42 팔짱끼기

"팔짱으로 나를 보호해요."

#1 거리를 두는 팔짱끼기

팔짱을 끼는 시점을 기준으로 상대방과 신체 접촉악수, 만지기, 물건 주고받기의 빈도가 현저히 줄어든다. 또한 상대방과 어느 정도 거리를 두는 경향이 나타난다. 따라서 팔짱을 끼면 친밀감이 감소되는 효과가 나타난다. 왜 그럴까? 팔짱을 끼면 자신의 주요 장기를 방어하는 형태가 될 뿐만 아니라 대화하는 두 사람 사이에 벽을 쌓고 마음을 열지 않겠다는 말을 한 셈이기 때문이다.

팔짱을 끼는 이유는 생각보다 많다. 상대에게 자신을 드러내기 싫거나, 너무 빠르게 친해지고 싶지 않거나, 함께할 생각이 없거나, 자신이 우월하다고 여겨서, 상대를 관찰하긴 하지만 자신을 상대에게 보여 주고 싶지 않아서, 부정적인 침해를 예상하고 미리 방어를 하려고, 상대방이 하는 일에 무관심하거나 방관하고 싶어서, 대화가 지루해서, 혼자 있고 싶어서 등이다.

상담을 하다가 내담자가 팔짱을 풀고 몸을 앞으로 기울인다면 상담이 성공적으로 끝날 수 있다는 좋은 전조다. 팔짱을 풀면 상체를 온전히 개방하게 되고, 상대의 시선을 더 많이 불러들이고, 상대도 팔짱을 푸는 동조 행동을 하기 쉽고, 서로 긴장감이 완화되고, 감추었던 두 손을 풀어서 상대방과 신체접촉에 사용하는 빈도가 높아지기 때문이다. 그래서 상담자에게는 'SOLER의 태도를 취하라.'는 격언이 있다. 정중하게 바로 앉아서Strait, 팔짱을 끼지 말고 가슴을 열고Open, 앞으로 몸을 기울여서 경청의 자세를 취하고Lean, 부드럽게 웃으며 바라보고Eye-contact, 편안한 자세를 취하라Relaxed는 것이다. 이 동작의 핵심은 팔짱을 풀라는 것이다.

#2 자기를 안아 주는 팔짱끼기

양손으로 자신을 안아 주듯 팔짱을 끼거나손 17 참조, 두 손바닥으로 팔의 윗부분을 문지르는 것은 자기를 위로하는 동작이다. 몸을 움츠려서 방어도 하고 자신을 안아서 진정시키기도 하려는 것이다. 병원 대기실의 환자, 낯선 곳에 있는 사람, 비행기를 처음 타는 사람, 법정의 피고인처럼 낯선 곳에서 긴장된 상황에 놓인 사람들이 주로 이런 자세를 취한다.

손 43 주먹 쥐고 팔짱끼기

"음, 긴장되는군."

팔짱만 보면 방어 자세처럼 보이지만, 사실 곧바로 주먹을 쓸 수 있는 공격 자세다. 그러다가 노려보거나, 이를 악물거나, 얼굴이 붉어지면 공격 시점이 임박했다는 징후다<small>물론 기술을 할 때는 오히려 이런 징후를 감추긴 하지만</small>. 이 자세는 원고가 피고의 말을 억지로 듣고 있을 때처럼 서로 적대적으로 대치할 때 자주 사용한다. 재판관 때문에 팔짱을 끼고 자제하긴 하지만, 그럼에도 불구하고 여차하면 공격하겠다는 태도다.

#1 **주먹을 쥐는 이유**

사람들은 적대적일 때 주먹을 쥔다. 그러나 놀랍게도 주먹을 쥐는 사람은 잘 의식하지 못한다. 관찰하는 사람도 상대방의 손이 테이블 밑에 있으면 못 보기 쉽다. 그러나 상담할 때 내담자가 긴장하는지 이완되었는지 확인하는 가장 간단하고 확실한 방법이다. 손을 오그리면 당신을 불편하게 여기고, 주먹을 쥐었으면 적대적으로 여길 확률이 크다.

또한 의자 팔걸이를 꽉 잡고 어깨를 한 쪽으로 비트는 것은 주먹 쥐는 자세와 마찬가지다. 팔걸이를 움켜잡은 것은 주먹을 쥔 자세의 변형이고, 어깨를 비튼 것은 공격을 피하는 자세의 변형이다. 대화할 때 주먹을 쥐고 팔 근육에 힘을 주는 동작을 하면 이미 아드레날린이 몸에 퍼지기 시작했다는 증거며, 이때는 상대방에게 긴장을 풀기 위한 시간적 여유를 주는 것이 좋다. 아드레날린이 사라지려면 족히 10분이 지나야 하기 때문이다.

팔짱끼고 엄지 세우기

"해보나 마나 내가 이길걸."

사진처럼 팔짱을 낄 때 엄지를 올리면 '겨뤄볼 것도 없이 내가 이겨.' 하는 내심을 표현한다. 과연 그럴까? 아니다. 오히려 질 가능성이 높다. 엄지손가락으로 '내가 이길걸' 했지만, 팔짱으로 '적극적으로 경쟁에 뛰어들고 싶진 않아.' 하기 때문에 실력이 우세하다기보다 자존심이 강할 뿐이다. 따라서 실제로 승리할 실력이 있는지, 자존심으로 허세를 부리는지 판단하려면 후속동작을 좀 더 관찰할 필요가 있다.

손 45 한 손으로 다른 팔 잡기

"날 감싸 줘요." "가만히 있자."

#1 한 팔로 자신을 안기

두 손으로 자기를 안는 동작_{손 17 참조}의 변형이다. 사진에서 보듯 한 손으로 다른 팔을 잡느라 가슴 앞으로 손을 둘렀는데, 어머니가 아기를 무릎에 앉히고 가슴 앞으로 팔을 둘러서 안던 자세를 재현한 것이다. 주로 여성이 불안한 환경에 있을 때 스스로 안정을 얻으려고 하는 자세다. 유순하고 차분하게 보일 수도 있지만, 사실 불안정하고 긴장한 상태다.

#2 한 손으로 다른 팔 꽉 잡기

한 손으로 다른 팔을 꽉 잡으면 행동을 억제하는 중이다. 화가 났지만 참거나, 하고 싶은 행동이 있지만 억누르느라 스스로 팔을 붙잡고 움직임을 제한한다. 상급자 앞이라면 행동억제 외에 공수자세_{손 5 참조}의 의미도 포함되었을 수 있다.

#3 안기와 잡기의 차이

자기 안기는 주로 팔의 윗부분을 손바닥으로 부드럽게 감싸지만, 자기 잡기는 팔의 아랫부분을 움켜잡고 움직이지 못하게 한다.

양 손 펴들고 어깨 으쓱하기

"난 몰라. 어쩌라고?"

양손을 위로 펴들고 어깨를 으쓱하면서 난처한 표정을 지으면 영어로 shrug라고 하며, 근세에 서양에서 우리나라로 전래된 동작이다. 나이 많은 사람들에겐 익숙하지 않고, 주로 젊은이들이 사용한다. 의미는 다음과 같다.

- "이 일을 어떻게 처리할지 모르겠군." 무능력
- "당신의 말을 이해할 수 없어.
  나더러 어쩌라고?" 의문
- "나는 안 그랬어요. 혹시 당신
  이 그랬나요?" 의심
- "항복하고 순종합니다." 복종. 이
  때 어깨를 내리고 백기를 흔들 듯 양 손
  바닥을 내보인다.
- "기가 막혀! 어이가 없군." 냉소.
  눈썹을 찌푸리며, 고개를 삐딱하게 하
  고, 시선은 위로, 어이없는 표정을 한다.

손 47 손가락으로 몸 밖을 가리켰다가 몸 안으로 당겨 들이기

"전에 말한 그것 말이야."

대화 도중 손가락으로 몸의 바깥쪽을 가리킨 후, 회수하면서 몸의 안쪽을 가리키면 다음과 같은 의미가 있다.

#1 그때 그곳과 지금 여기를 연결하기

손가락으로 바깥을 가리키면 '전에 말한 것 말이야.' 혹은 '그거 있잖아.'라는 의미고, 다시 몸 안쪽을 가리키면 '지금 이거하고 관계가 있잖아.' 혹은 '지금 여기서 그걸 의논하자고.'라는 의미다. 서로 상황을 잘 이해하거나 평소 가까운 사람들이 아니면 이해하기 어려운 동작이다.

연속동작 1

연속동작 2

#2 이해해 주는 것을 반가워함

'당신은 여태 내 말을 이해하지 못하고 저쪽에 있다가, 드디어 이해하면서 이쪽으로 오셨군요.'라는 의미다. 이때부터 서로 얘기가 잘 통하기 시작한다.

손 48 손가락으로 상대를 가리키고 나서 자신 쪽으로 당기기

"나를 좀 도와줘."

상대방을 향해 손가락을 내밀었다가 끌어당기며 자기 몸을 가리키는 것은 상대방에게 특정한 반응을 해 달라고 요구하는 동작이다. 세부적인 의미는 다음과 같다.

연속동작 1   연속동작 2

- '내가 이 상황에서 적당한 말이나 행동을 해야 하는데 나는 생각이 잘 안 나. 혹시 있으면 내 대신 말해 줘.' 지원 요청
- '지금 내가 한 제안에 대해 한 말씀해 주세요. 물론 찬성해 주셔야죠.' 긍정적인 피드백 요청
- '지금 내가 하는 말이 어떤 뜻인지 알겠지?' 확인

 **손 49** 안내하는 손

"자, 다음에 하실 일은…."

사진에서 보는 것처럼 손짓을 하면 다음과 같은 의미가 있다.

- "이쪽으로 오십시오." 안내
- "자, 다음에 하실 분은 누구세요?" 차례를 신청받기
- "자, 이번에는 당신 차례입니다." 차례를 넘겨 주기

친절한 행동 같지만 사회자의 자격으로 주도권을 가져가는 동작이기 때문에 바탕에는 우월감이 흐른다. 이런 동작을 하는 사람은 상황을 전반적으로 이해하고 흐름을 파악하는 사람, 즉 여러 사람을 안내할 정도로 정보를 많이 가진 사람이다. 따라서 안내원으로 여기지 말고 막후의 실력자로 간주하고 대화를 시작하는 것이 좋을 것이다.

손을 내밀어 움켜서 끌어당기기

"맞잖아요. 동의해 주세요."

연속동작 1   연속동작 2

다섯 손가락으로 무언가를 잡고 자기 앞으로 끌어당기는 시늉을 하면 자신의 주장을 절대로 놓지 않겠다는 의미다. 움켜잡는 것은 자신의 주장을 상징하고, 잡아당기는 것은 주장을 고수하거나 상대방을 기어이 자기편으로 끌어들여서 동의를 얻고 싶다는 의지의 표현이다. 다섯 손가락으로 움켜잡을 정도로 집착이 강하고, 끌어당길 정도로 기어이 얻으려는 고집이 세기 때문에 이쯤 되면 합리적인 대안이나 건전한 비판도 쇠귀에 경 읽기다. 게다가 이런 동작을 사용하는 사람들은 신념이 강한 측면도 있지만 한 분야에서 폐쇄적으로 살아온 나머지 다른 사람의 주장을 수용하지 못하는 사람일 때가 많다. 그 사람의 성장 환경이나 직업을 감안해서 충돌을 피하고 여유 있게 대화를 이끌어 나가는 것이 좋다.

"이게 중요한 대목이에요."

손가락으로 허공을 콕콕 찍으며 말하면 '지금 이 대목을 강조합니다.' 하는 의미다. 글을 쓸 때 강조할 단어 위에 방점을 찍는 것처럼 자신의 말에 손으로 방점을 찍는다. 때에 따라서는 타자를 치듯 손가락으로 책상을 톡톡 두드리며 말하기도 한다. 손으로 허공을 찍든, 타자를 치는 시늉을 하든 자신의 의견을 강하게 제시한다는 점에서 똑같다. 이때 눈을 번득이거나 눈을 치켜뜨면서 핵심 단어를 거듭 강조하기도 한다.

만약 웃거나 진지한 얼굴로 허공에 점을 찍으면 '내가 알고 있는 중요한 내용을 알려주고 싶어.' 하는 의미지만, 얼굴을 굳히고 상대 쪽 방향으로 손을 찌르면 '중요한 건 바로 이거야. 그런데 왜 이해를 못 하지?' 하고 화를 내면서 강조한다.

이런 동작을 하는 사람은 실제로 명쾌한 해결책을 알고 있을까? 그럴 수 있다. 그러나 이런 동작을 습관적으로 하는 사람은 전체적인 상황을 고려해서 대처하는 협상가라기보다 한 가지 해결책을 고수하는 옹고집쟁이일 가능성이 크다.

손가락으로 가리키기

"너 말이야, 이렇게 해."

손가락질은 원래 어떤 물건이나 사람의 위치를 정확히 가리키는 동작이다. 그러나 다른 의미로 사용될 때가 많다.

#1 손가락으로 얼굴을 가리키기

손가락으로 상대의 얼굴이나 가슴을 가리키는 것은 명백히 공격적이다. 찌르는 동작의 변형이기 때문이다. 이렇게 지적받는 사람은 모욕감을 느낀다. 오죽했으면 손가락질을 지탄指彈이라고 이름 짓고, 여러 번 하면 '왜 사람에게 함부로 삿대질이야!' 하면서 화를 내기까지 할까? 아마 무기로 조준되고 저격당하는 기분이 들었기 때문일 것이다. 그럼에도 불구하고 우월감을 느끼는 사람은 상대를 지적·모욕·위협·압도할 목적으로 짐짓 이 동작을 한다. 반면에 웃는 얼굴로 혹은 윙크를 하면서 손가락질하면 만난 것이 반갑다는 뜻이다.

#2 손가락으로 앞을 가리키기

위인들의 동상을 보면 손을 높이 들고 손가락으로 앞을 가리킨다. 그 시대 사람들이 나아갈 방향을 가리키는 것이다. 따라서 손가락을 들고 앞을 가리키며 말하면 확신에 차 있고, 상대방에게 이해시키고 싶은 개념이 있고, 강한 카리스마로 상대를 이끌고 싶은 욕구가 있다.

#3 손가락으로 대상을 가리키며 외치기

손가락질을 하면서 '여러분, 이것을 한 번 보십시오.' 하고 큰소리로 외치면 여러 사람들에의 관심을 모으기도 하고 무언가를 광고하기도 하려는 것이다. 때로는 과장된 분노의 몸짓으로 '이것이 바로 모든 문제의 원인입니다.' 하면서 한 가지 대상에 모든 책임을 씌우고 대화의 초점을 돌리려고 사용하기도 한다. 대화 중 상대방이 이런 동작을 하면 이전에 의논하던 주제를 벗어나서 다른 쪽으로 화제를 돌리는 것이 아닌지 살펴볼 필요가 있다. 선동가나 거짓말쟁이가 자신의 문제가 탄로날 것 같으면 이런 식으로 사람의 관심을 엉뚱한 곳으로 돌리기 때문이다.

손으로 상대방을 잡고 끌어당기기

"여긴 내 홈그라운드니 내가 이끌게요."

보통 우리는 노약자를 부축하거나 친밀한 사람을 안내할 때 팔을 잡고 이끈다. 그렇지 않은데도 불구하고 팔을 잡고 이끄는 이유는 무엇인가? 상대방을 통제하려는 것이다. 예를 들어, 상대방의 팔을 잡고 좌석에 끌어다 앉히면 상대방은 어린이가 된 기분이 든다. 따라서 팔을 잡고 끄는 것은 기본적으로 상대방의 행동을 제한하거나 강요하는 행동이다.

아동학대를 조사하는 사람들이 맨 먼저 아이의 팔을 조사하는데, 그 이유는 학대자가 아동이 반항하지 못하도록 팔을 움켜잡거나 때려서 상처를 입히기 때문이다. 그러므로 팔을 잡고 끄는 행동은 끌고가는 사람에게는 간청하는 입장이라지만 끌려가는 사람의 입장에서는 아무리 좋게 보아도 '억지로 끌려가는' 것이고, 심하면 폭력으로 간주된다. 요즘 상인이 손님의 팔을 잡고 끄는 호객행위가 너무 지나쳐서 불편한 나머지 손님에게 일체 말을 걸거나 잡아당기지 않는 매장이 나타난 이유도 이 때문이라고 할 것이다.

머리를 쓰다듬거나 등을 두드림

"장하다, 장해."

머리를 쓰다듬거나 등을 두드리는 것은 윗사람이 아랫사람에게 축하·격려·친밀감을 표현하는 동작이며, 아랫사람은 윗사람에게 이렇게 하지 않는다. 연인 사이에도 나이가 많거나 주도적인 쪽이 이렇게 한다. 왜냐하면 이 동작은 부모가 아기를 보살피던 동작에서 나왔기 때문이다. 따라서 누가 누구의 등을 두드리는지 살펴보면 두 사람 간의 서열을 추측할 수 있다.

등 두드리기를 통해 알 수 있는 사실이 하나 더 있다. 동성의 두 사람이 포옹을 하면서 한 사람이 상대의 등을 두드리면 그 사람이 연장자일 가능성이 크다. 그런데 두 남녀가 포옹하면서 그중 한 사람이 상대의 등을 두드리면? 우리는 애인이 아니라 친한 사이라는 뜻이다. 이때 먼저 두드리는 사람이 어색한 것을 더 못 참는 사람이다. 반면에, 포옹하면서 상대를 두드리지 않고 꼭 감싸 잡는다면? 가족이나 연인이기 쉽다.

상대방과 팔짱끼기

"이 사람은 나와 특별한 관계예요."

남녀가 여러 사람들 앞에서 팔짱을 끼면 두 사람이 특별한 관계라는 것을 선언하는 것이다. 서로 독점적인 관계가 되었으니 모두 인정해 줄 것과, 이후부터 둘 사이에 다른 이성이 접근하는 것을 거절한다는 의미가 담겨 있다.

팔짱을 낄 때 여자가 능동적으로 남자의 팔을 잡고 남자는 수동적으로 팔을 허용한다. 여자가 자유의지로 남자를 선택한 것이지 강요에 의한 것이 아니라는 의미다. 또한 대체로 여성이 남성의 오른팔을 잡는데, 남성에게 오른쪽은 여성을 보호하거나 이끌기 편안한 쪽이기 때문이다.

그런데 왜 팔짱을 낄까? 어릴 때 사랑하는 부모와 손을 잡고 다니던 동작의 변형이다. 결혼식 때 신부 아버지가 딸의 손을 잡고 사위에게 안내하면서 팔짱을 끼게 하는 것을 보면 알 수 있다.

한 손으로 서로 껴안기

"우린 참 친해요."

서로 어깨를 댄 상태에서 한 팔을 등 뒤로 돌려서 상대를 안거나, 어깨동무를 하거나, 상대의 팔을 잡는 것은 모두 '어깨를 나란히 맞댄' 자세다. 이 사진을 보면 팔짱을 낀 것처럼 보일 수도 있지만, 어깨를 맞댄 상태를 기본으로 한다. 어깨를 맞대면 서로 평등하고 같은 편이라는 의식을 일으키고, 거기에 더하여 껴안거나 팔짱을 끼면 친밀감이 더 생긴다. 즉, 매우 가까운 사이며, 같은 목표를 위하여 함께 일하는 사이라는 뜻이다. 따라서 어깨를 맞대는 사람들은 자매, 친구, 연인, 동지들이다.

포옹

"사랑해!"

악수보다 더 많은 접촉을 하고 싶을 때 포옹을 한다. 포옹을 하면 따뜻한 감정을 느끼고 외로움이 감소하고 사랑을 증진시키는 효과가 있다. 포옹에는 세 가지 종류가 있다.

#1 의례적 포옹

서로 어깨만 대고, 가슴이나 배 그리고 하체는 떨어뜨린다. 손도 상대의 어깨에 댈 뿐 그 이하로 내려가지 않는다. 스포츠 팀원끼리 혹은 친구나 동료끼리 격려나 축하할 때 사용한다.

#2 껴안기

서로 상체를 대고, 하체는 떨어뜨린다. 손은 상대의 등 이하로 내려가지 않는다. 가족, 친척, 친밀한 지인끼리 이런 식의 포옹을 한다.

#3 꼭 껴안기

온 몸을 맞붙이고 꼭 껴안는다. 상대의 허리에 손을 대서 안을 수 있다. 애인이나 부부 사이에 이처럼 얼싸안는 포옹을 한다.

손잡기

"우린 참 친해."

손잡기는 부모가 자녀의 손을 잡고 다닐 때부터 시작되었다. 성인이 되어서도 이성끼리 손을 잡는 것은 친밀감과 상호 보살핌을 얻고 싶어서다. 동성끼리 손을 잡기도 하는데, 글자 그대로 '서로 손을 잡았다.'의 의미, 즉 사회적으로 단결하고 협조하는 사이다.

손을 잡는 쪽은 주로 남성, 선배, 상사고, 손을 맡기는 쪽은 여성, 후배, 부하다. 또한 이 사진처럼 상대의 손을 위에서 내려 잡거나, 손을 잡고 이끄는 쪽이 상대를 보호하는 쪽이다.

때에 따라서는 깍지 끼는 방식으로 손을 잡는데, 접촉면과 강도를 높여서 친밀감을 더 많이 느끼기 위해서다. 이때 깍지 끼기를 먼저 시도한 쪽이 애정을 적극적으로 갈구하는 쪽이다.

손 59 자기 머리 때리거나 만지기

"아, 실수야. 미안해."

#1 자기 머리 때리기

'앗, 내 실수!' 하고 머리를 탁 치는 것은 자기 실수를 유머로 대하는 여유가 깃들어 있다. 이런 사람은 타인의 비난이나 자책에 휘둘리지 않는다. 단, 밝게 웃으면서 머리를 탁! 때리는 것은 좋은 생각이 떠올랐을 때다.

#2 자기 머리를 쓰다듬기

어릴 때 어른이 실수를 용서해 주던 동작을 스스로 재연하는 것이다. 따라서 자기 머리를 자신이 쓰다듬어 주면서 실수를 용서했기 때문에 심한 자책에 빠지지 않는다. 머리를 탁 칠 때보다 더 무거운 실수를 저지르기는 했지만 마음속에 내재화된 부모가 '괜찮아! 힘내!' 하면서 머리를 쓰다듬었기 때문에 자책에서 벗어날 수 있다.

#3 뒷목을 잡거나, 머리 긁으며 고개 숙이기

정말 큰 실수를 했다고 여길 때 뒷목을 잡고 머리를 숙인다. 심한 자책감에 뒷골이 땅기고 경동맥이 팽창했기 때문에 뒷목을 비비거나 긁기도 한다. 습관적으로 목덜미를 문지르거나 때리는 사람은 자존감이 낮고, 작은 실수에도 정서적으로 큰 충격을 받을 뿐만 아니라, 타인의 비판에도 쉽게 좌절한다.

손 60 손으로 머리카락 다듬기

"아이, 참! 자꾸 보지 말아요."

머리카락을 다듬는 데는 다음과 같은 동작들이 있다.

#1 손으로 머리 다듬기

다른 사람에게 부정적으로 평가받을 것 같을 것 같다는 예감이 들면 긴장이 심해진다. 정말 잘해야 되는 상황발표, 시험, 중요한 보고, 입사면접 등일수록 평소에 웃어넘기던 약점조차 남의 눈에 뜨일까 봐 신경이 곤두선다. 그래서 머리칼을 매만지며 외모에 신경을 쓴다. 그만큼 현재 상황을 중요하게 생각한다는 뜻이다.

#2 손으로 얼굴 가리기

머리를 쓰다듬는 척하면서 손바닥으로 얼굴을 가리는 것은 거짓말을 했거나 수치심을 느꼈기 때문이다. 이때 시선은 아래를 향한다.

#3 우쭐거리며 머리 다듬기

어깨를 으쓱하면서 신나는 표정으로 머리를 다듬는 시늉을 하면 '어때, 나 멋지지?' 하면서 자랑하는 태도다.

손61 손 권총 자세

"이거야 이거. 내가 정확하게 지적하잖아."

#1 허공을 두 손 끝으로 찍을 때

손 권총으로 허공에 점을 찍듯 까딱거리면서 말하면 자신의 말을 강조하는 것이며, 중요한 대목에서 구두점을 찍듯 콕콕 찍는 동작을 한다.

#2 권총 쏘는 시늉을 할 때

다른 사람이 낸 아이디어를 저격하여 무산시킨다는 뜻으로 상대방을 손권총으로 겨냥하거나, '탕' 하고 발사하는 시늉을 한다. 때에 따라서는 총을 쏘고 총구의 연기를 입으로 '후' 하고 부는 흉내를 내기도 한다. '결투는 끝났어. 나는 이겼고, 너는 쓰러진 거야.' 하는 승자 선언이다. 왜 이런 동작을 할까? 상대의 주장을 없애려는 저격본능이 강한 데다 자기 생각대로 상대를 요리하려는 승부심이 강하기 때문이다. 이런 사람은 양승법win-win method을 사용하기 보다는 승패법win-lose method을 사용하는 경향이 강하다.

손 62 손가락 동그라미

"오케이, 좋아요!"

엄지와 검지로 동그라미를 만들어서 상대방에게 보여주면 구미에서는 'O.K' 혹은 'Good'이라는 뜻이다. 우리나라에서는 '좋다' 혹은 '돈'이라는 뜻이다. 드물게 '제로다' 혹은 '꽝이다' 하는 의미로도 사용한다. 일부 아랍권에서는 손 동그라미를 만들어서 상대방에게 손등 쪽으로 보여주면 성행위나 매춘부를 의미한다. 이런 동작은 아랍권에서도 친한 친구들끼리 사적인 분위기에서 사용할 수 있지, 함부로 사용하면 저속하다고 오해를 받는다.

손 63 손바닥으로 장벽 만들기

"그만! 멈추라고!"

상대방을 향해 두 손바닥을 펴서 막는 시늉을 하면 다음과 같은 의미들이 있다.

- "다가오지 마세요." 접근거부
- "모두 조용히 하시고 저를 주목해 주세요." 요구
- "저는 그 일을 맡고 싶지 않아요." 거절
- 두 손을 좌우로 흔들며 "저는 그 문제에 대해서 책임이 없어요."
- 두 손으로 가슴을 짚어서 자신을 가리킨 후, 그 손을 뒤집으며 무언가를 밖으로 밀쳐내 는 동작을 하면서 "저는 그 일과 아무 상관이 없어요. 저는 결백해요."

손가락으로 넓이 표시

"이게 정확히 이런 개념이죠."

1.　　　　2.　　　　3.　　　　4.

대화 중 한 손으로 무언가를 잡는 시늉을 하면 말하는 사람이 설명하는 개념의 범위를 상징한다. 이 사진에 나오는 손동작을 왼쪽에서 오른쪽으로 살펴보면 손을 점점 좁게 오므린다. 다섯 손가락이 두 손가락보다 더 큰 개념을, 손가락을 펼 때보다 오므릴 때 더 확실한 개념을 상징한다.

순서대로 나열하면 다음과 같다.

1. 다섯 손가락으로 무언가 잡으려는 동작 개론을 이해하려고 노력 중
2. 다섯 손가락으로 무언가 잡은 동작 개론을 이해하고 설명함
3. 두 손가락으로 무언가 잡으려는 동작 핵심을 이해하려고 노력 중
4. 두 손가락으로 무언가 잡은 동작 핵심을 이해하고 설명함

이때 손을 보여 주면 단순히 자신의 의견을 표현하지만, 손을 상대방에게 들이대면 강요하는 것이어서 상대가 불쾌하게 여길 수 있다.

물건을 쓸어 모으는 손동작

"결론을 내리자면….."

양손을 좌우로 벌렸다가 가슴 안쪽으로 당기는 동작들은 다음과 같다.

#1 물건을 쓸어 모으는 시늉

'자, 이제 이 회의를 마무리하고 결론을 내면….' 하면서 여러 사람의 의견을 종합하여 결론을 내거나, 자신이 이 상황을 주도하겠다는 뜻이다.

연속동작 1　　　　　　　　연속동작2

#2 두 손을 모아들이며 자신을 가리킴

'모두 주목하고 저를 좀 봐주세요.' 하면서 청중에게 자신을 주목하고 호의적으로 반응해 달라는 부탁을 한다.

손을 칼이나 곤봉처럼 사용하기

"때릴 테다."

공격적인 손동작들은 다음과 같다.

- 주먹, 손날 집게손가락을 머리 위로 치켜 들고 말하기
- 주먹, 손날, 집게손가락으로 상대를 찌르듯 지적하며 말하기
- 손칼로 뭔가를 썰 듯이 톱질하거나 내리 자르듯 후려치며 말하기

주먹은 망치를, 손날은 칼을, 손가락은 곤봉 같은 공격 무기의 변형이다. 주먹을 머리 위로 치켜들고 흔드는 것은 내려치겠다는 위협동작이다. 손가락으로 상대방의 가슴을 가리키면 찌르는 동작의 변형이다. 손날로 자르거나 내려치는 동작은 상대방의 의견을 잘라 버리고 자신의 주장만 관철하겠다는 공격적인 태도다. 이런 동작을 하는 사람은 여간해서 자신의 의견을 양보하지 않을 뿐만 아니라, 폭력적으로 행동하기도 한다.

주먹 쥐기

"그래, 해치우겠어!"

주먹을 쥐는 것은 다음과 같은 이유 때문이다.

- 자기 시선 앞에서 주먹을 쥔다. 자신감과 결심
- 성난 얼굴로 주먹을 쥔다. 분노
- 상대의 얼굴 앞에 주먹을 들이댄다. 위협

주먹이 허리 아래쪽에 있으면 화가 적게 났고, 허리 위쪽에 있으면 많이 났을 뿐만 아니라 폭력으로 이어지기 쉽다. 또한 공개적으로 주먹을 쥐고 여러 사람에게 보이는 것은 조만간 사법적 경제적 수단들을 모두 동원해서 자신의 적수를 압박하겠다는 선언을 하는 것이다.

옷의 보풀 뜯기

"혼자 있고 싶어요."

#1 고개 숙이고 옷의 보풀 뜯기

진화심리학자에 따르면, 소매나 옷섶에서 보풀을 뜯는 것은 포유동물들의 털 고르기에서 시작된 행동이다. 보풀 뜯기는 용의를 단정하게 하는 동작이며, 혼자 시간을 보내며 자신을 검점할 때다. 만약 내담자가 상담자를 앞에 두고도 이런 행동을 하면 '나를 혼자 있게 해주세요.' 하면서 상담을 거부한다는 의미다.

#2 부끄러워하면서 옷의 보풀 뜯기

내향적인 사람이 이런 동작을 하면 혼자 있고 싶다는 게 아니고 상대방이 대화를 주도하면서 자신을 편안하게 이끌어 달라는 태도다. 따라서 재미있는 주제로 어색한 분위기를 풀면서 대화를 주도할 필요가 있다. 소위 '분위기 만들기Icebreaking'가 필요한 시점이다.

손 69 양 팔꿈치 접어들기

"주먹싸움도 사양하지 않겠어!"

권투 자세를 하면 싸움을 피하지 않겠다는 태도
다. 주먹을 들어올리고 팔꿈치를 뒤로 당기는 것
은 운동 에너지를 얻기 위한 것이지만, 분노와 긴
장을 느낀다는 표현이기도 하다. 대화할 때 상대
가 팔을 폈는지 오그렸는지, 팔과 팔꿈치가 공중
에 떠있는지 혹은 책상이나 무릎 혹은 팔걸이처
럼 안정된 장소에 두었는지 살펴보면 그 사람이
편안한지 불안한지 알 수 있다. 책을 읽는 독자도
팔꿈치를 허공에 띄우고 팔을 들고 있어 보면 이
것이 상당히 불안정한 자세라는 것을 느낄 수 있
을 것이다. 따라서 내담자가 의자에 앉았을 때 팔
꿈치를 들고 불안정한 자세를 취하면 '긴장을 푸
시고 편안한 마음으로 시작하시기 바랍니다.' 하
는 말을 해 주는 것이 좋을 것이다.

책상 위에 두 손 올려놓기

"난 솔직합니다."

#1 서양인이 탁자 위에 손을 올려놓으면

두 손을 펴서 탁자에 얹는 동작은 고대인이 무기가 없다는 뜻으로 상대에게 손을 보여 주는 관습에서 시작되었다고 한다. 따라서 솔직하게 대화에 임한다는 것을 의도적으로 보여 준다. 현대에 와서는 '나는 솔직하게 대화하겠다.'라는 뜻으로 변형되었다. 만약 호주머니에 손을 넣거나, 탁자 밑으로 내려서 숨기면 솔직하지 못하다는 오해를 받을 수 있다. 또한 손을 올려놓는 동작과 함께 척추를 펴고 상대의 말을 경청하면 솔직하고 정중한 태도이다.

#2 한국인이 탁자 밑에 손을 내려놓으면

한국 사회에서는 상위권자가 탁자에 손을 얹고 하위권자는 탁자에 대한 권리를 주장하지 못하기 때문에 보통 자신의 무릎 위에 손을 얹는다. 그러니까 한국 사회에서는 손을 탁자 밑에 내려놓는 것이 겸손하고 예의 바른 행동이다.

대화 중 손의 위치는?

상담 중 내담자의 손의 위치가 안정/불안정한지, 노출/은폐했는지, 폈는지/오그렸는지 관찰하면 현재 그 사람이 긴장했는지 편안한지 알 수 있다.

다리와 발

사람들은 발과 다리를 잘 관찰하지 않는 경향이 있다. 테이블에 가려 있기도 하고, 아래로 시선을 주기가 불편하기 때문이다. 그렇지만 뜻밖에도 발은 많은 정보를 전달한다. 누군가 자신의 발과 다리를 관찰하리라고 예상하지 않는 사람이 많기 때문에 관찰되는 사람은 발과 다리를 인위적으로 조작하지 않을 때가 많고, 그래서 그 사람의 진심이 잘 드러나기 쉬운 부위다.

특히 발은 대인관계에서 거리를 만드는 가장 기초적인 신체부위다. 심정적으로 멀어질 때도 발을 움직여서 거리를 멀게 만들고, 친밀감을 느낄 때도 발을 움직여서 물리적으로 가깝게 다가온다. 또한 발은 생각보다 다양한 동작을 보여 준다. 다리를 벌려서 공간을 확장하기도 하고, 다리를 모아서 자신의 서열이나 자존감을 낮추기도 한다. 다리를 꼬거나 감는 동작을 통해서 불안이나 자신감을 표현하기도 하고, 걸음걸이를 통해서 습관이나 기분 상태를 나타나기도 한다. 이 Part 8에서는 대표적인 발과 다리의 동작 열세 개를 살펴본다.

"나는 나다."

#1 양발에 고르게 체중을 싣고 서기

사람들은 편안하고 자기다울 때 두 발에 체중을 고르게 싣고 안정감 있게 선다. 머리끝에서 발끝까지 동체의 어느 부분도 한쪽으로 기울지 않고 수직선을 유지한다. 또한 어깨나 손발에 긴장이 걸리지 않아서 보는 사람도 편안한 느낌이 든다. 이처럼 자연스럽고 안정된 정자세正姿勢의 서기는 신체가 건강하다는 외에 정신도 안정되었다는 의미다.

이 자세의 핵심은 발에 있다. 발을 모으면 순종적이고 넓게 벌리면 권위적인 자세지만, 어깨 넓이 정도로 벌렸기 때문에 적절한 자존감을 유지한다. 선 자세는 기본적으로 정지 자세이기 때문에 발을 자주 움직이지 않는 것이 안정된 기분을 반영한다.

그러므로 내담자를 만났을 때, 고개를 숙이거나 기울이는지, 어깨를 한쪽으로 기울이는지, 등이 굽었는지, 체중을 한쪽 발에 더 많이 주는지 살펴보아라. 머리부터 발까지 신체를 반듯하게 가누고, 두 발에 균등한 체중을 싣고 한 그루 나무처럼 고요하고 굳건하게 서 있다면 매우 좋은 상태이고, 어느 한 곳을 기울이거나 자주 움직인다면 그럴 만한 이유가 있다. 한 마디로 말해서 정자세를 유지하는 사람은 '손상되지 않은 자기'를 편안하게 표현하는 중이다.

"초조하군."

#1 체중 실은 발을 자주 바꾸기

이 발에서 저 발로 체중을 자주 이동하거나, 구두코로 땅을 톡톡 찍거나, 단위 시간당 자주 발을 움직이는 사람은 초조하다. 몸은 가만히 있는데 발을 자꾸 움직이면 머리로는 '이 자리에 머물러 있어야 돼.' 하지만, 감정적으로는 '나는 이동해야 돼.' 하는 상태다. 이런 식으로 상체나 표정은 안정되었는데, 발을 자주 움직인다면 어느 쪽을 더 믿어야 할까? 발이 표현하는 메시지를 더 믿는 것이 좋다. 이것은 앉아 있을 때도 마찬가지다. 표정이나 상체는 비교적 변화가 없는데, 발이 마치 지휘자의 지휘봉처럼 움직이기 시작하면 정서가 동요하는 중이다.

또한 발뒤꿈치를 들고 있으면 여기 머무는 것이 불편하여 떠나고 싶다는 뜻이다. 만약 발뒤꿈치를 자주 들었다 놨다 하면서 걷는 시늉을 하면 떠나고 싶은 마음이 더 많아진 것이다. 따라서 내담자가 뒤꿈치를 하나라도 들고 있으면 이유를 살피는 게 좋다.

다리를 떠는 것은 걷거나 달리고 싶기 때문인데, 현재 진행되는 대화의 속도가 느리다는 표현이며, 지루한 나머지 과거에 하던 활동의 수준을 회복하려는 것이다. 또한 발의 자세를 자주 바꾸거나 움직이면 초조하고, 발로 바닥을 구르면 화가 났다는 뜻이다.

왜 이렇게 발은 의지와 반대로 움직이는 일이 잦을까? 전두엽에서 의지의 힘으로 가만히 있으라고 명령을 내려도 감정뇌(변연계)가 발을 충동하여 곧잘 본심을 드러내기 때문이다.

#2 기쁠 때 리듬을 타는 발

발을 자주 움직이면 무조건 기분이 불안하다고 해석해야 하는가? 아니다. 기분이 좋아도 발을 자주 움직인다. 이 경우에는 춤을 추듯 움직인다. 탭댄스를 하듯 구두코로 땅을 차거나, 날렵하고 기운차게 걷거나, 우쭐거리거나, 깡충깡충 뛴다. 앉아 있을 때는 발과 무릎을 좌우로 흔들면서 리듬을 표현한다.

또한 기분이 즐거울 때는 발로 상승감과 활발함과 리듬감을 나타내고, 불안할 때는 체중을 한쪽으로 쏠리게 해서 몸을 위태롭게 하거나 떠나려는 듯한 도피동작을 한다.

그러므로 어떤 식으로 발을 움직이는지 살펴보는 것은 내담자의 기분을 파악하는 지름길이다.

"우린 공식적인 관계일 뿐입니다."

#1 계급사회에서 차렷 자세

군대 같은 계급사회에서는 차렷이라는 부동자세를 사용한다. 계급사회가 아닌데도 상급자와 하급자들 간 차렷 자세를 하면 서열을 중시하는 직장의 풍토 탓이다. 따라서 내담자가 습관적으로 차렷 자세를 사용하거나, 자연스럽게 서 있어도 될 장면인데도 굳이 차렷 자세를 취하는 것은 직업이나 평소의 대인관계를 반영한다.

#2 일반인의 차렷 자세

차렷 자세는 팔다리를 몸통에 붙여 몸을 축소시키고 근육을 경직시키기 때문에 기본적으로 부자연스러운 자세다. 일반인이 이런 특별한 자세를 취하면—발을 움직여 여기서 떠나겠다는 것도 아니고 편안하게 여기서 머물겠다는 것도 아닌—상대방에게 자신의 다음 동작을 숨기겠다는 의도다. '나는 당신 앞에서 무동작으로 있겠습니다. 공식적인 범위 내에서는 당신의 요구를 들어드리겠지만, 사적으로 얽히고 싶지는 않습니다. 당신이 묻는 말 이외에는 풍부하게 대답하거나 제 감정을 드러내고 싶지 않군요. 앞으로 제가 무엇을 할지 추측할 만한 단서를 드리고 싶지 않습니다.'라는 의미다. 가끔 '저 사람과 오랫동안 함께 지내면서 얘기도 하고 식사도 했는데, 왜 내 험담을 하고 다니지?'라고 하는 사람들이 있다. 그런 사람들은 상대방이 자신에게 신체적으로나 정신적으로나 차렷 자세로 대한 것을 알아차리지 못했거나, 상대방이 마음을 닫고 의례적인 태도로 대했음에도 불구하고 조용한 태도쯤으로 착각했기 때문이다.

그런데 앞에서 말한 차렷 자세는 다른 사람들의 행동을 기다리면서 숨을 죽이고 진지하게 서 있는 기대 자세와 구분해야 한다. 얼핏 보면 둘 다 가지런히 서있는 것 같지만 차렷 자세는 근육을 경직시켰고, 기대 자세는 흥미가 집중된 호의적인 자세다.

다리 벌리고 서기

"나는 멋진 남자라고!"

여성보다 남성이 곧잘 다리를 떡 벌리고 선다. '내가 너보다 더 크고 강해. 여긴 내 영역이야'라는 의미이며, 상대방보다 더 넓게 벌리고 공간을 더 많이 차지한다. 지하철의 쩍벌남 다리를 쩍 벌리고 앉는 남자도 이런 메시지를 전달하는 셈이다.

또한 '나는 여기서 한 발자국도 움직이거나 물러나지 않을 거야.' 하는 의미도 있다. 다리를 옆으로 벌리면 걷거나 싸우기 불편한데도 이렇게 하는 것은 상대를 얕잡아 본다는 표시다. 게다가 사타구니를 의도적으로 노출해서 남성성을 과시한다. 보조동작으로 허리춤에 손을 대거나, 손을 허리띠에 꽂거나, 팔짱을 끼거나, 눈을 부라리기도 한다. 함부로 범접할 수 없는 사람이라는 의미다. 그러므로 대화 중 다리의 폭을 관찰해 보라. 평소보다 다리를 더 벌리면 우월감·대립·투쟁을 표현하고, 오므리면 복종·이의 없음·주장 철회를 의미한다.

"어떻게 하는지 한 번 지켜볼까?"

#1 편안해서 다리 꼬기

다리를 꼬면 체중이 한쪽으로 쏠리기 때문에 넘어지기 쉽고 오래 서 있기도 불편하다. 게다가 공격받을 때 즉각 반격하기 어렵다. 그런데도 왜 다리를 꼴까? 주변에 위협요소가 없어서 편안하고 여유가 있기 때문이다. 마치 외다리로 밧줄 위에 서서 묘기를 부리는 서커스 단원처럼, 한 다리에 체중을 싣고 스릴을 느낄 정도로 여유가 있다.

또한 주변에 자신이 좋아하는 사람이 있을 때도 이런 자세를 취한다. 어느 쪽에 있는 사람을 더 좋아할까? 사진처럼 오른발을 꼬았다면 좋아하는 사람이 오른쪽에 있다. 오른쪽으로 발을 내디뎌서 그 사람에게 더 가까이 가고 싶기 때문이다.

#2 허세 부리느라 다리 꼬기

다리를 꼬면 걸을 수 없다. 그러니까 '나는 이 자리에 머물겠다. 눈앞의 상황을 주시하겠지만 적극적으로 참여하지도 않겠다.' 하는 뜻이다. 왜 방관자와 참여자의 입장을 동시에 취할까? 불리하면 관찰과 방어에 주력하다가, 유리하면 뛰어들려는 이중 전략을 가졌기 때문이다.

또한 체중을 뺀 다리로 체중을 실은 다리를 감았는데, 편하게 서 있는 것 같지만, 사실 한쪽 다리에 체중을 싣느라 엉덩이와 종아리에 힘을 줘야 하고 허벅지를 붙여서 성기를 감추는 방어 자세가 되었다. 왜 초조하면서 여유 있는 척할까? '나는 긴장된다. 하지만 두려운 태도를 보이면 공격받겠지. 그러면 이 자리도 뺏길지 몰라. 내가 만만하지 않다는 것을 보여 주자.'라는 의도다. 따라서 경쟁자들끼리 기싸움을 하거나, 범죄자들이 믿는 구석이 있는 것처럼 행동할 때 이러한 자세로 허세를 부린다.

다리와 발 6 발 내밀기

"관심 있어요."

#1 대화 중 발 내밀기

이 사진을 보면 여성이 남성을 향해 한 걸음 다가선다. 관심이 있다는 뜻이다. 이 동작은 매우 단순하지만 많은 사람들이 알아차리지 못한다. 서로 표정만 읽느라 발을 놓치기 쉬운 데다 상대가 한걸음 살짝 내미는 것을 알아차리기가 어렵기 때문이다.

발의 움직임을 알아보려면 사람들과 '안녕하세요?'하고 인사를 나눈 후 기다려 보라. 상대방이 좀 더 다가오면 나를 만나서 반갑고, 발을 뒤로 빼거나 뒷걸음질을 하면 관심이 없다는 의미다. 반면에, 발을 움직여서 거리를 좁히거나, 앉아 있더라도 발을 뻗어서 거리를 가깝게 하면 친하고 싶다는 뜻이다.

대화하는 사람을 발견하면 잠시 대화의 내용이나 표정은 그만두고 그들의 발을 먼저 관찰해 보라. 누구의 발이 누구에게 먼저 접근하는가? 상대방의 발도 접근하는가? 어느 때는 가까워지고 어느 때는 멀어지는가? 마치 두 사람이 춤을 추는 것처럼 발을 움직이는 것을 발견할 수 있을 것이다. 요컨대, 발도 열심히 말을 하는 중이고, 그중에서도 물리적 거리를 통해서 마음의 거리를 표현한다는 것을 확인할 수 있다.

"아, 바쁘지만 잠시 당신에게 시간을 내지요."

#1 짝다리를 짚고 고개를 돌려서 봄

한쪽 다리에 체중을 싣고 몸과 얼굴을 반쯤 돌려서 쳐다보는 것은 '나는 당신을 만날 정도로 한가한 사람이 아니야. 하지만 잠깐 만나 주는 거야.' 하는 거만한 태도다. 우리나라에서는 '짝다리를 짚는다.' 하고, 서양에서는 귀족이 초상화에서 흔히 취하는 자세라고 한다(문국진, 2007). 정말이지 자신의 몸을 반만 보여 주기 때문에 사람을 반만 만나 주는 태도다. 이렇게 하면 정중하지도 않고 진심으로 맞이해 주지도 않기 때문에 중요한 이야기를 하기 어렵다.

#2 걸어가다가 고개만 돌림

어떤 사람이 걸어가다가 누군가를 만났을때, 고개만 돌려서 그 사람을 보면 '급한 용무가 있어요.' 하는 뜻이다. 그 사람의 발끝이 가리키는 방향을 따라가면 최종 목적지가 있다. 그러니까 이 사람은 동시에 두 사람을 만난 셈이다. 걸어가려는 곳에 있는 사람이 1순위이고, 고개만 돌려서 대하는 사람은 2순위다. 만약 당신이 더 중요한 사람이라면 걸어가는 자세를 거두고, 당신을 향해 돌아설 것이다.

"좀 쉬자." "불편하군."

대체로 여성은 무릎을 붙이고 공수자세로 발목을 꼬고, 남성은 무릎을 벌리고 팔걸이를 움켜잡고 발목을 꼰다. 그 이유는 다음과 같다.

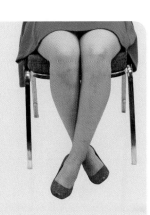

#1 불편해서 발을 꼬고 앉기

사진처럼 다리를 꼬면 두 다리 사이의 공간을 없애면서 발의 움직임을 제한한다. 동물들이 불안을 느꼈을 때 몸을 축소하면서 정지하는 '얼음땡Freezing' 동작과 같다고 할 수 있다. 사람들도 누군가 자신을 감시하거나 비판한다고 느끼면 이처럼 방어한다. 남성은 여성보다 이런 자세를 덜 취하는데, 그럼에도 불구하고 이렇게 하면 상당히 긴장하는 중이다.

편안해서 발을 꼬는 것과 불안해서 꼬는 것은 어떻게 다른가? 불안해서 발을 꼬는 사람은 추가로 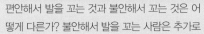자기위로몸을 감싸 안기 등나 긴장 완화입술 핥기나 코 문지르기 등의 동작을 한다. 그래서 구별할 수 있다.

#2 편안해서 발을 꼬고 앉기

어떤 자리에 앉아서 편안히 쉴 때도 다리를 꼰다. 다리를 꼬면 일어나기 힘든 자세가 되는 데, '당분간 여기 머물자.'는 의도다. 이때 다리를 쭉 뻗으면 침대에 누워 있는 것처럼 더욱 더 편안하다. 또한 두 발을 닫아 걸었기 때문에 다른 사람의 방해를 받지 않고 혼자 조용히 휴식을 취하겠다는 태도다. 강연장에 가 보면 흔히 이런 사람들을 볼 수 있다. 강의를 듣기도 하고, 생각에 잠기기도 하고, 편안히 쉬기도 하려는 것이다.

"불안하군요."

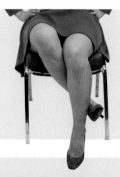

#1 한쪽 다리로 다른 쪽 다리를 감기

한 다리로 다른 다리를 감는 것은 자신을 팔로 감싸 안는 것처럼 손 17 참조 자기위로의 동작이다. 상체로 여유있는 동작을 해도 하체가 이런 식이면 긴장하는 중이다.

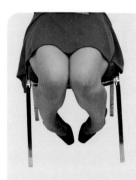

#2 의자 뒤로 다리 숨기기

의자 뒤로 다리를 숨기면 몸을 숨기는 것이나 다름없다. 대화 중에 숨기고 싶은 주제가 나왔거나 나올 것 같으면 '얘기하기 싫은 내용이군. 들키지 말아야지.' 하는 마음에서 다리를 의자 밑으로 밀어 넣는다. 또한 자신이 잘못한 일에 대해서 추궁을 받거나, 잘못한 게 없어도 어쩐지 두려우면 의자 밑으로 다리를 감추고 신체의 노출 면적을 줄인다.

다리 꼬고 앉기

"당당하고 싶어요."

다리를 꼬고 앉는데는 다음과 같은 네 가지 이유가 있다.

#1   **몸을 높이려고 다리 꼬기**

상대방보다 한쪽 무릎을 더 높이고 신체 공간도 더 많이 차지할 수 있다. 따라서 서로 마주 앉자마자 상대방보다 먼저 다리를 꼬는 사람은 기선을 제압하려는 것이다. 또한 대화 중에 상대를 쉽게 보기 시작했거나 우세를 점유하려는 순간에 다리를 꼰다. 반면, 대화의 어느 시점에서 열세를 인정할 때는 꼰 다리를 풀어 내리고 두 무릎을 모은다.

#2   **허벅지에 힘을 주려고 다리 꼬기**

다리를 꼬면 외다리로 균형을 잡아야하기 때문에 몸의 안정성이 떨어진다. 또한 다리를 교차하고 허벅지에 힘을 주었기 때문에 폐쇄적이고 방어적이다. 겉으로 보면 당당해 보이나 사실은 걱정이나 불안이 있을 수 있다.

#3 좀 더 다가가려고 다리 꼬기

다리를 꼬면 올라간 다리의 무릎이 뚜렷하게 튀어나와서 앞을 가리키게 된다. 그 무릎이 가리키는 방향에 있는 사람이 대화의 상대자다. 따라서 가까이 가고 싶은 마음을 몸으로 표현한다. 만약 무릎이 대화의 상대방을 가리키지 않으면 좋아하지 않는다는 의미다.

#4 하복부를 감추려고 다리 꼬기

여성이 치마를 입었을 때 하복부를 감추려고 다리를 꼰다. 또한 다른 사람의 눈길을 끌고 자존심을 표현하려는 의도도 있다. 각선미를 자랑할 수 있기 때문이다.

여러 가지 다리 모으기

"다리로 성격을 표현해요."

다리를 모으고 앉는 방식은 다음처럼 여러 가지가 있다.

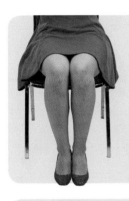

#1 다리 모으기

대다수의 여성들이 무릎을 붙이고 두 발을 모으는 이 자세를 선호한다. 만약 여성인데도 두 다리를 벌리고 앉는다면 말괄량이 기질이 있다. 남성은 어깨넓이로 다리를 벌리고 앉는 것을 선호한다. 만약 남성이 무릎을 붙이고 앉으면 그 이유를 살펴보는 것이 좋다.

#2 다리를 옆으로 눕히기

여성이 두 다리를 가지런히 모아서 옆으로 기울이면 품위가 있고 고상한 자존심을 가졌다. 이 여성의 마음가짐을 이해하고 그에 알맞게 정중히 대하는 것이 좋다.

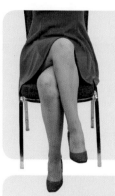

#3 다리 꼬고 발끝이 11자형

다리를 꼬면 두 발은 ㅅ자로 벌어지는 것이 보통이다. 그러나 특이하게도 두 발끝을 11자 모양으로 나란하게 만드는 사람들이 있다. 이렇게 하려면 의식적으로 신경을 써야 한다. 즉, 발끝을 나란하게 맞출 정도로 완벽주의거나 강박적인 면이 있을 수 있다.

#4 무릎 붙이고 양발 벌리기

두 무릎을 붙이고 두 다리를 벌린 채 주저앉아서 노는 어린이의 모습을 흉내 낸 자세다. 귀엽고 어리게 보이거나, 소녀 취향을 표현하는 것이다.

다리와 발 12 4자 다리로 앉기

"내 주장을 굽히지 않겠다."

4자 모양으로 다리를 걸치고 앉는 것은 신체 확장 동작이며, 그와 동시에 상대방에게 장벽을 세웠다. 이 동작은 세 가지로 나눌 수 있다.

#1 4자 다리로 몸집 부풀리기

상대보다 몸집을 부풀리고, 무릎의 높이를 더 올리고, 사타구니도 과시하기 때문에 '내가 당신보다 더 낫지! 논쟁에서 내 의견을 굽히지 않겠어.' 하는 뜻이다.

#2 4자 다리를 손으로 잡기

이 사진처럼 4자 다리를 손으로 잡으면 이 자세를 견고하게 유지하겠다는 뜻이다. 따라서 자기주장을 강하게 유지하겠다는 뜻이며, 심지어 상대를 꺾어서라도 자신의 의견을 관철하겠다는 태도다.

#3 4자 다리에 깍지 끼고 기대앉기

4자 다리를 하고 손을 뒷머리에 대고 젖혀서 앉으면, '난 우월해!' 하면서 오만을 부리는 중이다. 때에 따라서는 4자 다리에 팔짱을 끼거나 턱을 괴거나 지나치게 느긋한 태도를 보이면서 경쟁 상대 앞에서 여유 있는 체한다.

#4 4자 다리로 경계선 만들기

4자 다리를 하면 상대방과 나 사이에 경계선이 생긴다. 상대방의 입장과 거리를 두려는 것이다. 그러므로 대화할 때 4자 다리를 하면 거부감 내지 반대를 표현하는 것이고, 다리를 풀어 내리면 호감 내지 찬성으로 바뀐 것이다.

신발 갖고 놀기와 신발 벗기

"쉬고 싶어요."

#1 신 벗기

휴식을 취하고 싶을 때 신발 위에 발을 올려놓거나, 발을 반쯤 빼서 헐겁게 신는다. 따라서 강의 중 여러 사람이 신발을 벗거나, 한 발로 다른 발을 비비고 있으면 휴식시간을 가질 때가 되었다는 신호다. 그러나 피곤해서라기보다 그냥 좀 더 편안하게 있고 싶어서 신을 벗을 때도 있다.

#2 발장난하기

사람들은 심심할 때 발을 흔들거나, 발을 까딱거린다. 소위 '발장난'을 한다. 편안하고 여유가 있기 때문인데, 긴장하면 즉각 멈추는 것을 보면 이 사실을 알 수 있다.

#3 발끝에 신발 걸기

여성이 남성 앞에서 하이힐을 발끝에 걸고 까딱거리면 어떤 의미인가? 상대방을 업신여긴다는 뜻일 수도 있고, 장난을 걸고 싶다는 뜻일 수도 있다.

PART

9

목소리

메라비언의 법칙Part 1 참조에 따르면, 보디랭귀지 중에서 음성이 38%로 높은 비율을 차지한다. 아닌 게 아니라 수화기를 통해서 들려오는 낯선 사람의 목소리만 들어도 그 사람의 성별, 나이, 인종, 출생지, 신분, 건강, 교양의 정도 등 많은 정보를 얻을 수 있다. 그래서 언어와 통신을 연구하는 사람들이 음성에 대해서 여러 연구들을 했고, 최근에는 음성을 분석하기 위한 도구들과 방법론이 개발되었다. 조동욱 등(2014, 2017) 의 연구에 따르면, 음성은 〈표 9-1〉처럼 다섯 가지 요소로 나눌 수 있다고 한다.

<표 9-1> 음성분석의 다섯 요소

요소	표기 방식	의미
음높이 (pitch)	Hz(음도 범위, 최대-최고)	음역의 범위와 변화 폭
강도 (intensity)	dB(진폭의 크기)	음성의 세기
지터 (jitter)	%(주기 대비 변화/기본 주파수)	성대 진동 변화율이며, 평균 1%임
짐머 (shimmer)	dB(진폭 주기의 변화를 비교)	음성파형의 규칙성이며 평균 3.8임
NHR (Noise to-Harmonic Ratio)	%(잡음 대 배음 비율)	평균 0.19임 높을수록 거칠어서 호감도가 약화됨
발화속도	자/s(1분당 발화 음절 수)	평균 3.7~4자/s, 300/m임

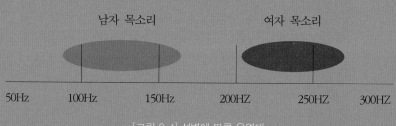

남자 목소리   여자 목소리

50Hz   100Hz   150Hz   200HZ   250HZ   300HZ

[그림 9-1] 성별에 따른 음역대

먼저, 음 높이pitch를 살펴보면 [그림 9-1]과 같다. 남자 목소리는 100~180Hz 정도의 높이를, 여자는 200~270Hz 정도의 높이를 가졌다. 그런데 자신의 성에 속하는 음역을 벗어나서 남성이 여성의 음색을 띠거나 여성이 남성의 음색을 띠면 반드시 그럴 만한 이유가 있다. 또한 자신의 성에 속한 음역에서도 높거나 낮은 쪽에 속하면 색다른 느낌을 준다. 예를 들어, 여성 목소리의 경우 평균보다 낮은 190Hz의 목소리면 인지적이며 논리적인 느낌이 들고, 220Hz의 중간음이면 전형적인 여성 목소리의 느낌을 주고, 230Hz의 고음이면 강하고 명료한 메시지를 전달하는 느낌을 준다. 이때 강도intensity도 중요한 요소인데, 소리가 크면 힘과 리더십을, 약하면 부드러움을 반영한다. 그러나 현대에는 후자가 리더십을 반영하기도 한다.

지터, 짐머, NHR의 세 요소는 음색을 결정하는 요소들이다. 지터값은 장시간 말하더라도 자신의 기본적인 목소리를 흔들림 없이 유지하는 능력을, 짐머값은 소리를 크거나 작게 변화시키더라도 여전히 자신의 고유한 음색을 유지하는 능력을, NHR은 잡음이 없이 맑은 소리를 내는 능력을 나타낸다. 이 세 가지 ㅌ능력이 높을수록 신뢰심, 진밀감, 성확한 선달력이 높고, 그렇지 않으면 목소리가 거칠고 불인정하며 호감도기 낮다.

또한 위의 표에는 없지만, 음폭bandwidth of pitch은 대인관계를 반영한다. 친밀한 사람에게는 다양한 음성으로 애정을 표현하기 때문에 높낮이의 변화가 풍부하고, 그렇지 않은 사람에게는 차분하고 논리적으로 대하기 때문에 단조롭다.

이와 같이 음성을 이해하는 데 도움이 되는 몇 가지 관점을 살펴보았다. 이 Part에서는 이를 바탕으로 대인관계와 상담에서 사용할 수 있는 다섯 가지 항목을 살펴본다.

"침묵도 말이다."

'침묵은 금이고 웅변은 은이다.'라는 격언처럼, 침묵은 역설적으로 강렬한 메시지를 전달한다. 대화 중 침묵이 나타나면 어떻게 이해해야 할까? 의견이 없거나 말수가 적은 사람이겠거니 하고 무시해야 할까? 아니다. 침묵하기 전과 후를 살펴보면 침묵의 의미를 알 수 있다. Dinuart(2016) 신부는 자신의 저서 『침묵의 기술L'art de se taive』에서 신중, 교활, 아부, 조롱, 감정, 아둔, 동조, 무시, 정치, 변덕의 10가지로 침묵의 의미를 분류했지만 여기서는 영성적인 면보다 실생활에 초점을 맞추어서 분류하였다.

> ## #1 관습적 침묵과 그렇지 않은 경우
> 사람들은 교회, 도서관, 병원, 극장 같은 특정 장소에서 기도, 독서, 간호, 관람 같은 행동을 할 때 관습적으로 침묵하며, 이럴 때는 누구나 쉽게 의미를 알 수 있다. 그러나 다음과 같은 경우에는 개인적인 이유로 침묵한다. 이때는 개별적인 해석이 필요하다.
>
> - 심리적인 장애: 우울증, 함묵증緘黙症 같은 정신병리일 때
> - 감정적이거나 질적인 순간: 어이가 없어서 말문이 막힐 때, 상대를 무시할 때, 혹은 연인에게 말보다 더 깊은 사랑을 느낄 때
> - 의도적인 침묵: 심리내적으로 자신에게 집중할 때, 대답하기 곤란할 때, 혹은 숲속의 새 소리에 더 귀를 기울이고 싶어서

#2 침묵의 의미

✕ 특정 단어를 강조할 때

'나는 대인관계에서 잠시 말을 멈추고 배려 강하게 혹은 또박또박 발음한다가 중요하다고 생각합니다.' 하면, '배려' 라는 단어를 강조한다.

✕ 예/아니요 질문에 대답을 회피

> A: 당신은 이 일에 찬성하십니까?
>
> B: …… 회피, 무결점

A의 질문은 예 / 아니요로 대답해야 하는 폐쇄질문이다. 이때 B는 마음속으로 대답을 결정했지만 회피하려고 침묵한다. 간혹 당장 결정하기 어려워서 침묵할 때도 있다. 어느 쪽인 지 궁금하면 신체를 관찰하면 된다. 예를 들어, 고개를 끄덕거리면서 대답하지 않으면 암묵적인 찬성이고, 눈동자를 좌우로 굴리면서 대답하지 않으면 눈치를 보는 중이고, 턱을 만지면서 침묵하면 정보가 부족해서 판단을 못 내리는 중이고, 무표정에 최소한의 동작을 보이면 마음을 숨기는 중이다.

✕ 관심을 가지는 질문에 무응답할 때

> A: 안녕하세요?
>
> B: …… 적대적, 무관심, 무시

A의 질문은 예/아니요의 대답을 요구하는 폐쇄질문 같지만, 사실은 A에게 관심을 보이는 개방질문이다. 이때는 '아, 안녕하세요? 날씨가 좋네요.' 하는 식으로 상대의 관심에 반응하면 된다. 이때 대답하지 않으면 상대를 무시하거나 적대적이다.

✕ 특정한 대답을 요구받고도 무응답할 때

> A: 제가 그런 적이 없죠? 그렇죠?
>
> B: …… 폭로

A는 B가 '네.'라고 대답해 주기를 기대했기 때문에 중립적인 질문이라고 할 수 없고, 요즘 유행하는 말로 '답정너 답은 내가 정했으니 너는 대답만 하면 돼'의 줄임말'의 질문을 한 셈이다. 이때 B가 침묵하면 '당신은 그렇게 했습니다.' 하고 폭로한 셈이다. 왜 이렇게 소극적으로 자기 의사를 밝혔을까? A의 보복이 두렵거나, 다른 이유가 있다.

확인하는 질문에 무응답할 때

A: 당신이 그런 말을 한 적이 있죠? 내가 직접 들었어요.

B: ……. 은폐

A는 B가 그런 말을 했다는 것을 알고 질문했기 때문에 확인질문이 된다_{모르고 질문하}면 유도질문이다. B는 A가 알고 묻는다는 것을 알고도 '아니요.' 라고 대답하면 거짓말이 된다. 이것은 나중에 증거가 나타나면 문제를 일으킬 수 있다. 그래서 거짓말을 하지 않고 그와 동시에 실토하지도 않으려고 침묵한다. 그러나 침묵하는 것은 이미 그런 말을 했다고 시인한 셈이다. 왜 이렇게 할까? 유리한 국면이 나타나기를 희망하면서 묵비권으로 시간을 벌려는 것이다.

설명하거나 표현하기 어려울 때

분노, 혐오, 불안, 애정, 슬픔처럼 강렬한 감정은 벅차오르거나 오싹하거나 화끈거리는 등 매우 낯선 느낌을 준다. 특히 질투, 부적절감, 소외감, 부끄러움 같은 감정은 드러내기도 쑥스러울 뿐만 아니라, 말로 표현하기도 어렵다. 아동 혹은 감정표현이 빈곤한 환경에서 자란 사람들은 이런 감정을 느꼈어도 설명을 포기하는 경향이 있다.

배려·단절·무지의 상태일 때

다른 사람의 입장이 곤란해질까 봐 알고 있으면서도 침묵하는 것은 배려다. 싫어하는 사람과 말을 섞고 싶지 않아서 침묵하는 것은 단절이다. 그 사건에 대해서 아는게 없어서 대화에 끼어들지 못하고 듣기만 하는 것은 무지 때문이다.

목소리2 목소리와 애정

"곱거나 미운 사람에게는 목소리가 달라요."

다른 사람이 나에게 애정이 있는지 없는지 목소리로 알 수 있을까? 있다. 애정의 유무는 목소리에 리듬이 있느냐 없느냐에 달려 있다.

#1 리듬이 있는 목소리

목소리에 하모닉스harmonics가 있으면, 즉 맑고 명랑하게 울리면 듣는 사람에게 호감도가 높다. 좋아하는 사람을 보면 목소리에 노래처럼 리듬이 생기고, 자주 웃고 행동도 적극적이 된다. 그러니까 당신을 좋아하는 사람은 반가운 음성으로 노래하듯 대화를 하는 경향이 있다.

성욕도 일종의 애정이며, 성욕을 표현할 때는 낮고 나른하고 음절 사이가 늘어지면서 여운을 길게 끈다. 영어로 표현하면, 끈적거리고sticky, 맑고ringing, 말끝이 하강조slide down다. 부정적으로 들으면 징그럽지만 긍정적으로 들으면 달콤하게 조르는 듯하다.

#2 리듬이 없는 목소리

한 가지 톤으로 단조롭게 말하면 감정의 변화가 없거나 안 드러내는 것이다. 표정 변화도 없고 행동도 소극적이다. 말하는 사람은 상대에게 호감이 없다는 것을 분명하게 드러내서 괜히 손해를 보려 하지 않기 때문에 마치 객관적이고 공식적인 태도를 취하는 것처럼 위장하기도 한다.

"긴장된 목소리와 편안한 목소리."

구강, 혀, 목 근육, 성대, 횡격막으로 이어지는 발성기관은 생각보다 길고 크다. 그래서 조금이라도 긴장하면 이들 기관에 있는 근육들이 수축해서 성대의 진동과 소리의 높낮이에 영향을 주고, 그 결과 목소리가 떨리거나 끊기는 등 변화가 나타난다. 따라서 목소리와 긴장수준은 밀접한 관계가 있다.

#1 흉식 호흡에 발성기관을 억제하는 목소리

분노, 불안, 두려움, 의기소침처럼 부정적인 감정 때문에 긴장하면 즉시 호흡량이 줄어든다. 거짓말 탐지기로 호흡량의 변화를 측정하는 이유도 이 때문이다. 호흡이 잘 안 되면 산소를 보충하려고 어깨를 들먹이며 가쁘게 숨을 쉰다. 그 결과 목소리가 평소보다 달라지고 속도도 빨라진다. 또한 목 근육과 성대가 굳기 때문에 떨거나 달라지고 언어기침, 한숨, 에~ 아~ 하는 소리 등를 많이 하거나 혀짤배기소리를 낸다.

개별 감정에 대해서 좀 더 세부적으로 살펴보면 다음과 같다. 불안하면 말을 더듬고, 두려우면 음색에 변화가 많고, 화가 나면 목소리가 거칠고 한 옥타브씩 돌발적으로 올린다. 또한 의기소침하면 속도가 느려지고 세기가 약하고 고음을 잘 내지 않는다.

#2 복식 호흡에 발성기관을 이완하는 목소리

즐겁거나 자신만만하면 안정된 호흡을 바탕으로 쉽게 소리 조절을 할 수 있다. 그 결과 음이 높고 변화가 풍부하고 힘과 속도가 있고 탁 트이고 안정된 소리를 낸다. 발성기관의 어느 부분도 억제되지 않기 때문이다.

목소리와 역할

"사회적 역할에 알맞은 목소리."

사람들은 사회에서 특정한 역할을 맡으면 그 역할에 기대되는 '특정한 조(調)'의 목소리를 내는 경향이 있다. 그래서 목소리를 듣고 그 사람이 어떤 역할이나 직업을 가진 사람인지 추측할 수 있다.

#1 성악에서 결정한 역할 배역들

성악에서 소프라노는 서정적이고 아름다운 여자 목소리예: 미카엘라를, 메조 소프라노는 격정적인 여자목소리예: 카르멘를, 알토는 마녀, 엄마, 친구의 역할을 한다. 테너는 남자주인공을 담당하는데 성량이 풍부하고, 서정적이기 때문이다. 바리톤은 라이벌, 친구, 형제, 연적의 역할을 하고, 베이스는 처녀의 아버지, 악한 음모자, 비극적인 왕, 익살꾼의 배역을 담당한다. 이런 식으로 사람들은 특정한 목소리에 대한 관습적인 역할기대가 있다. 따라서 내담자의 음성을 듣고 어떤 역할을 하는 사람인지 판별할 필요가 있다.

#2 선동자의 강하고 빠른 목소리

악센트가 강하고 톤이 높으면 고함이나 경고 같은 투쟁적 상황과 관련 있기 때문에 청중을 긴장시키고 아드레날린 분비를 촉진한다. 그래서 흥분하고 선동하는 역할에 적합하다. 그래서 인기 강사는 공통적으로 활기차고 좀 빠르고 높은 듯한 목소리를 낸다. 그러나 장시간 들으면 쉽게 피곤해지는 단점이 있다.

#3 정보 전달자의 정확하고 변화 많은 목소리

중간 성노 좁이의 명료한 음성으로 나방한 어소를 구사아거나, 싱소힐 부분을 세게 찍어 주듯 발음하는 것은 정보 전달에 유리하며, 아나운서나 강사, 사회자의 목소리로 적합하다.

동화구연자도 여러 가지 음색과 속도를 섞어서 매우 다채로운 목소리를 구사한다. 상인도 호객행위를 할 때 빠르고 명료한 목소리를 바탕으로 쉼표와 스타카토를 이용해서 특정 단어나 내용을 강조한다. 이들의 생명력은 정보를 분명하게 전달하는 능력에 있기 때문이다.

 발표자의 목소리

제안예: ~해주시겠습니까?, ~를 좀 도와주시겠습니까?할 때는 부드럽고 낮은 목소리로, 성과보고예: 카이사르의 '왔노라, 보았노라, 이겼노라'를 할 때는 짧고 강한 단문 형태로, 자료를 제시예: ~를 공개합니다!할 때는 높은 음을 사용한다. 이것은 발표할 때의 기술이다.

 애교 섞인 콧소리

콧소리는 음성에 코의 진동을 섞어 넣는 것이며, 자존심을 낮추고 상대에게 접근하는 목소리다.

 군인의 절도 있는 목소리

혀와 입술의 움직임을 제한해서 절도 있고 엄격한 목소리를 낸다. 경찰, 군인 등 계급사회에 종사하는 사람들이 이런 목소리를 사용한다.

#7 분위기 메이커의 목소리

'도레미'보다 '미파솔'의 높은 음이 활기차고 즐거운 분위기를 만든다. 남성에게는 솔을 중심으로 한 빠르고 강한 목소리가, 여성에게는 미를 중심으로 한 크고 부드러운 목소리가 호소력이 있다. 레크레이션 강사, 개그맨, 서비스계 종사자들이 이런 목소리를 사용한다.

"목소리를 듣.고 성격을 구별할 수 있다."

#1　모음이 돋보이는 원숙한 목소리

　　마음이 편안한 사람은 성대와 횡격막이 이완되었고 이를 안정적으로 사용하기 때문에 [a, e, i, o, u]의 다섯 모음을 깊고 풍부하고 리듬 있게 낸다. 이처럼 풍성한 모음발성은 [ㄷ][ㅌ] 같은 치음齒音, [ㅋ][ㅌ][ㅊ] 같은 격음激音, [ㄲ][ㄸ][ㅉ] 같은 경음硬音이 내는 마찰을 부드럽게 흡수하고, 그 결과 모음을 중심으로 듣기 좋은 소리를 만든다. 마치 부모가 자녀에게 애정을 표현하는 것 같고, 큰 강물이 순탄하게 흐르는 것처럼 편안한 느낌을 준다. 그러므로 이런 목소리는 그 사람이 매우 원숙하고 조화로운 심정 상태에 머물고 있다는 것을 알려 준다.

#2　자음이 돋보이는 힘찬 목소리

　　격음이나 치음 같은 자음을 쇳소리가 나도록 강하고 또렷하게 발음하면 모음 발성의 부드러움은 사라지고 원기 충만하고 투쟁적인 면모가 드러난다. 단어 하나하나에 정확성과 무게를 싣기 때문에 전달력이 강하고, 자신감이 높고, 권위적이며, 카리스마가 있다. 이런 목소리의 소유자는 대개 군인, 지도자, 체육인, 사장처럼 힘과 절도를 중시하고 경쟁에 유능한 사람들이며, 체력도 강한 편이다.

#3　울림이 있는 다정한 목소리

　　목소리에 상쾌한 리듬과 낭랑한 울림이 들어있으면 말하는 사람의 따뜻한 감성을 드러낼 뿐 아니라 듣는 사람의 마음도 편안하게 한다. 남자는 맑은 종이 울리는 것 같아서 금성金聲이라고 하고, 여자는 옥쟁반에 은구슬이 구르는 듯해서 옥성玉聲이라고도 한다. 이런 목소리는 애정이 많은 성격을 드러낸다.

#4 비꼬는 듯 되바라진 목소리

세상을 다 아는 듯 지나치게 노련한 목소리, 심하게 말하면 닳아빠진 목소리다. 방송국 성우들 사이에서 '노랑 목소리' 라 불리며, 여자일 때는 경박한 성격을, 남자일 때는 간접적으로 분노를 표현하는 성격을 반영한다.

#5 외로운 사람의 잘 안 들리는 목소리

외로운 환경에서 혼잣말로 중얼거리는 것이 습관이 되었거나, 자존감이 낮아서 아무도 자기가 하는 말에 대답해 줄 것 같지 않다고 느끼는 사람은 음성이 불분명하다. 여기에는 경직형과 이완형의 두 가지 종류가 있다. 경직형은 혀와 입술을 어둔하게 사용하기 때문에 목소리가 크긴 하지만 무슨 단어를 발음했는지 불분명하다. 이는 불안하기 때문이다. 이완형은 혀와 입술에 힘이 없기 때문에 소리가 작고 말끝을 흐린다. 우울하기 때문이다. 게다가 이들은 말하기 전에 남들을 주목시키는 사회적 기술이 부족하고, 남들이 주목하면 말을 흐리기 때문에 더욱 그 목소리가 들리지 않는다.

#6 화난 사람의 툴툴거리는 목소리

화내는 사람은 퉁명스럽고 불친절한 목소리를 낸다. 사람들은 이 목소리를 가장 빨리 알아차리는데, 대뇌의 편도체에서 위험을 감지하는 기능이 가장 빨리 작동하기 때문이다.

#7 우울한 사람의 힘없는 목소리

낮은 '시라솔' 의 높이로 힘빠진 목소리를 내는 사람은 활기가 없고, 우울증과 관련이 있다. 대개 문장의 끝 부분이 하강조이며, 한숨을 섞거나 단답형으로 말한다. 그러나 의외로 사람들은 이런 목소리를 잘 알아차리지 못한다. 상대방에게 우울증이 있다고 알아차리기보다 자신을 싫어한다고 착각하기 때문이다.

#8 아픈 사람의 쉰 목소리

건강 이상^{위산역류 후두염, 코의 염증,} 카페인이나 알코올의 영향으로 성대나 구강이 아픔이나 고령일 때 성대가 탄력을 잃기 때문에 갈라지고 쉰 목소리가 난다.

상호 간 거리와 좌석 배치

사람과 사람 사이에는 관습적으로 허용되는 거리가 있다. 우리는 이 거리를 살펴보고 서로 어떤 관계인지 추측할 수 있다. 예를 들어, 우리나라에서 자식은 슬하膝下, 즉 무릎에 안고 키우고, 형제자매의 자식은 조카足下, 곧 발이 닿을 만큼 가까운 거리에서 만나고, 상관은 합하閤下 내지 각하閣下, 즉 큰 집 문앞에서 만나 뵙고, 왕은 전하殿下나 폐하陛下, 즉 큰 궁전이나 계단 밑에서 배알한다. 이런 식으로 관계가 멀수록 거리도 멀어진다.

또한 각 문화권이나 주거지역에 따라서 요구하는 공간의 크기가 다르다. 유럽 사람들은 미국인이나 우리나라 사람들에 비해서 좀 더 많은 개인 공간을 요구하고, 젊은 남자나 범죄자도 일반인에 비해서 좀 더 넓은 공간을 필요로 한다. 심리치료 시에 내향적이거나 대인관계에 문제가 있거나 우울증이 있는 사람은 상담자와 되도록 멀리 떨어진 곳에 앉아서 방어적인 자세로 고개를 숙이고 눈 맞춤을 잘 하지 않는다. 강박적이거나 편집적이거나 분열성의 병리가 있는 환자도 일반인보다 훨씬 먼 거리에 앉는다. 다만 심리치료가 잘 되어서 종결할 무렵에는 예전보다 좀 더 가까이 앉고 눈도 잘 마주친다. 따라서 심리치료의 성공 여부를 물리적 거리로 확인할 수 있다.

또한 춤치료를 하는 전문가들에 따르면, 내향적인 사람은 자기 주변의 개인 공간을 오목거울처럼 생각하다가 춤치료로 억압되었던 동작을 활발하게 한 후에는 볼록거울로 인식하는 경향이 있다고 한다. 위축되었던 심정이 풀리면서 공간 감각이 확장되는 것을 알 수 있다.

이에 대해서 근접학proxernics를 창시한 인류학자 Hall(2013)은 그의 저서『숨겨진 차원Hidden Dimension』을 통해서 대인간의 거리를 연구하기도 했다. 요컨대, 마음의 거리는 물리적 거리에 반영된다. 이 Part에서는 거리와 대인관계에 대해서 일곱 개의 항목을 살펴본다.

거리 1 　밀착~반 팔 거리

"사랑하니까 내 곁에 있어줘요."

개인 공간은 동체를 중심으로 60~80cm 떨어진 원통형의 공간이다 (Hall, 2013). 한 팔을 적당하게 펴서 한 바퀴 휘둘러서 그려지는 원기둥 모양의 공간이며, 그 사람의 소유로 간주된다. 그래서 어떤 사람은 이 공간을 한 국가의 영공이나 영해에 비유하기도 한다. 이 공간은 다시 밀착 거리와 반 팔 거리로 나눌 수 있다.

#1　밀착 거리0~45cm

서로 밀착해서 틈이 없거나0cm, 반 손바닥 거리0~15cm, 한 손바닥 거리 15~45cm다. 매우 가까워서 상대방의 동의가 없어도 언제든지 접촉, 귓속말, 포옹, 키스, 성행위를 할 수 있는 거리이며, 공격당했을 때 방어하기 어려워서 치명상을 입을 수 있는 거리이기도 하다. 이런 거리를 허용하는 대상은 절친, 연인, 가족, 부부 정도다. 따라서 남녀가 서로 이런 거리를 유지하거나, 친구인데 이런 거리를 허용하는 것은 서로 마음을 나누는 사이에 이르렀다는 의미다.

#2 반팔 거리 0~60cm

한 사람이 다른 사람의 방해를 받지 않고 몸을 이리 저리 움직일 수 있는 공간은 동체를 중심으로 대략 60cm 정도다. 인체공학적으로 이 공간은 개인 공간으로 간주된다. 친하지 않은 사람이 불쑥 이 공간 안에 들어오면 사람들은 대개 불편을 느끼고 심장이 빨리 뛰는 아드레날린 반응을 나타낸다(Fast, 2002). 왜냐하면 침입으로 간주하기 때문이다. 낯선 사람들이 승강기에 많이 타는 바람에 개인 공간이 없어져서 좁게 서 있으면 대부분 꼿꼿하게 서서 위를 쳐다본다. 긴장했기 때문이다. 사람만

그런 것이 아니라 동물들도 좁은 공간에 많은 개체가 살면 신경이 곤두서서 공격적으로 변하고 싸움이 잦아진다.

반면에 자신이 좋아하는 사람이 있으면 이 거리 이내로 끌어들인다. 비유하자면, 친구를 자기 집에 데려가는 것과 같다. 사진에서 보는 것처럼 서로 이런 거리 이내에서 장시간 머무는 것은 가족에 준하는 사이라는 것을 나타낸다. 오죽했으면 이처럼 친밀한 사이를 '붙어 다닌다'고 했을까!

한 팔 혹은 두 팔 거리

"우리는 친한 사이예요."

#1 한 팔 거리 0~75cm

두 사람 중 한 사람이 동의하지 않아도 다른 사람이 마음만 먹으면 즉시 접촉할 수 있는 거리다. 즉, 공격을 당해도 피할 여유가 없을 정도로 가까운 거리다. 주로 연인이나 절친 사이에서 이 거리를 사용하며, 만일 친하지 않은 사람에게 이 거리를 허용하면 남들에게 오해를 받을 수 있다.

#2 두 팔 거리 75~120cm

서로 동시에 팔을 뻗어야 닿을 수 있는 거리며, 한 사람이 한 걸음 다가서는 동안 다른 사람이 한 걸음 물러설 수도 있는 정도의 거리다. 따라서 중간 정도의 친밀감을 가진 친구들이 사용하는 거리다. 이 거리에서는 악수할 수 있고, 표정변화를 알 수 있고, 작은 소리로 비밀 얘기를 할 수 있다.

"우리는 공식적인 관계입니다."

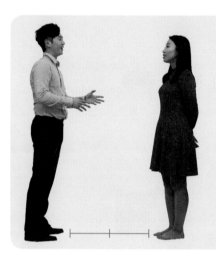

#1 두세 걸음 거리
120~210cm

이 거리는 한쪽이 한 걸음 걸어서 접근해도 한 걸음이 남는다. 낯선 사람이 갑자기 접근해도 피하거나 대처할 여유가 있다. 집안에 들어온 수리 기사를 대하거나 낯선 사람과 말을 건넬 때 이 정도의 거리를 둔다. 상대방이 돌출적인 공격 행동을 해도 방어할 여유가 있기 때문이다.

#2 세 걸음 또는 다섯 걸음 210~310cm

각자 자기 일을 할 수도 있고, 필요하면 서로 협동할 수도 있는 거리다. 팀원들 사이, 혹은 상사와 부하 사이의 책상 간 거리가 주로 이 정도다. 사적인 신체접촉이 일어나기 어려울 정도로 개인 공간이 확보된다. 한편, 보통 정도의 음성으로 얘기해도 업무 협조를 할 수 있을 정도로 가깝다. 역설적으로 말하면 이 거리 안에 동료가 없으면 그 직장에서 소외된 것이다.

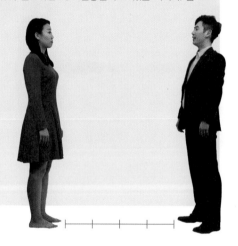

"나는 강사, 당신은 청중입니다."

#1 **다섯 걸음 또는 열 걸음**360~750cm

연사와 청중, 직장의 임원과 신입사원들, 공연자와 관중처럼 일 대 다수의 만남에 사용되는 거리다. 청중은 연사에게 접근하거나 방해하기 어렵고, 청중도 화장실에 갈 일이 있을 때 연사를 방해하지 않고 드나들 수 있다. 즉, 서로 친밀하지도 않고 접촉할 수도 없고, 서로 간섭할 수도 없고 공격할 수도 없는 거리다. 따라서 인기있는 보컬그룹이 공연할 때 왜 크고 높은 공연단을 설치하는 지 이해할 수 있을 것이다.

또 다른 이유는 연사와 청중이 서로 편안하게 바라볼 수 있도록 넉넉한 거리를 확보하려는 것이기도 하고, 때에 따라서는 서열을 강조하려는 것이기도 하다. 경복궁에 가보면 벼슬의 고하에 따라 품계석을 늘어세운 것을 볼 수 있을 것이다. 정일품은 왕으로부터 가장 가까운 곳에, 정구품은 가장 먼 곳에 세워서 서열에 따라 거리를 달리 하였다.

좌석1 상석

"누가 상석에 앉을까?"

실내의 상석은 출입문을 바라볼 수 있는 벽 쪽이다. 이곳에 앉으면 드나드는 사람을 파악할 수 있을 뿐 만 아니라 방 안에 있는 사람들을 한눈에 볼 수 있다. 따라서 모든 사람과 눈을 맞추면서 대화를 하기 편리한 의사소통의 중심지다.

자동차의 상석은 뒷좌석 우측이다. 운전자에게 방향을 지시하거나 운행 정보를 전달받기 쉽고, 옆자리에 앉은 사람과 대화를 나눌 수 있기 때문이다.

상석에는 누가 앉는가? 직급의 우열이 분명한 조직이라면 당연히 직급이 높은 사람이 앉는다. 직급의 우열이 분명하지 않은 모임이라면 연장자나 유능한 사람을 상석에 추대한다. 이때 누가 상석에 앉는 것이 타당한가 하고 서로 신경전을 벌이기도 한다. 이 과정에서 나타나는 힘겨루기를 지켜보면 그 모임의 역동을 파악할 수 있다.

292 보디랭귀지

떨어져 앉기

"우리는 남남입니다."

타인 1   타인 2

서로 모르는 사람들이 한 공간에 있을 때는 위 사진과 같은 방식으로 자신과 남을 구분하는 공간을 만든다. 서로 낯선 사람이라는 것을 표현하는 방식은 다음과 같다.

#1 타인과 떨어져서 앉기

사람들은 공원의 벤치나 버스 정류장 같은 장소에서 낯선 사람들과 되도록 멀리 앉는다. 그리고 되도록 몸의 방향이나 시선도 상대와 다른 곳을 향한다. 이것은 타인의 일에 상관하지도 않고 연루되지도 않겠다는 의미다.

#2 동료와 떨어져서 앉기

만약 회의석상에서 동료들과 떨어져서 혼자 앉으면 동료들과 반대되는 의견을 가졌다는 뜻이기도 하고, 동료들이 그 사람을 따돌린다는 뜻이기도 하다.

#3 소지품으로 칸막이를 하기

서로 떨어져 앉을 공간이 부족하면 핸드백이나 외투 같은 소지품을 이용해서 너와 나의 공간을 구분하는 칸막이를 만든다. 바닷가에 온 사람들이 해변에 자리를 잡을 때 돗자리와 가방을 이용해서 자기 영역을 만드는 것은 다른 무리와 내 가족 사이에 경계선을 만들려는 것이다.

"정식으로 이야기합시다."

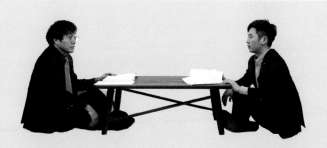

#1 정면 좌석의 단점

정면으로 배치된 좌석에 앉으면 긴장이 심하다. 지속해서 상대의 눈을 쳐다보기 때문에 방어적이며 경쟁적으로 되기 쉽다. 게다가 가운데 놓인 탁자가 장벽이 되어서 마음을 열기보다 자기주장만 되풀이하거나 작은 차이를 논쟁으로 변질시키기 쉽다. 또한 정면 배치 좌석에서는 대화의 길이가 짧고 대화 내용도 잘 기억하지 못한다. 그래서 국가 간 외교전쟁이나 정전협정처럼 긴장이 감도는 만남일 때는 폭이 넓은 탁자를 사용하여 거리를 좀 더 멀게 하거나 마이크를 사용해서 긴장을 완화한다. 옛날에는 어땠을까? 왕은 높은 곳에 앉아서 내려다보면서 신하에게 낮은 곳에 엎드려 머리를 숙이고 정면을 보지 못하게 하였다. 현대에도 정면 좌석일 때는 하급자가 머리를 숙이거나 신체를 축소하는 자세를 취해서 긴장을 피한다.

#2 정면 좌석의 장점

정면에서 마주 보는 자리가 불편한데도 불구하고 사람들은 왜 정면 좌석을 사용할까? 서로 몰입할 때 정면 좌석이 제일 효과적이기 때문이다. 서로 호감을 가지고 대화에 깊이 빠질 때 상대방의 표정 음성 그리고 동작을 최대한 수용하고 자신의 의사를 최대한 전달할 수 있기 때문이다. 그러므로 정면 좌석은 친밀한 관계일 때 가장 효과적이고, 그렇지 않을 때 가장 불편하다

"느긋하게 얘기합시다."

#1 긴장 완화

서로 45도 각도로 배치된 좌석에 앉으면 지나친 긴장을 피할 수 있다. 미국 대통령이 백악관 영빈관 페치카 앞에서 외국 정상들을 만날 때 이렇게 배치된 의자에 앉는 것을 볼 수 있다. 항상 상대방의 눈을 봐야만 하는 부담을 줄일 수 있고, 필요하면 맞은편 벽의 그림을 보거나 자기 일을 할 수 있다.

#2 팀워크 증진

자기 일을 하기도 하고 상대방과 협동 작업을 할 수도 있기 때문에 팀원들이 선호하는 좌석이다. 또한 평등한 배치여서 동료의식을 높이기에 좋다. 다만 한 사람이 다른 사람의 공간을 지나치게 침범하여 균형을 깨뜨리면 평등하던 관계가 손상되기 때문에 서로 주의해야 한다. 상담을 할 때도 내담자가 너무 긴장하면 이런 좌석배치를 사용할 수 있다.

좌석 5 설득을 위한 자리 배치

"반대하는 사람을 설득하고 싶어요."

설득자   동조자

중립자
(혹은 반대자)

반대자

다른 사람을 설득하려면 동조자와 나란히 앉는 게 좋다. 두 사람이 힘을 합하여 의견을 강하게 주장할 수 있기 때문이다. 동조자 옆에는 동조자와 친한 중립자를 앉게 한다. 중립자가 두 사람의 결속력을 보고 동조하는 입장으로 바뀔 수 있기 때문이다. 반대자는 맞은편에 혼자 앉게 한다. 고립되는 느낌이 심하게 드는 데다 상대방이 세 명인 줄 알고 주눅이 들어서 자기주장을 강하게 하지 못하기 때문이다. 자기편을 늘리고 반대편을 설득하려는 사람이 이런 식으로 좌석을 배치한다.

"회사의 자리 배치가 그 사람의 역할을 나타내요."

미국 경제주간지 『블룸버그 비지니스위크Bloomberg Businessweek』에 따르면, 리빙스턴Livingston 그룹의 창시자이자 조직 심리학자인 샤론 리빙스턴이 '특기할 만한 사실은 회의 때마다 사람들은 무의식적으로 늘 같은 자리에 앉는 경향이 있다. 조직 내 직위가 자리라는 영역으로 표출되는 인간의 심리학적 특성 때문이다.'라고 말하면서 좌석 선택과 직원 성향을 여섯 가지로 분류한 바 있다(McConnon, 2007).

	심복 (가끔 반대함)	중재자 (지도자 보조)	소극적인 사람	늦은 사람
지도자		테이블		2인자
	심복 (완전 순종)	중재자 (분위기 조절)	방관자	출입문

#1 회의 자리

회의할 때 사람들은 주로 어디에 앉는가? 지도자가 앉는 자리를 감안해서 조직원들은 자신의 자리를 정하는 경향이 있다(McConnon, 2007). 위의 좌석배치 그림을 보면 지도자는 회의실에서 모든 사람을 잘 볼 수 있고 출입문을 감시할 수 있는 자리에 앉는다. 지도자의 오른쪽에는 순종적인 심복이 앉아서 맞장구를 친다. 지도자의 왼쪽에는 대체로 순종적이지만 가끔 반대해서 지도자를 당황하게 하는 심복이 앉는다. 이 사람과 지도자 사이에 갈등이 생기면 옆에 있던 지도자 보조 역할을 하는 중재자가 지도자의 편을 조금 더 들면서 양자 간 갈등을 조정한다. 맞은편에는 대인관계 중재자가 중요한 회의 주제를 풀어 나가고 여러 사람 사이에서 논쟁이 일어나면 중재한다. 이 사람은 외향적이고 서로 타협시키는 일에 유능하다. 방관자는 구석에 있는 의자에 등을 기대고 앉아서 자기 의견을 드러내기 전에 다른 사람의 얘기부터 들으려 한다. 소극적인 사람은 대세를 따르며 자기 의견을 곧잘 번복한다. 차기 지도자 혹은 2인자는 지도자와 맞은편에 앉아서 근본적으로 의문이 들게 하는 예리한 질문을 던지거나 논쟁을 건다. 또한 늦은 사람은 의자를 찾지 못해서 회의탁자와 떨어져서 앉는데, 가끔 그 덕분에 다른 사람들이 미처 보지 못한 큰 그림big picture을 발견하기도 한다.

만약 회의를 효율적으로 하려면 어떻게 좌석을 재배치해야 할까? 지도자는 자신의 오른편에 2인자를 두어서 반대 의견을 경청하고, 심복은 2인자의 자리에 두어서 솔직한 의견을 내놓게 하고, 외향적이며 중재를 잘하는 사람은 가운데 좌석에 두어서 갈등을 절충하게 할 뿐 아니라 소극적인 사람을 옆자리에 앉게 해서 그 사람을 기운나게 하는 치어리더의 역할을 하게 한다. 만약 지도자가 서열보다 대인관계를 더 중시한다면 테이블의 가운데 와서 여러 사람들 사이에 섞여 앉는 것도 바람직하다.

#2 회식 자리

회식 자리도 사내의 권력 지형을 보여 주는 소우주다. 회의 좌석과 달리 부서장이 테이블의 가운데 앉는다. 출입문을 바라보면서 오가는 참석자를 확인할 수 있고 음식 주문을 쉽게 할 수 있고, 가장 많은 사람과 접촉할 수 있기 때문이다. 부서장의 좌우에는 부서장의 잔을 채우거나 농담에 적극 호응하거나 은밀한 대화를 나눌 수 있어서 경력 사원들이 앉는데, 일명 아부지대라고도 한다. 부서장의 맞은편에는 2인자와 신입사원들이 앉는다. 부서장에게 알려지기도 하고 말상대가 되기도 해야 하고, 회식의 처음부터 끝까지 함께하며, 음주에 대한 압박이나 개인기에 대한 부담이 가장 심해서 회사원들 사이에서 사망지대라 불린다.

구석 자리는 크게 눈에 뜨이지 않는다. 그중에서 출입문에 가까운 곳에 앉아 있다가 일찍 귀가하고 싶은 사람들이 앉는 곳은 사각지대. 자신의 존재감을 드러내고 싶지 않아서 부서장이 잘 볼 수 없는 곳에 앉아서 자기들끼리 조용히 얘기를 나누는 곳은 소외지대라 불린다.

 단체 사진

부서장을 중심으로 중요 구성원들이 중심을 차지하고, 존재감이 적은 사람들이 주변에 자리 잡는다. 이때 부서장과 비슷한 표정과 자세를 취하는 사람들은 주류 구성원들이고, 동떨어진 표정과 자세를 취하는 사람들은 비주류 구성원들이다.

좌석 7 ▎ 학급 좌석

"학급의 자리를 보면 그 아이를 알 수 있어요.

운동부	장결생	키 큰 애	만화쟁이	2짱	짱	꼬붕	담배담당
중립본좌	착한애	사차원	조용한 애	왕따	셔틀	미남	음악마니아
판타지	학원숙제	겜임페인	덕후	그냥	테디베어	아티스트	낙서쟁이
잠자리	신호등	5등	2등	3등	1등	유체이탈	창 밖 구경
무개념	만만한애	지각쟁이	꼴통	근시	빽가	외로운늑대	혼수상태

교탁

이 자리 배치도는 20년 전 어떤 고등학생이 저자가 '학급에서 어떤 아이들끼리 짝꿍이 되니?' 하는 질문에 설명해 준 내용을 다듬어서 만든 것이다. 그 후 여러 곳에서 강연을 할 때 사용하면서 널리 퍼지게 되었다. 이 배치도는 경험적으로도 일반화되기 어렵고 학문적인 근거도 부족하지만, 학생이 스스로 경험하는 학급의 생태계ecosystem와 좌석배치 간의 관계를 보여 준다는 점에서 살펴볼 가치가 있다.

#1 교실의 T-밴드와 U-밴드

교탁을 중심으로 역삼각형 모양으로 생긴 T-밴드T-band에는 공부를 열심히 하려는 학생들이 앉고, 말굽 모양으로 빙 둘러진 U-밴드에는 공부에 열의가 없는 학생들이 앉는다고 한다. 교탁 바로 앞줄에는 늦게 와서 부득이 앞자리에 앉은 학생지각쟁이과 교사가 장난치지 말고 제발 공부하라고 앞에 앉게 한 학생끌통이 같이 앉고, 눈이 나빠서 칠판에 가깝게 앉아야 하는 학생근시과 열심히 공부하려고 머리를 박박 밀고 교탁에 가까이 앉은 학생빡가이 나란히 앉는다. 그 뒤에는 우등생들이 앉아 있다.

좌우측 줄은 학원파라고 불리는 중간 정도의 성적을 가진 학생들이 앉는다. 교사가 재미있는 얘기를 하면 눈을 뜨고, 어려운 내용을 설명하면 눈을 감는 학생신호등과 자기 자리에 붙박혀서 종일 잠을 자는 학생잠자리이 짝꿍이 되고, 멍한 표정으로 앉아 있는 학생유체이탈과 창밖으로 운동장에서 체육하는 아이들을 구경하는 학생창밖구경이 같이 앉고, 소설책을 읽는 취미에 빠진 학생판타지과 학원 숙제하느라 정신이 없는 학생학원숙제이 같이 앉는다.

교실 뒤 오른쪽에는 공부에 취미가 없고 놀이에 집중하는 학생들이 모여 있다. 서열 1위의 학생짱이 서열 2위의 학생2짱과 같이 앉는다. 교실 뒤 왼쪽에는 오전 수업을 마치고 운동하러 가는 학생운동부과 학교에 간헐적으로 나타나는 장기 결석 학생장결생이 같이 앉고, 힘이 세고 운동도 잘하지만 마음이 선량한 학생중립본좌과 힘은 약하지만 마음이 선량한 학생착한 애이 같이 앉는다.

Pease와 Pease(2006)가 여러 나라의 청중을 상대로 수행한 연구에 따르면, 연사를 기준으로 청중의 앞줄과 가운데를 포함하는 깔때기 모양의 '학습 영역'에 앉은 사람들은 강연의 내용을 70% 가량 기억했지만 가장자리나 뒷좌석에 앉은 사람들은 30%밖에 기억하지 못했다. 그러므로 교탁을 중심으로 여러 개의 소집단이 특성에 맞는 좌석을 선택 하는 것을 알 수 있다.

#2 수학여행 버스 좌석

제일 뒷자리 다섯 개와 그 앞좌석 네 개는 으레 학급에서 인기 많은, 속칭 잘 나가는 학생들이 앉는다. 그중에서도 뒷자리 다섯 개는 살짝 인기가 많은 학생들이 앉고, 뒤에서 두 번째 좌석 네 개는 가장 인기가 많은 학생들이 차지한다. 맨 앞줄과 두 번째 줄은 궁금증이 많고 수다 떨기 좋아하는 학생들이 앉고, 나머지 중간 자리들에는 평범한 성격을 가진 학생들이 앉는 경향이 있다.

소지품, 복장, 헤어스타일, 문신

　보디랭귀지에 못지않게 소지품도 그 사람을 드러낸다. Gosling(2016)은 『스눕Snoop』이라는 책을 통해서 개인의 거주공간과 사무공간을 분석해서 그 사람의 성향을 알아내는 방식을 선보였다. 그러나 실제로 한 사람이 가진 소지품은 이 둘보다 범위가 넓다. 이 Part에서는 핸드백, 담배, 안경, 복장 같은 소지품뿐만 아니라, 문신, 헤어스타일 같은 신체 변형도 포함하였다. 이런 내용에 대해서는 전문가들이 학문적으로 확보한 내용이 적어서 그 분야의 현장전문가들과 인터뷰하면서 자료를 정리했다.

소지품 1 핸드백 감싸기

"사실 좀 긴장되네요."

핸드백을 몸 앞에서 잡거나 팔로 몸을 가로질러 잡으면, 핸드백을 잡은 것처럼 보이지만 사실 몸을 가리는 중이다. 내성적이거나 낯가림이 있는 사람이 여러 사람 앞에 설 때 불안한 모습을 감추고 안전한 기분을 유지하기 위해서다. 비슷한 행동으로는 시곗줄 만지기, 지갑 확인하기, 양손 비비기, 팔을 몸통 앞에 두는 행동 등이 있다. 이러한 동작들은 모두 남의 시선이 부담돼서 몸을 가리는 것이다.

"일정한 선을 유지합시다." "나는 당신에게 끌려요."

#1 남자와 자신 사이에 핸드백을 놓기

위의 사진처럼 여자가 핸드백을 차단벽처럼 놓으면 경계선을 유지하자는 뜻이다. 여성이 상대방 앞에 핸드백을 탁 소리 나게 올려놓거나 두 손으로 움켜잡는 것은 자기주장을 단호하게 하거나 적대적인 언행을 하겠다는 전조일 수 있다. 이 동작을 핸드배깅handbagging이라 부르기도 한다.

이처럼 자신의 소지품을 이용해서 상대방과 경계선을 표현하는 것은 도서관의 공동 테이블이나 공원의 의자에서 자주 볼 수 있다. 필통, 책, 가방, 우산, 모자 등을 이용해서 자신과 낯선 사람 혹은 '우리'와 '그들' 사이에 경계선을 만든다.

#2 남자 가까이에 핸드백을 놓기

여자가 남자와 만났을 때 핸드백을 공동의 앞쪽에 놓아서 마치 두 사람이 한 공간에 있는 기분이 들게 하면 그 남성에게 관심이 있다는 표시다. 같이 걸어갈 때 핸드백으로 남자를 접촉하는 것도 마찬가지다. 또한 핸드백을 남자 근처에 밀어 놓거나, 핸드백을 집어달라고 하거나, 핸드백 속에서 물건을 꺼내 달라고 요청하면 관심이 있다는 강력한 신호다. 핸드백은 여자들이 자기 몸의 일부처럼 여기는 물건이기 때문이다.

"가방을 보면 하는 일을 알 수 있어요."

가방을 들고 다니는 모습을 보면 그 사람의 일처리 습관을 알 수 있다.

#1 크고 불룩한 서류가방

퇴근길에 크고 불룩한 서류가방을 들고 다니는 사람은 모든 일을 혼자 처리하고 남은 일을 집에 가지고 가는 사람일 가능성이 있다.

#2 서류가방과 핸드백

여성이 서류가방과 핸드백을 함께 들고 다니면 비체계적으로 일을 처리하는 사람일 가능성이 있다. 다만, 장바구니와 핸드백을 같이 들고 있다면 퇴근길에 시장에 들른 직업여성일 수 있다.

"컵으로 기분과 성격을 표현해요."

#1 왼쪽에 두는 컵

대부분의 오른손잡이는 자신의 오른쪽에 컵을 둔다. 오른손잡이인데도 컵을 왼쪽에 두고 팔을 내밀 때마다 몸통을 가리면 상대방에게 부정적인 느낌이 생겼다는 뜻이다. 이 사진에서 여성이 컵을 든 손으로 자신을 가린 것은 상대 남성이 불편하다는 의미다.

#2 커피 잔 응시하기

상대방을 쳐다보기보다 커피 잔을 응시하는 사람은 심리내적이며 이상주의적인 경향이 있다. 가끔 현실을 도외시하지만 그럼에도 불구하고 한 가지 주제에 몰입할 수 있는 능력이 있다.

#3 광각廣角으로 바라보기

컵이나 마주 앉은 사람에게 집중하기보다 폭넓은 시야로 주변을 살피는 사람은 외향적이다. 주변의 변화를 잘 파악하고 현실에 잘 대처하는 편이기 때문에 잔걱정이 별로 없다. 다만, 자신의 신념을 지키기보다 주변의 대세를 따르는 편이다.

#4 눈감고 마시기

눈을 감고 두 손으로 컵에 든 음료를 마시는 사람은 현재 힘든 일이 있긴 하지만 충분한 자원이 있거나, 미래에 대한 희망을 품고 있다. 즉, 두 손을 모으고 눈을 감은 것은 기원하는 자세의 변형이므로 현재가 힘들다는 것을 반영하고, 눈을 감고 마시는 것은 자신을 위로하려고 미각과 후각을 극대화하려는 것이어서 양가감정이 섞여 있다.

"흡연자세로 기분을 표현해요."

　사람들이 담배 피는 동작을 관찰하면 흡연에 필요한 동작은 얼마 없고 타인에게 자신의 메시지를 전달하는 데 대부분의 동작을 사용한다. 담뱃재가 없는데도 괜히 털거나 담배를 손가락으로 비비고 튕기고 흔드는 것은 긴장했기 때문이다. 담배연기를 폐 속으로 깊숙하고 느리게 빨아들이는 것은 강한 스트레스 때문이다. 재떨이에 담배를 끌 때 마치 쟁기로 밭이라도 갈 듯 팔을 느리고 큰 동작으로 움직이면 고민이 많아서다. 담배를 재떨이에 강하고 빠르게 짓이겨서 끄는 것은 단호하게 결심할 때다. 턱을 치켜들고 연기를 위로 뿜으면 과시하는 중이고, 고개를 숙이고 연기를 아래로 뿜으면 초라한 기분이 들어서다. 이때 연기를 빨리 뿜을수록 초라한 기분이 심하다. 상대방의 면전에서 담배를 피워서 연기가 얼굴에 흘러가게 하는 것은 모욕하는 것이다.

#1 **여성의 흡연**
　　남성과 여성은 담배를 피우는 자세에 특별한 차이가 없다. 하지만 사진에서 보듯, 여성이 담배 쥔 손을 높이 들고 가슴과 손목을 개방하고 턱을 젖히면 '나를 설득해 봐. 네가 어떻게 하는 지 보고 결정할 테니까.' 하는 거부와 허용이 섞인 두 가지 감정, 소위 간을 보는 중이다.

#2 남성의 흡연

　　남자가 담배 쥔 손을 가슴 아래로 숨기면 자신감이 없는 데다 불안하기 때문이다. 자신감이 없 는데다 지나치게 긴장하면 담배를 아래로 향하게 하 고 담배연기도 아래로 내뿜는다.

"긴장하면 안경다리를 물어요."

물건을 물거나 입에 대는 행동은 구강기에 엄마의 젖가슴에서 느꼈던 안정감을 되찾으려는 시도다. 안경다리를 무는 것도 마찬가지다.

안경다리를 입에 물거나 안경알을 닦으면서 시간을 끄는 것은 결정을 보류하려는 의도다. 안경다리를 물고 한동안 망설이다가 다시 안경을 쓰면 자료를 재검토하려는 것이다. 안경다리를 물고 있다가 안경을 접거나 책상 위에 내려놓으면 대화를 끝내려는 것이고, 책상 위에 던지듯 내려놓으면 제안을 거절하겠다는 뜻이다.

"안경테 선택의 의미."

안경은 시력을 보완하려고 쓰지만, 그 사람의 취향을 반영하기도 한다. 안경을 쓰면 IQ가 15점 정도 더 좋게 보인다는 연구도 있고, 콘택트렌즈를 끼면 눈동자가 반짝거려서 더 아름답게 보인다는 것을 고려하면 단순히 시력교정만의 문제는 아니다.

#1 화려한 안경테

디자이너 이름이나 브랜드 로고가 새겨졌거나 장식이 많은 안경은 화려하게 보일 수 있다. 그러나 지적으로 보이지 않는 단점이 있다.

#2 크고 굵은 안경테

얼굴보다 큰 안경을 쓰면 나이가 들어 보인다. 연장자라는 것을 강조하고 싶거나, 존재감을 표현하고 싶은 사람이 착용한다. 또는 패션에 대한 세련된 감각을 가진 사람일 수 있다. 큰 안경테를 소화하기가 쉽지 않기 때문이다. 지적이며 진지한 사람이라는 인상을 주고 싶을 때는 테가 굵은 안경을, 편안하고 친근한 인상을 주고 싶을 때는 무테안경을 착용한다.

"사무실이 주인의 삶을 드러내요."

사무실은 소유주의 삶을 드러내는 정보가 많다. 첫째, 옷이나 명패를 통해서 그 사람의 신분을 알 수 있다. 둘째, 사진이나 좌우명, 액자 등을 통해서 감정 양식을 알 수 있다. 셋째 쓰레기통에 버린 영수증 명세서나 주방의 내용물을 통해서 행동 양식을 알 수 있다(Gosling, 2016).

#1 단순한 사무실

사무실이 검소하고, 꼭 필요한 물건만 있고, 장식이 적으면 소유자의 실용적 성격을 반영한다.

#2 화려한 사무실

가구가 많고 사무용품이 아닌 물건들도 많고 비싼 장식품으로 꾸몄으면 소유주의 과시욕, 즉 나르시시즘을 반영한다.

#3 의자 배치

출입문을 열자마자 사무실 주인의 얼굴을 곧바로 볼 수 있도록 의자를 배치했으면 사무실 주인이 외향적인 사람이다. 반대로 오른쪽 사진처럼 출입문에서 사무실 주인의 좌석이 보이지 않도록 배치되었거나 등을 돌려서 앉았으면 내향적인 사람이다.

#4 풍경 사진

풍경 사진이 많이 걸려 있으면 사무실 주인이 내향적인 사람일 가능성이 크다.

#5 인물 사진

가족이나 친구들과 함께 찍은 사진을 많이 걸어놓았으면 사교적인 사람이다. 인물사진이 많더라도 독사진이나 자신이 단체의 중앙에 앉아 있는 사진이 대부분이면 나르시시즘 적이다.

#6 소파

사무실이 작아도 소파가 있으면 주인이 외향적이거나 손님이 계속 찾아온다는 의미와 반대로 자신의 책상은 화려하게 꾸몄더라도 응접세트가 변변치 않으면 손님이 많지 않다는 증거다.

"방이나 서재가 주인의 성격을 말해 줘요."

#1 정돈된 공간

책이 정돈되고 청소가 잘 된 공간은 주인의 성격이 조직적이고 계획적이다. 지나치게 정돈된 데다 손이 닿지 않는 책꽂이의 윗칸까지 청소가 되었으면 강박증일 가능성이 있다.

#2 산만한 공간

책상에 물건이 널려 있고 방 안의 물건이 어지럽게 흩어져 있으면 주인의 성격이 산만하고 비조직적이다. 그러나 자유분방하고 열정적일 수 있다.

#3 책장의 주제

책장의 책이 한 가지 주제거나 자신의 전공서적뿐이면 전문가일 가능성은 있지만 융통성이 부족하고 외골수일 가능성이 있다.
반면에, 다양한 주제의 책이 꽂혀 있으면 호기심이 많고 외향적이다.

"자동차가 주인의 성격을 말해줘요."

#1 자동차 흠집

자동차 외부에 흠집이 많거나 접촉사고의 흔적을 수리하지 않고 내버려 두면 과격한 성격의 소유자다.
반면에 자동차의 외면을 깨끗하게 유지하면 깔끔한 성격의 소유자다.

#2 내부 청결

자동차 내부에 잡동사니 물건이 굴러다니고 바닥에 과자 부스러기가 흩어져 있으면 산만한 성격이다.
반면에, 자동차 내부를 청결하게 유지하면 소유주가 깔끔한 성격이다.

#3 오디오 장비

자신만의 음악을 선곡해서 듣거나, 라디오 채널을 잘 선택해서 듣는 사람은 기계를 잘 다루고 책임감이 강한 사람이다.

반면에 자동차 음악을 이용하지 않거나, 라디오 방송을 선택해 놓지 않은 사람은 기계를 다루는 일에 취약하고, 멋을 부리지 않는 사람이다.

"옷이 신분을 말해줘요."

옷은 사람의 신분, 취향, 메시지를 전달한다.

#1 부자와 권력자의 옷

옛날에는 보석과 비단으로 화려하고 과시적인 복장을 하였으나, 최근에는 간소해 보이지만 자세히 보면 우아하고 비싼 의상을 입는 경향이 있다. 예를 들어, 브랜드 표시가 없지만 명인이 만든 한정판의 수제 옷이라든가, 대통령이라는 표식으로 자주 깃이 달린 옷을 입는다든가 하는 식이며, 일명 '디오르 스타일'이라고 한다.

#2 가난한 사람의 옷

옷차림이 남루한 사람들은 한눈에 보아도 알 수 있다. 경제적으로 궁핍한 것을 반영하기 때문이다.

#3 중상류 보수층의 옷

중상류층 이상이고, 보수적인 성인남녀는 그 사회에서 인정하는 전통적인 정장 차림을 한다. 예를 들어, 남성은 모직 정장에 실크 넥타이를 매고 고급 시계를 차고 비싼 가죽구두를 신는다. 여성은 단정한 투피스에 명품 핸드백을 들고 값비싼 장신구를 착용하고 하이힐을 신는다. 브랜드가 있는 값진 명품으로 둘렀기 때문에 품위 있고 단정하게 보인다.

#4 소수의 사회 반항자의 옷

부자와 권력자의 복장에 대해 정반대의 위치에 있는 것은 소수의 반항자들의 복장이다. 근대에 와서 기성세대에 반항하던 서양의 젊은이들이 시작했다. 1950년대 특이한 헤어스타일에 후줄근한 셔츠에 낡은 청바지를 입었던 히피룩이 원조였고, 그 뒤를 이어서 로큰롤룩, 펑키룩, 아방가르드룩, 그래피티룩이 나타났다.

#5 제복, 직업복, 민속의상

업무수행을 편리하게 하기 위해서 만든 복장은 그 사람의 직업이나 신분을 알 수 있게 해준다. 예를 들어, 각종 예복, 민족의상, 유니폼, 사원복, 운동복, 군복, 선원복, 데이트 차림새, 야외 차림새, 각종 작업복, 임신복일명 maternity look 등이다.

#6 실용적인 평상복

캐주얼을 즐겨 입는 사람들은 정장을 요구하지 않는 직장에 근무하거나, 자신의 신분을 굳이 드러내고 싶지 않거나, 정장을 입어서 먼지나 위생에 신경써야 하는 것이 싫은 털털한 사람들이다. 캐주얼을 즐겨 입는 남성은 출세욕이나 인정받고 싶은 욕구가 없고 사회에 불만이 많고 내향적일 확률이 높다. 또한 캐주얼을 즐겨 입는 여성은 노출과 섹시미에는 자신이 없지만 생활력이 강한 또순이 스타일에 외향적일 확률이 높다.

전체적으로 보아서 캐주얼을 즐겨 입는 사람들은 겉모습으로 남을 속이거나 압도하기 어렵다고 체념하는 사람들이어서 옷을 구입하는 데 돈을 많이 쓰지도 않고 옷으로 허세를 부리지도 않는다.

"옷으로 멋을 부려요."

패션모델처럼 멋진 옷은 누가 입을까? 배우나 접객업자처럼 직업적인 이유 때문에 입기도 하지만, 자기를 과시하려는 나르시시트나 다른 사람의 사랑을 받으려는 애착욕구가 있는 사람들이다. 이처럼 '의상 자각'이 높은 사람들은 내실보다 외모가 타인에게 영향을 준다고 믿기 때문에 허세를 부려서라도 멋진 옷을 입으려 노력한다. 그 결과 사교적인 면을 중시하고 타인의 반응을 예민하게 주시하느라 '내가 다른 사람에게 어떻게 비칠까?'를 많이 걱정하는 편이다. 멋을 낼 목적으로 입는 옷은 다음과 같다.

#1 패션룩

최신 유행복에 보석, 수정, 비즈와 같이 반짝이는 장신구들을 많이 부착한 복장은 실용적이지는 않지만 다른 사람의 호감을 얻으려 입는다. 특히 액세서리는 그 사람의 정체성을 전달하는 메시지를 담고 있는 상형문자와 같기 때문에 눈여겨보아야 한다.

멋 부리는 옷을 입는 여성은 자기 위주로 현실을 주도하려는 나르시시즘의 경향이 있다. 그러다 보니 타인을 배려하지 않아서 친구가 없고 그 때문에 불안한 마음이 있다.

멋 부리는 옷을 입는 남성은 권력 지향적이며 개성의 힘이 강하고 변화하는 세상에 약삭빠르리만치 순응적이고, 대인관계를 지배와 피지배의 틀로 보는 경향이 있다. 그러다 보니 타인의 기준에 너무 맞추느라 눈치를 많이 본다.

#2 로맨틱룩

여성이 부드럽고 고운 소재에 꽃무늬가 들어간 옷을 입으면 더욱 여성스럽고, 남성이 깔끔하고 스포티한 옷을 입으면 더욱 남성스럽다. 이처럼 성별 특징이 보다 더 매력적으로 발산되도록 입는 옷을 로맨틱룩romantic look이라고 하며, 다른 사람들에게 애정을 받기 원할 때 사용하는 차림새다.

#3 보헤미안 스타일

아무렇게나 자른 듯한 머리, 중고시장에서 싼값에 산 것과 같은 낡은 옷, 군화 스타일의 신발…. 단순하고 심지어 초라한 듯하지만 소박하고 고풍스러운 멋이 있다. 이런 사람들은 자신만의 세계가 있거나, 한 분야의 전문가이거나, 조직 사회에서 벗어나 독자적인 생활 방식을 갖춘 사람들이다.

#4 노출이 심한 옷

노출을 심하게 하는 여성은 자기를 드러내려 하며, 자존심이 강하고, 과격하며, 주변 사람을 배려하는 성향이 약하고, 남성의 성적 폭력성에 대해서 낮게 평가하는 경향이 있다. 반면에 노출을 싫어하는 여성은 이성관계에 조금 무심하고, 소심하고, 성적 매력에 자신감이 조금 없고, 자신의 의견을 주장하기보다 타인을 배려하는 마음이 더 강하다.

현대에 와서 여성의 노출은 성적이며 유혹적인 의미로만 받아들이는 것이 아니라, 독립성과 지배욕까지 나타낸다. 따라서 여왕적 권력을 추구하거나, 다른 사람에게 굴복하지 않겠다는 선언적 행동이 될 때도 있다.

노출이 심한 남성은 감수성이 부족하고, 충동적이고, 호전적이고, 외향적이다. 반면에 노출을 싫어하는 남성은 소심하고, 대인관계에서 자신을 잘 드러내지 않고, 자신만 아는 몇 가지 비밀을 가지고 있다.

#5 보이시룩boyish look

여성인데도 짧은 머리에 남성복처럼 보이는 옷을 입고 소년같은 스타일을 연출하거나, 남성 정장에 넥타이를 매고 성인 남성처럼 보이는 분위기를 만들기도 한다. 활동이 편리하다는 면도 있지만, 그보다는 남성 역할을 선호하는 개인적 메시지가 담겨 있다.

또한 전통적인 장신구목걸이, 머플러, 팔찌 등를 일체 착용하지 않고 레이스 없는 단순한 옷을 입는 여성은 장식적이고 화려한 복장을 하는 여성과 대척점에 있는데, 이 역시 보이시룩처럼 여성적인 멋을 부리지 않는 개인적 이유를 전달하는 메시지가 담겨 있다.

만약 남성이 여성적인 복장을 선호하면 여성적인 기질이 많아서이기도 하겠지만, 대부분 복장도착적 병리현상이다.

"SNS를 통해서 성격을 짐작할 수 있어요."

#1 SNS에 게재된 사진과 글

SNS페이스북, 블로그, 인스타그램 등를 통해서 사용자가 대문을 꾸미는 방법, 지인들과 주고받은 대화, 각종 사진을 보고 알 수 있는 취미활동, 그리고 사용하는 말투를 통해서 그 사람의 성격을 추측할 수 있다.

또한 인터넷에서 나타난 가상자아와 현실에서 나타나는 자아의 차이를 통해서 자아강도, 현실적응의 수준, 나르시시즘의 정도를 알 수 있다. 사람들은 대략 인터넷을 통해서 자신을 부풀려 표현하는 경향이 있긴 하지만, 이것이 과하면 현실 불만이 큰 사람이라고 할 수 있다.

#2 이메일 아이디

아기곰, 닌자거북이, 피카츄처럼 귀여운 느낌을 주는 아이디를 사용하면 사교적이다. 그러나 달그림자, 저문 강, 식은 커피처럼 어두운 인상을 주는 아이디를 사용하면 침울한 성격이다. KY3835, CJY1357처럼 자기만 아는 기호나 숫자를 사용하는 사람은 개방성이 적고 내향적이다.

소지품14 필적

"필적이 그 사람을 말해 줘요."

#1 필적

미국의 필적학자 Hagen(1919)은 『필적학graphology』이라는 저서로 필적연구를 시작한 사람이다. 우리나라에서는 변호사 구본진이 필적을 연구하여 『필적을 말한다』(2009)를 출판하였다. 이들의 연구를 간추리고 저자의 경험을 추가하면 다음과 같다.

- 종이 뒷면에 필압이 배어 나올 정도로 힘을 주어서 글씨를 쓰는 사람은 건강하고 완고하고 자신감이 강하다. 육체노동자일 가능성도 있다.
- 종이 뒷면에 필압이 전혀 배어 나오지 않고 모음과 자음이 영어 필기체처럼 엉겨 붙게 쓰는 사람은 우울증을 가진 사람일 수 있고 건강이 약하거나 자신감이 없는 사람일 수 있다.
- 글씨가 갈수록 위로 올라가는 사람은 자신감이 있고 흥분하기를 잘하며, 아래로 내려가는 사람은 우울하거나 반항적일 수 있다.
- 정해진 칸이나 줄에 알맞게 쓰는 사람은 계획적이고, 줄에서 벗어나거나 칸을 넘겨서 쓰는 사람은 비체계적이다.
- 글씨를 크게 쓰는 사람은 성취욕구가 강하지만 현실감각이 약하고, 글씨가 작은 사람은 치밀하지만 경계심이 강하고 소극적일 수 있다.
- 글씨를 둥글고 각이 없게 쓰는 사람은 성격이 원만하고, 각이 날카롭게 쓰는 사람은 냉정하고 비판적이다.
- 글씨쓴 것을 자주 지우거나 고치는 사람은 우유부단한 성격이기 쉽다.
- 'ㅂ, ㅍ, ㄹ'처럼 여러 획인 글자를 나누어서 쓰지 않고 한 번에 휘갈겨 쓰거나, 'ㅁ, ㅇ' 같은 글자를 완전히 폐쇄하지 않는 사람은 일처리가 치밀하지 못하다.
- 뒷글자가 앞글자를 침범하여 겹치게 쓰는 사람은 남에게 피해를 입히는 것을 개의치 않는 사람이다.
- 글자를 좁게 붙여서 쓰는 사람은 원칙 위주에 과학적이고 기계공학적 성향이고, 글자 사이의 간격을 넓게 하여 쓰는 사람은 융통성이 있고, 인문학적이며, 대인관계가 너그럽다.

헤어스타일 1 여성 헤어스타일

"헤어스타일이 여자의 성격을 나타내요."

헤어스타일 머리 길이, 귀의 드러남 여부_{자신감과 외향성을 반영함} 또는 머리 손질의 여부로 구분할 수 있고, 그 의미는 남성, 여성에 따라 의미가 다르다. 여기서는 여러 미용 전문가들과 헤어스타일에 대해서 논의한 내용을 정리해서 기록하였다.

#1 긴 머리

어느 나라든지 미혼여성은 긴 생머리가 보편적이다. 남성에게 사랑을 얻고 싶고 청순한 여성으로 보이고 싶기 때문이다. 긴 머리의 아가씨는 성격이 차분하고 곱게 감정을 조절하는 스타일, 도도하고 품격 있는 스타일, 섹시한 스타일 등 세 가지 유형이 있다. 공통점은 결혼을 앞두고 있기 때문에 매우 현실적인 관점을 가지고 있다는 것이다.

#2 긴 머리끝에 웨이브

긴 머리이긴 한데, 머리끝에 웨이브나 파마를 추가한 여성은 애교가 있고 재미를 추구하는 스타일이다. 전반적으로 명랑하고 사교적이다.

#3 쇼트커트

머리를 짧게 자른 여성은 남성적인 면이 강하다. 결코 다소곳하지 않고, 쉽게 휘둘리거나 굴복하지 않는다.

#4 단발머리

적당한 길이의 단발머리를 한 여성은 직업적 성취를 원하며, 경쟁이 치열한 현실세계에 뛰어든 여성이다. 활동성과 여성성을 동시에 보장받을 수 있기 때문에 전문직에 종사하는 여성이 단발머리를 선호한다. 이런 스타일의 여성은 태도가 당당하고, 업무 처리에 있어서 유능하며, 민첩하려고 노력한다.

#5 웨이브가 있는 단발머리

웨이브가 있는 단발머리는 남성적인 면과 여성적인 면을 동시에 추구했다. 그 결과 남성적인 활동성과 여유에 여성적인 부드러움과 양보를 조화시키며, 창조성이 뛰어난 스타일, 소위 의리녀의 스타일이다. 자신의 업무에 유능하면서도 한 번 믿은 사람은 끝까지 밀어주는 면이 있기 때문이다.

#6 끝을 말아 올린 단발머리

단발머리의 끝을 뒤집어 올린 아멜리에 스타일은 부잣집 막내딸처럼 귀엽고 철없고 자기 일에는 서툴지만 미워할 수 없을 정도로 발랄한 성격의 소유자다. TV 드라마에서 덜렁공주 스타일로 자주 나오는 캐릭터다.

#7 부스스한 단발머리

단발머리인데 덥수룩하고 부스스한 여성은 머리손질에 그다지 신경을 쓰지 않고 사는 스타일이다. 다른 사람의 눈치를 안 보고 살 정도로 자신감이 넘친다.

#8 풀린 파마머리

파마를 했지만 머리끝의 웨이브를 풀어서 편안하게 한 여성은 머리 손질에 시간을 많이 들이지 않으려는 털털하고 직선적인 성격이다. 지속적으로 머리칼의 웨이브를 살리려면 클립으로 말거나 자주 미용실에 가서 뒷손질을 해 주어야 하는데, 이런 수고를 하고 싶지 않기 때문이다.

이런 여성은 의사표현이 직선적인데다가 복잡한 감정 다툼을 힘겨워하기 때문에 연애를 해도 밀당을 하지 못하며, 자신이 먼저 고백하거나 남성의 고백을 단 번에 받아들인다.

#9 뽀글뽀글한 파마머리

나이든 여성은 머리관리를 하기가 귀찮기도 하고 머리숱을 풍성하게 보이기 위해서 이런 식으로 머리를 한다.

#10 폭탄 머리

마구 흩뜨려 놓은 듯하지만 아무나 쉽게 소화할 수 없는 고난도의 헤어스타일이다. 도발적이고 유혹적인 느낌을 주기 때문에 남성들이 이 앞에서 자신도 모르게 개방적으로 변하는 경향이 있다. 거부 못할 매력으로 유혹한다고 해서 팜므파탈형 헤어스타일이라고 하는 사람도 있다.

#11 한 갈래로 묶은 머리

머리를 한 갈래로 질끈 묶은 여성은 새로운 목표를 세웠거나, 목표를 향해서 어떤 난관이라도 헤치면서 나아가고픈 의지를 표현한다.

이런 여성은 한 가지 목표만 단순하고 집중적으로 추구하기 때문에 심각하고 복잡한 것을 싫어하는 경향이 있다. 또한 항상 젊어 보였으면 하는 열망, 즉 소녀 시절에 대한 향수를 반영한다.

#12 곱게 땋은 머리

연애나 학업 등 인생진로에서 무언가 흐트러졌을 때 단정하게 다듬고 싶은 심정을 반영한다. 자신의 인생이 엉키지 말고 순탄하게 진행되었으면 하고 바라는 마음에서 공들여 곱게 머리칼을 땋는다. 그러므로 여성 내담자가 어느 날 머리칼을 땋았으면 '어떤 일을 잘 해결하고 싶은지?' 하고 물어보는 것도 나쁘지 않다.

#13 염색한 머리

타고난 머리색깔로 지내는 것이 자연스러운 현상이다. 그러므로 다른 머리 색깔로 염색하는 것은 평범한 현실에 불만이 생겼거나, 좀 더 주목받고 싶다는 의미다.

#14 머리핀 꽂기

머리핀은 머리칼을 고정시키기 위한 용도지만, 큼직한 머리핀을 앞머리에 꽂으면 적극적으로 자신을 표현하는 태도며, 활동적이고 정열적인 상태에 도달하고 싶다는 의미다.

남성 헤어스타일

"헤어스타일이 남성의 성격을 나타내요."

남성의 머리는 짧고 단정할수록 사회적 인정을 받고, 덥수룩하고 긴 머리일수록 의심을 받는 경향이 있다. 왜냐하면 사회의 주류들은 보수적이며, 보수적인 헤어스타일일수록 단정하고 그와 동시에 사회적으로 널리 인정받는 위치에 있기 때문이다.

#1 중간 길이의 단정한 머리

성실한 직장인의 머리다. 가르마가 있고, 앞머리가 눈썹을 덮지 않고 옆머리는 귀를 반 이상 덮지 않고, 전체적으로 너무 길지 않아야 한다. 수염이나 구레나룻도 너무 길거나 지나치게 멋을 부려서는 안 된다. 즉, 관습적 기대를 어길 정도로 돌발적이지 않는, 한 마디로 점잖은 머리다.

#2 짧은 머리

남자다움과 승자의 분위기를 강조한다. 군인, 운동선수, 신체를 사용하는 직업을 가진 사람들이 선호한다.

또한 프리랜서, 젊은 과학자, 의사, 변호사, 판사처럼 각 분야의 전문가들도 단정하지만 패기 있는 분위기를 살리려고 이런 스타일을 선호하는 경향이 있다. 이런 전문가들은 일반 직장인보다는 짧고, 운동선수의 스포츠형보다는 길게 자르는 경향이 있다. 자신이 젊고 유능하다는 것을 표현하기 위해서다.

#3 장발

진보적이고 자유로운 업종예술, 문학, 연예, 컴퓨터, 독립 업체 종사자 등에 종사하는 사람들이 이런 헤어스타일을 선호한다. 일반적인 직장인이 이런 스타일로 출근할 수는 없지 않은가! 특히 보수적이거나 고리타분하게 보이지 않아서 젊은이들이 선호한다. 그래서 젊은이들을 상대하는 직업인들대학가 카페주인, 록음악 종사자, 공방이나 화실 주인등이 젊은이들과 의사소통을 하기 위해서 의도적으로 이런 머리를 하기도 한다.

#4 자유로운 머리

광고, 연예, 예술 등 변화가 많고 창의적인 분야에서 활동을 하는 사람들이 선호하는 스타일이다. 자유스타일에는 스킨헤드, 말총머리, 샤키컷, 컬러 브리지로 염색한 머리, 어느 범주에도 들지 않는 독특한 머리 등이 있다.

#5 올백 머리

머리를 뒤로 빗어 넘기고, 때에 따라서는 헤어젤을 발라서 이마가 모두 노출되게 한다. 시원한 기분도 주지만 타인에게 권위적이고 위협적인 느낌을 줄 수 있다. 여성의 펑키 헤어스타일이 남성의 올백머리와 비슷한 효과를 낸다.

"문신이 그 사람의 메시지를 전달해요."

과거에는 문신이나 피어싱piercing이 세계적으로 혐오의 대상이었지만, 최근에는 미국인의 14%가 문신을 하는 등 인식이 바뀌고 있다. 신체에 무늬를 새기거나 구멍을 뚫는 것은 자신의 존재감을 느끼고 싶은 절박한 이유 때문이며 가벼운 피학적 증세가 있다고 볼 수도 있다. 따라서 상담실에 문신을 한 내담자가 나타났을 때, 문신을 새길 때의 심정상태와 의미를 질문해 보는 것이 도움이 될 것이다.

#1 위협용 문신

주로 어깨, 팔, 가슴 등 몸을 움직일 때마다 울끈불끈하는 역동감이 느껴지는 장소에 도깨비, 칼, 호랑이, 용, 해골 같은 기괴하고 두려운 문양을 새긴다. 상대와 싸울 때 우위를 점하려는 것이다. 이레즈미 문신이나 트라이벌 문신이 이 범주에 들어간다.

#2 소속용 문신

연인의 이름을 서로 가슴에 새기거나, 우정을 다짐하기 위해서 혹은 같은 집단에 소속된 것을 표시하려고 똑같은 문신을 똑같은 신체 부위에 새기기도 한다. 이때는 서로 사랑한다는 뜻으로 대부분 아기나 연인 혹은 애완동물처럼 귀여운 모습을 새긴다. 그러나 비밀조직일 경우, 소속원들끼리만 알 수 있는 문양이나 글자를 새긴다.

#3 부적용 문신

팔에 십자가나 부처상을 새기거나, 등에 성만찬 그림을 새기는 것은 종교의 힘으로 나쁜 일을 물리치려는 것이다. 남의 눈에 띄면 효력이 없다고 생각하여 타인의 눈에 안 보이는 곳, 즉 배나 허벅지 같은 곳에 새기기도 한다.

또한 음악가가 팔에 높은음자리표를 새기듯, 자신이 신봉하는 글귀나 기호를 새기기도 하는데, 일명 레터링lettering 문신이라고 한다.

#4 미용 문신

   패션과 섹시함을 위해 깜찍하거나 아름다운 문양을 컬러로 새기며, 일명 여성문신이라고 한다. 예를 들어, 가슴의 윗젖살에 새기는 무지개 빛깔의 작은 나비, 어깨의 붉은 장미, 목 뒤의 들꽃, 배꼽·엉덩이·발목 등에 예술성이 높고 진귀한 문양을 새겨서 자신을 돋보이게 한다. 최근에는 남성도 여성처럼 미용(=패션) 문신을 하기도 한다.

이 외에 미용을 목적으로 눈썹을 진하게 하는 문신을 하거나, 머리카락이 빠진 곳에 숱을 진하게 보이려고 검정색 문신을 하기도 한다.

참고문헌

구본진(2009). 필적은 말한다. 서울: 중앙북스.

김계현(2000). 상담심리학 연구 : 주제론과 방법론. 서울: 학지사.

김연순(2001). 신체언어 커뮤니케이션의 기호학. 서울: 커뮤니케이션북스.

김옥렬(2003). 현대미술의 표정과 교감. 대구: 영남대학교출판부.

니시마츠 마코(2009). 나를 표현하는 최고의 테크닉. 주정은(역). 서울: 행간.

데이비드 기븐스(2010). 사랑을 만드는 몸짓의 심리학. 이창신(역). 서울: 민음인.

데이비드 버스(2012). 진화심리학. 이충호(역). 서울: 웅진하우스.

문국진(2009). 바우보. 서울: 미진사.

문국진(2007). 그림 속 표정의 심리와 해부. 서울: 미진사.

시부야 쇼조(澁谷昌三)(2013). 행동심리술. 안희탁(역). 서울: 지식여행.

양병곤(2010). 프라트를 이용한 음성분석의 이론과 실제. 부산: 만수출판사.

오익재(2006). 상대방의 마음을 사로잡는 보디랭귀지. 서울: 예솜출판.

이민규(1997). 생각을 바꾸면 세상이 달라진다. 서울: 양서원.

이정훈(2012). 사람을 읽는 간파술. 서울: 리더북스.

조동욱, 최지현(2014). 말의 강세 위치가 청자에게 미치는 영향 분석. 한국산학기술학회
    추계종합학술대회.

조동욱, 이범주, 박영, 정연만(2017). 음성 분석 기술을 이용한 현재 아나운서들의 목소
    리 특징 규명에 관한 연구. 한국통신학회지: 32(7).

조제프 앙투안 투생 디누아르(2016). 침묵의 기술. 성귀수(역). 서울: arte.

최광선(1999). 몸짓을 읽으면 사람이 재미있다. 서울: 일빛.

최지현, 조동운, 정연만(2015). 음성분석을 이용한 청자가 호감을 느끼는 목소리에 대한 규명. *The Journal of Korean Institute of Communications and Information Sciences, 41.*

캄바 와타루(樺旦純)(2002). 한눈에 상대방의 심리를 꿰뚫어 보는 법. 김진수(역). 경기: 청어람.

허경구(2012). 커플링의 법칙. 서울: 미래를소유한사람들.

Axtell, R. E. (1991). *Gestures: The do's and taboos of body language around the world.* New York: John Wiley & Sons, Ins.

Berko, R., Rosenfield, L., Samovar, L. (1997). *Connecting: A Culture-sensitive approach to interpersonal communicative competency.* Orlando, FL: Harcourt Brace College Publishers.

Cannon. W. B. (1915). *Bodly Change in Pain, Hunger, Fear and Rage.* New York: Appleton.

Collett, P. (2003). *The book of tells: From the bedroom to the boardroom-how to read other people.* Ontario: HarperCollins Ltd.

Darwin, C. (1998). *The Expression of the Emotions in Man and Animals.* London: Oxford University Press.

Demarais, A., & White, V. (2004). *First Impression.* New York: Vantam books.

Driver, J. (2011). *You say more than you think.* CA: Three Rivers Press.

Eisenberg, A. M. (1971). *Nonverbal communication.* Indianapolis: The Bobbes-Merill Company.

Ellsberg, M. (2010). 눈맞춤의 힘. 변영옥(역). 서울: 21세기북스.

Ekman, P., Friesen, W. V. (1976). *Pictures of Facial Affects*. Palo Alto, CA: Consulting.

Ekman, P. (1991). *Telling Lies: Clues to deceit in the marketplace, politics, and marriage*. New York: W. W. Norton & Co.

Ekman, P. (2003). *Unmasking the Face: A Guide to Recognizing Emotions from Facial expressions*. New Jeresy: Prentice Hall.

Ekman, P. (2007). *Emotions revealed: Recognizing faces and feelings to improve communication and emotional life*. New York: Macmillian.

Farber, L. (1976). Lying, despair, jealousy, envy, sex, suicide, drugs, and the good life. New York: Basic Books.

Fast, J. (2002). *Body Language*. New York: MJF Books.

Forest, A. L. Kille, D. R., Wood, J. V., & Stehouwer, V. R. (2015). Turbulent times. Rocky relationship relational consequences of experiencing physical instability. *Psychological science. 26(8), 1261-1271.*

Feldenkrais, M. (1972). *Awareness through movement*. New York: HarperCollins.

Frijda, N. H. (1986). *The emotions*. New York: Cambridge University Press.

Gosling, S. (2016). *Snoop*. 김선아(역). 스눕. 서울: 한국경제신문.

Goman, K. C. (2010). The Nonverbal Advantage. San Francisco: Berrett-Koehler Publishers.

Hall, E. T. (2013). *Hidden dimension*. New York: Anchor. 최효선(역) 숨겨진 차원. 서울: 한길사.

Hartley, G., & Karinch, M. (2006). *I can read you like a book*. New Jersey: Career Press.

Henly. N. M. (1977). *Body politics*. New Jeresy: Prince Hall.

Hepper, P. P., Kivlighan, D. M., Jr. & Wampold, B. E. (1999). *Research design in counseling*(2nd ed). Pacific Grove, CA: Brook/Cole.

Hess. E. H. (1975). *The tell-tale eye: How your eyes reveal hidden thoughts and emotions*. New York: Van Nostrand Reinhold.

Hill. C. E. (1991). *Almost everything you ever wanted to know about how to do process research on counseling and psychotherapy but didn't know how to ask*. In C. E. Watkins, Jr. L. J. Scheider (Eds.), Research in counseling. Hillsdale, NJ: Lawrence Erlbaum.

Holmes. H. Thomas & Rahe. R. Richard. (1967). The social readjustment rating scale. *Journal of Psychosomatic research*. 213-218.

Horowitz L, M., Turan B., Wilson K.R., Zolotsev P. (2008) *Interpersonal theory and the measurement of interpersonal constructs*. The Sage Handbook of Personality Theory and Assessment: Vol 2 - Personality Measurement and Testing. 420-439.

Horowitz L, M., Dryer, D. C., & Krasnopersona, E. N. (1997). *The circumplex structure of interpersonal problems*. In R. Plutchick & H. R. Conte (Eds.), Circumplex models of personality and emotions(pp. 347-384). Washington, DC: American Psychological Association.

Hugo, J. (1919). Graphology: *How to read character from handwriting Von Hagen*. New York: R. R. Ross.

Knapp, M. L., & Hall, J. (2002). *Nonverbal communication in human interaction*(5th ed.). Orlando, FL: Harcourt Brace College Publishers.

Kolk, B. V. (2014). *The Body Keeps the Score*. 제효영(역). 몸은 기억한다. 서울: 을유문화사.

James, Borg (2010). *Body Language*. FT Press.

James, W. (1950). *The principles of psychology*. New York : Dover.

Kristeva, J (1985). 사랑의 정신분석. 김인환(역). 서울: 민음사.

Kubla, Loss, E. (1969). *On Death & Dying*. New York: Macmillian.

Levine, P. (1992). *The body as healer: transforming trauma and anxiety*. Lyons, CO: Author.

Lewis. D. (1989). *The secret language of success*. New York: Carrol & Graf.

Microdot Neuro Linguistic Programming Website Home Page (2017). http://www. microdot.net/nlp/eye-patterns/eye-pattern-diagram.shtml.

McConnon, Aili. "You Are Where You Sit." *BusinessWeek* 4043 (2007): 66-67. *Academic Search Complete*. EBSCO. Web. 16 Feb. 2010.

Merabian, A. (1971). *Silent message*. Belmont, CA: Wadsworth.

Morris, D. (1991). *Body watching*. London: Jonathan Cape.

Navarro, J. (2010). *What Every Body is Saying*. New York: HarperCollins.

Nierenberg,d G. I., Calero, H. H. (1971). *How to read a person like a book*. New York: Hawthorn.

Pease, A., Pease, B. (2006). *The Definitive Book of Body Language*. New York: Bantam books.

Pfau B. (1997). 우울증의 신체언어. 연명희 외(역). 서울: 하나의학사.

Plutchik, R., & Conte, H. R. (Eds). (1997), *Circumplex models of personality and emotions*. Washington, DC: American Psychological Association.

Plutchik, R., & Kellerman, H, (1989), *Emotion: Theory, research, and experience* (Vol. 4) CA: Academin Press, Inc.

Plutchik, R. (2002), *Emotions and Life: Perspectives from Psychology, Biology, and Evolution.* Washington, DC: American Psychological Association.

Reiman, T. (2009). 그녀는 왜 다리를 꼬았을까? 박지숙(역). 서울: 21세기북스.

Reiman, T. (2007). *The Power of Body language.* New York: Pocket Books.

Rothschild, B. (2000). *The Body Remembers.* New York: W. W. Norton & Company, Inc.

Richmond, V., & McCrosKey, J. (1995). *Nonverbal behavior in interpersonal relations.* Boston: Alyn and Bacon.

Molcho, S. (2007). 성공의 보디랭귀지: 나를 표현하는 힘. 송소민(역). 서울: 사람과 책.

Shaver, P., Schwartz, J., Kirson, D., & O'Connor, C. (1987). Emotion knowledge : further explorations of a prototype approach. *Journal of Personality and Social Psychology, 52,* 1061-1086.

Todd, M. E. (1997). *The thinking body.* Pennington, NJ: Dance Books.

Tomkins, S. (1962). *Affect, imagery, and consciousness.* New York: Springer.

Tzscheng-il Gahng (2005). *Body Language: A Functional Approach to Gestures.* Seoul: Moonyealim.

Vrij, A. (2003). *Detecting lies and deceit: The psychology of lying and the implications for professional practice.* Chichester, UK: John W.

Wurmser & Jarass, H. (2008). *Jealousy and Envy: New Views about Two Powerful Feelings.* New York: The Analytic Press.

저자 소개

김서규 Kim, Seo-gyu
rosestar1@hanmail.net

한국교원대학교 상담심리학 박사
현실치료상담 전문가
학교상담 전문가
경기대학교 교육상담학과 겸임교수

〈저서〉
현장교사를 위한 학교상담 사례 12가지 이야기(학지사, 2009)

보디랭귀지
-몸으로 표현하는 숨은 마음 찾기-

Body Language

2019년 1월 25일 1판 1쇄 인쇄
2019년 1월 30일 1판 1쇄 발행

글쓴이 • 김서규
펴낸이 • 김진환
펴낸곳 • (주) **학지사**

04031 서울특별시 마포구 양화로 15길 20 마인드월드빌딩
대표전화 • 02)330-5114   팩스 • 02)324-2345
등록번호 • 제313-2006-000265호

홈페이지 • http://www.hakjisa.co.kr
페이스북 • https://www.facebook.com/hakjisabook

ISBN 978-89-997-1581-5 93180

정가 17,000원

이 도서의 국립중앙도서관 출판시도서목록(CIP)은 서지정보유통지
원시스템 홈페이지(http://seoji.nl.go.kr)와 국가자료공동목록시스템
(http://www.nl.go.kr/kolisnet)에서 이용하실 수 있습니다.
(CIP제어번호: 2018020092)

교육문화출판미디어그룹 학지사

심리검사연구소 **인싸이트** www.inpsyt.co.kr
원격교육연수원 **카운피아** www.counpia.com
학술논문서비스 **뉴논문** www.newnonmun.com
간호보건의학출판사 **학지사메디컬** www.hakjisamd.com